गपोड़ी से गपशप

[काशीनाथ सिंह से संवाद]

गपोड़ी से गपशप

काशीनाथ सिंह से संवाद

सम्पादक

पल्लव

राजकमल प्रकाशन
नयी दिल्ली पटना इलाहाबाद कोलकाता

ISBN : 978-81-267-2491-8

मूल्य : ₹ 400

पहला संस्करण : 2013

प्रकाशक : राजकमल प्रकाशन प्रा. लि.
1-बी, नेताजी सुभाष मार्ग, दरियागंज
नई दिल्ली-110 002

शाखाएँ : अशोक राजपथ, साइंस कॉलेज के सामने, पटना-800 006
पहली मंजिल, दरबारी बिल्डिंग, महात्मा गांधी मार्ग, इलाहाबाद-211 001
36 ए, शेक्सपियर सरणी, कोलकाता-700 017

वेबसाइट : www.rajkamalprakashan.com
ई-मेल : info@rajkamalprakashan.com

आवरण : राजकमल स्टूडियो

मुद्रक : बी.के. ऑफसेट
नवीन शाहदरा, दिल्ली-110 032

GAPODI SE GAPSHAP
Kashinath Singh Se Samvad
Edited by Pallav

सम्पादकीय

कथाकार की बातें कैसी होती हैं? अलबत्ता इससे भी पहले यह पूछना चाहिए कि क्या है जो कहने से रह गया? क्या कहानियाँ जमाने की बातें नहीं कह देतीं? क्या उपन्यास गहराई तक नहीं चले जाते? फिर भी बातें? गपशप। काशीनाथ सिंह से की गई बातचीतों को सँजोते हुए इन सवालों का उभरना अस्वाभाविक तो नहीं है। कहना चाहिए कि ये बातचीतें बहुधा उनके पाठकों, प्रशंसकों या उनके साहित्य में दिलचस्पी रखने वाले जिज्ञासुओं के कारण सम्भव हुईं। इन बातचीतों का समय भी बहुत व्यापक है लगभग तीस सालों का सफर पूरा करतीं ये मुलाकातें अपने स्वभाव में आत्मीय गपशप हैं। लेखक का संकोच और प्रश्नकर्ता की तमाम जिज्ञासाएँ मिलकर बातचीत को उत्तेजक नहीं बनातीं, न ही ये कथाकार के श्री मुख से निकले आप्त वचनों का सुसंकलन बन रही हैं अपितु संशय, आत्मालोचना और जनतान्त्रिकता इन संवादों को पठनीय बनाते हैं। लेखक इनमें औपचारिक होने से बचता है और जो कहा है सीधे-बेलाग।

1962 में प्रारम्भ हुए काशीनाथ सिंह के कथा लेखन का यह स्वर्ण जयन्ती वर्ष है। पचास बरस की रचनाशीलता के बावजूद पाठकों का प्रिय और प्रासंगिक बने रहना हर लेखक के नसीब में नहीं होता। काशीनाथ सिंह ने इन बातचीतों में अपनी रचना प्रक्रिया, रचनाओं, घर-परिवार, नौकरी-राजनीति और गाँव-शहर, यानी जो कुछ पूछा गया, पर खुलकर बातें की हैं। जीवन से गहरी संपृक्ति रखने वाला ही यह कह सकता है–'भाई, माँ, बाप, बीवी, बेटी जिसके पास नहीं होते वे ही चिड़ियों-पहाड़ों पर कविता-किस्से लिखा करते हैं।' अलग-अलग समय पर और अलग-अलग व्यक्तियों द्वारा लिए जाने से प्रश्नों का दुहराव और एक जैसे उत्तरों से बचना सम्भव नहीं है तथापि काशीनाथ सिंह अकुंठ संवादी हैं। एक बातचीत में उन्होंने कहा

ही है–'क्रियाओं पर काम करते हुए और व्याकरण पढ़ते हुए मुझे लगने लगा कि संज्ञा, सर्वनाम, विशेषण, क्रियाएँ किसी सचेतन प्राणी की तरह जीवित इकाइयाँ हैं। इनका निरर्थक अथवा अनावश्यक इस्तेमाल इनके साथ नाइन्साफ़ी या इन पर जुर्म है। यानी समूची भाषा यदि सप्राण या जीवंत नहीं है तो उसका प्रयोग करना या लिखना व्यर्थ है। जैसे हिन्दी में एक शब्द के अनेक पर्याय होते हैं, उनमें से सही अर्थ देने वाले शब्दों का चुनाव थोड़ा मुश्किल काम है। लेकिन ऐसे शब्द यदि मिल जाते हैं जिनकी तलाश हमें होती है तो लगता है कि श्रम भी सार्थक हुआ और उसके प्रयोग भी। और लिखने के दौरान मैंने अनुभव किया कि भाषा लेखक की पहचान हुआ करती है।' तो लेखन में भाषा को लेकर कोई कुंठा काशीनाथ सिंह ने नहीं आने दी। इस अकुंठ और निर्भय व्यक्तित्व के हाथों ही 'काशी का अस्सी' जैसी कृति का सृजन सम्भव था। फिर लगातार एक जैसा ही लिखते रहना उनके स्वभाव का अंग नहीं। कहानियाँ लिखीं तो कहानी परिदृश्य में नई हलचल पैदा हुई। 'अपना मोर्चा' आया तो उसे 'नया उपन्यास' कहा गया। नाटक 'घोआस' को भी नए ढंग का ही माना गया था। ऐसे में 'कथा रिपोर्ताज' जैसी विधा भी उनसे ही सम्भव होनी थी, क्योंकि लेखन की एक सी प्रवृत्तियों के समक्ष घुटने न टेकने का संकल्प वे शुरू में ही कर चुके थे।

एकाध अपवादों को छोड़कर पिछली पीढ़ी के लेखकों में आत्मसंकोच का भाव मिलता है। यह अकारण नहीं कि काशीनाथ सिंह से अधिकांश बातचीत 'काशी का अस्सी' के अंशों यथा 'संतों घर में झगरा भारी' या 'देख तमाशा लकड़ी का' के बाद ही हुई है। ध्यान देने की बात है कि यह वह दौर था जब भारतीय समाज और राजनीति पर भूमंडलीकरण की नीतियों ने प्रहार करना शुरू किया था। काशीनाथ सिंह इस बदलाव की जटिलता को पारम्परिक कथा शिल्प में अंटता न देख संस्मरण-रिपोर्ताज की ओर मुड़े। इस नए दौर में काशीनाथ सिंह से बातचीतों का क्रम भी तेज होता है। यहाँ वे भूमंडलीकरण, धर्म, भाषा, राजनीति और साहित्य सब पर अपना मत खुलकर रखते हैं। उनके लेखन में दिलचस्पी रखने वाले पाठकों के लिए ही नहीं वरन् हिन्दी कथा साहित्य में रुचि रखने वाले अध्येताओं के लिए भी यहाँ काम की बातें मिलती हैं। ऐसी बातें जो हम जानते भले हों लेकिन अपने मुँह से नहीं कहना चाहते। काशीनाथ सिंह

जोखिम उठाने में आगा-पीछा नहीं सोचते और कबीर, भारतेन्दु, प्रेमचन्द की परम्परा के नए वाहक बनते हैं। कहना न होगा कि इस सन्दर्भ में वे अपनी पीढ़ी के अकेले कथाकार हैं। अपने लिखे पर मुग्ध होकर बात करना उनका मिजाज नहीं है लेकिन नई कहानी के बाद के निषेधवादी रुझानों से टकराने वाली रचनाओं पर दो टूक कहने में नहीं हिचकिचाते।

कहानी के इतिहास और हलचलों के अनेक ब्यौरे इन बातचीतों में आए हैं। उनके लेखन की सुदीर्घ अवधि की तरह ये ब्यौरे भी व्यापक परिदृश्य को समेटते चले हैं। अकहानी, समान्तर कहानी, जनवादी कहानी या समकालीन कहानी की बहसें हों अथवा इन कथा आन्दोलनों की वैचारिकता के सवाल, काशीनाथ सिंह मौका देखकर चुप नहीं लगा जाते। जिन दिनों में पारम्परिक पोथियों को छोड़कर अनुसंधानी जन-इतिहास और वाचिक परम्पराओं को सच्चाई के ज्यादा निकट पा रहे हों, तब ऐसे दो टूक वक्तव्यों से भरे ये संवाद उपयोगी हो जाते हैं। ऐसे में 'लेखक के अन्तरंग' या रचना प्रक्रिया पर 'दो शब्द' से कहीं आगे ये बातचीतें अपने समय पर गम्भीर संवादों में बदल जाती हैं। गोपेश्वर सिंह से बातचीत के क्रम में एक जगह जैसे वे भूल जाते हैं कि उत्तर उन्हें देना है, उलटे वे सवाल करने लगते हैं और पाठकों को सार्थक संवाद पढ़ने-सुनने को मिलता है। यहाँ बातचीतों के मार्फत एक कथाकार के विकास की यात्रा का सहज इतिहास भी देखा जा सकता है। कभी समझा गया था कि काशीनाथ सिंह अकहानी से प्रभावित थे। फिर 'मुसई चा' और 'लाल किले का बाज' से उन्हें नक्सलवाद का समर्थक रचनाकार माना जाने लगा। यही कथाकार हमारे दौर में 'पांडे कौन कुमति तोहें लागी' जैसी कहानी लिखता है तो फिर कहानी के पंडित अचरज में पड़ जाते हैं कि भला इसे क्या समझा जाए? यह एक लेखक का रचनात्मक प्रत्युत्तर ही है जो शास्त्र और लोक के द्वंद्व में निःसंकोच लोक के पक्ष में चला जाता है। यहाँ लोक की परिभाषा तो देखिए–'तो, भाई, मैं कहानी लिखता हूँ। कहानी कहने और सुनने की चीज़ है। ऐसा कोई बकचोद लेखक न होगा जो चाहे कि मैं कहानी सुनाऊँ और सुनने वालों में कोई जम्हाई ले, कोई कान खोदे, कोई चूतड़ खुजलाता रहे और कोई मुस्की मारे। और यह तब मुमकिन है जब कहानी में दम हो, ढंग में सुनने वालों को बाँधने की ताकत हो।'

काशीनाथ सिंह सं बातचीत हो और नामवर सिंह का जिक्र न आए, यह भला कैसे हो सकता है? हिन्दी में दो भाइयों की यह पहली कहानी नहीं है। मैथिलीशरण-सियारामशरण, निर्मल-रामकुमार वर्मा, बलराज-भीष्म साहनी याद आते ही हैं लेकिन नामवर जी का छोटा भाई होने की जितनी सफाई काशीनाथ सिंह से माँगी गई वह हम हिन्दी भाषियों के दायरों का ही प्रमाण है। काशीनाथ सिंह बार-बार जवाब देकर भी झल्लाते नहीं बल्कि कभी-कभी इस मौके पर अपने मन की कह डालते हैं। ऐसी ही बातचीतों में स्त्री-दलित अस्मिताओं के सवाल भी आए हैं तो वामपंथी विचारधारा पर भी। वे चीजों को एकांगी नज़र से देखने के कायल नहीं हैं तभी प्रेम कहानियों के सवाल पर वे वामपंथियों की खबर लेने से नहीं चूकते।

पुस्तक में वे ही बातचीतें जा रही हैं जो काशीनाथ सिंह को साहित्य अकादमी पुरस्कार मिलने से पूर्व की गई थीं। इन बातचीतों को जुटाने और उपलब्ध करवाने में जिन मित्रों का सहयोग रहा है उसके लिए आभार कहना थोड़ा है। काशीनाथ सिंह जी ने संकोच के साथ इन्हें पुस्तकाकार देने की अनुमति दी। संकोच का यह भाव नया नहीं है। कुमार अवधेश और राजेन्द्र प्रसाद सिंह से बातचीत में उन्होंने कहा ही था-'मैं सोचता हूँ कि जैसा लेखन मैं करता रहा हूँ वह आज कितना आवश्यक रह गया है। हमें सोचने की जरूरत है। क्या उसमें परिवर्तन होना चाहिए? वह परिवर्तन कैसा हो?' उत्तर देने वाले की अपने प्रति यह प्रश्नाकुलता इन बातचीतों को संवाद बना रही है। उम्मीद की जानी चाहिए कि ऐसी गपशप रुके नहीं...अस्सी के काशीनाथ को हम चुप्पी लेने भी कैसे दे सकते हैं?

-पल्लव

अनुक्रम

लेखन की आधुनिक रूढ़ियाँ तोड़नी होंगी

[कुमार संभव के साथ बातचीत]

15 नवम्बर, 1982 की दीवाली की शाम। काशी हिन्दू विश्वविद्यालय परिसर में काशीनाथ का घर। शाम चार बजे ही मैंने उन्हें बता दिया था कि बरेली से मेरे आने का मकसद आधुनिक लेखन पर इंटरव्यू लेना है। काशीनाथ सिंह और मैं शाम चार बजे ही बनारस की दीवाली देखने निकल पड़े थे। घूमते-घूमते तकरीबन पौने आठ बजे तक हम घर आए। रास्ते-भर विभिन्न मुद्दों पर बातचीत होती रही।

रात आठ बजे हम इंटरव्यू की पूरी मानसिकता बना चुके थे। पटाखों के बीच मैंने शुरुआत करनी चाही लेकिन धमाके इतनी ज़ोर से हो रहे थे कि कुछ भी बात करना मुश्किल हो रहा था। बातों का सिलसिला काशीनाथ ने ही आरम्भ किया। उन दिनों वे मनोज बसु का उपन्यास 'रात का मेहमान' पढ़ रहे थे जिसमें सेंध मारने की चौंसठ विधियों का वर्णन है। काशी बता रहे थे कि दीवाली की रात चोरियाँ खूब होती हैं...वगैरह-वगैरह।

अचानक वे मेरी ओर मुखातिब हुए, 'भई, अब आप भी अपना एटमबम छोड़ ही डालिए, मेरा मतलब आप अपना सवाल शुरू करें।'

तो गोया आप कतई इंटरव्यू देने के फार्म में हैं?

हाँ, पूछिए! कहीं टेप तो नहीं कर रहे हैं!

नहीं, हाथ से ही लिखूँगा, इंटरव्यू में मुझे टेप की जरूरत नहीं पड़ती है।

ठीक है, शुरू कीजिए।

आपको अपनी कौन-सी कहानी सबसे ज़्यादा पसन्द है?

'कविता की नई तारीख'। आपने पढ़ी है न?

नहीं। यहीं, इसी कमरे में सुनी है, आपसे ही। खैर, आप किस वक्त लिखते हैं?

प्राय: रात को। खाने-पीने के बाद। अब भी किसी रचना की शुरुआत रात में ही करता हूँ। हालाँकि कहानी लगातार दिन में भी चलती रहती है, हर जगह। लिखता दिन में भी हूँ।

किस पेन से लिखते हैं?

अब तो डॉट पेन से लिखता हूँ। लिखना मैंने शुरू किया था पेन्सिल से। उस समय डॉट पेन नहीं थी। पेन्सिल से लिखने में सहूलियत यह थी कि खूब काटा-पीटी करो, फिर लिखो। यह क्रम तब खूब चलता था। जब डॉट पेन का चलन हुआ तब डॉट पेन से लिखना शुरू किया। एक बात और बताऊँ, अगर डॉट पेन की नोक पतली न हुई और उसकी स्याही स्मूथ नहीं चली तो लिखना नहीं हो पाता है, इसलिए पन्द्रह-बीस लीड्स प्राय: रखी रहती हैं।

रूलदार कागज़। बिना रूलदार पेपर के मैं लिख ही नहीं सकता और वह भी पैड में काफी मात्रा में होना चाहिए, करीने से कटा हुआ व्यवस्थित। दूसरी चीज़, जिस पेपर पर मैं लिख रहा हूँ वह बिल्कुल साफ-सुथरा होना चाहिए, बिना दाग के। इतना और बता दूँ, अगर कहानी का पहला भी वाक्य काटना पड़ा तो वह पेज ही हटा देता हूँ।

एक कहानी कितने समय में पूरी कर लेते हैं?

यह कहानी की लम्बाई पर निर्भर करता है। ज़्यादातर एक दिन में, चौबीस घंटे में एक पेज से ज़्यादा नहीं लिख पाता, पहले भी और अब भी। कभी-कभी सिर्फ एक पैराग्राफ ही लिख पाता हूँ यानी आप समझिए नौ दिन चले अढ़ाई कोस। हालाँकि इस बीच मैं पूरी तरह से कहानी में इन्वॉल्व रहता हूँ।

लिखने के दौरान टेन्शन रहती है?

पूरे जोश से। सो नहीं पाता, जब तक कहानी पूरी नहीं हो, तनाव से भरा रहता हूँ, कहानी जब खत्म हो जाती है तो वह नींद बाद के दिनों में पूरा करता हूँ।

इस तरह की पीड़ा झेलने का औचित्य?

आपने लिखने के मकसद पर ही सवाल उठाया है-बहुत दिनों से मेरे मन में एक सवाल हान्ट करता था कि आखिर हमारे पैदा होने का मकसद क्या है? क्या हमने इसलिए जन्म लिया है कि परिवार का भरण-पोषण करें? बुढ़ापे में मेरे बच्चे मेरा भरण-पोषण करें? और मरने के बाद परगने को न्यौतें? बैंक बैलेंस छोड़ूँ या भवन बनवाऊँ? मुझे लगा कि जो लोग जीवन के बारे में इस तरह सोचते हैं-अपने मुल्क में ढेर ऐसी तादाद हैं जिन्होंने अपने जीने का मकसद जाना ही नहीं। बहुत बड़ा भाग नहीं सोचता कि वे पैदा क्यों हुए। जीने को किस तरह जस्टीफाई किया जाए। मैंने समझा कि अगर मानवीय इतिहास के सही विकास में ज़रा भी मदद दे सका तो यही जीने की सार्थकता होगी। मैं कहना चाहूँगा कि लेखक के बतौर अपनी ओर से ऐसी ज़िम्मेदारी मैंने ले ली है जिसमें मेरी बीवी, बच्चे, नौकरी ये सभी चीज़ें मददगार नहीं होतीं, दूसरी तरह से यह भी कहूँ, उनके जीने में अपने मददगार नहीं पाता और यह तनाव न सिर्फ मेरा है बल्कि हरेक जेनुइन लेखक के परिवार का है।

मोटे तौर पर किसी भी ऐतिहासिक कालक्रम में अपनी उपस्थिति का एहसास कराया जाना भी कि मैं पैदा हुआ था, लेखकीय पीड़ा झेलने का औचित्य समझिए।

क्या अपने अस्तित्व के लिए?

इस तरह कहने में अस्तित्ववाद की गंध मिलेगी।

तो मकसद?

मैं अपने होने का एहसास कराना चाहता हूँ।

आप सन् 1960 से लिख रहे हैं और यह सन् 1982 है। जब आप अपने बाईस वर्ष के लेखन को फिर से देखते हैं तो कहीं ऐसा लगता है कि आपने अपने लेखन में कहीं कोई गड़बड़ी की है? आप अपने लेखन के तईं कोई गलती महसूस करते हैं?

कुमार, आप एकांगी प्रश्न मत पूछिए, आपके छोड़े हुए सवाल का जवाब भी देना चाहूँगा। दो बातें हैं, पहली बात यह है कि अपनी समझ से मैंने क्या सही किया और क्या गड़बड़ी की, जिसमें आपने पहला सवाल छोड़ दिया था। मैं समझता हूँ और जिसे बताना चाहूँगा कि अच्छी बात मेरे लेखन में यह हुई कि तथ्य और शिल्प के स्तर पर मेरे यहाँ जितनी विविधता मिलेगी उतनी मेरे साथ के लेखकों में कम मिलेगी। ऐसा इसलिए कि सन् 1960 का आन्दोलन ही कहानी के चले आ रहे रूप के खिलाफ था और वह रूप जहाँ खत्म हो गया था–सारे कथाकारों के पास कहानी का लगभग एक ही रूप रह गया था–निबन्धनुमा कहानी या कहूँ कि कहानी से ढेर सारी चीज़ें गायब हो गई थीं–कहानी में विवरण दिया जाने लगा था।

दूसरी चीज़–कहानी कहने के जितने ढंग अब तक भारत में रहे हैं, दुनिया की किसी भाषा में शायद हों। हमारे दौर में कहानी आकर शहरी मध्यवर्ग, निम्न मध्यवर्ग तक सीमित हो गई थी। हालत यह थी कि गाँव में पैदा हुए लेखक कलकत्ता, पटना, इलाहाबाद, चंडीगढ़ चाहे जहाँ चले गए हों–शहरी मध्यवर्ग को कहानी का स्वीकृत विषय बना चुके थे। वे स्वयं उस तरह की कहानियों के पास जाते थे यानी जहाँ से वे आए थे, वहाँ से कटकर गलत चीज़ लिख रहे थे।

इस तरह के कौन लोग थे? नाम लें तो बात ज़्यादा साफ हो।

गंगा प्रसाद विमल, परेश, दूधनाथ, रवींद्र कालिया।

लगता है आप ज्ञान रंजन को हटा रहे हैं?

देखिए। तोहमत मत लगाइए। ज्ञान रंजन की स्थिति इनसे अलग है। वह इलाहाबाद में ही जन्मा और बड़ा हुआ। वह जिस वर्ग को जानता था, उसके बारे में अपनी समझ से ईमानदारी से लिख रहा था।

क्या इस तरह वह भी गंगा प्रसाद विमल की पंक्ति में खड़े प्रतीत नहीं होते हैं?

मेरा दायित्व था कि कहानी के स्वीकृत रूप को छोड़कर चलूँ। यानी कहानी

को निम्न मध्यवर्ग से हटाकर मैंने उसे विषय वस्तु पर ले जाकर फैलाया। 'संकट' कहानी में साधो मिलिट्री रिटायर्ड आदमी को गाँव लौटते हुए इस बात की खुशी हो रही थी कि वह बीवी का देह-सुख लेगा। किन्तु जब उसे पता चला कि उसकी बीवी को लड़का हुआ है तो वह खुश होने की जगह आक्रोश जाहिर करता है।

तीसरी बात यह है कि उस दौर में एक मुर्दानगी छाई थी। एकरस और निष्प्राण कहानियाँ लिखी जा रही थीं। मुझे लगा कि वह कहानी क्या जिसमें चुलबुलाहट या जीवन न हो। यानी मैंने यह समझा कि कहानी को ज़िन्दा करना चाहिए और मैंने किया। आप गौर करेंगे कि मैंने यह किसी योजना के तहत नहीं किया था। इस बात को विश्वास के साथ इसलिए कह रहा हूँ कि जहाँ कहीं भी गया हूँ, जिनसे मिला हूँ दिल्ली, पटना, भागलपुर, कलकत्ता देश के किसी भी कोने में, लोग कहते हैं कि काशी से मिलना ज़िन्दगी से मिलना है, क्योंकि कोई नखरा या बनावट नहीं है।

ठहरिए! आप अपनी तारीफ में बहुत कहते जा रहे हैं। लोग कहेंगे कि काशी बन रहे हैं अपने मुँह मियाँ मिट्ठू...

क्या तुम भी ऐसा सोचते हो?

नहीं, मैं नहीं सोचूँगा, लेकिन मेरी बात दीगर है, इस इंटरव्यू को बहुत लोग पढ़ेंगे। आपके दुश्मन भी।

मेरा कोई भी दुश्मन नहीं है। सभी मेरे दोस्त हैं, प्यारे दोस्त और जो कुछ कह रहा हूँ, वह अपने दोस्तों के बारे में कह रहा हूँ, वे नेक दिल हैं, बुरा नहीं मानेंगे। अपनी कमियाँ स्वीकार करेंगे।

लेकिन आप अपनी तारीफ कर रहे हैं।

तारीफ योग्य हूँ ही, तो क्यों न करूँ?

इतने आत्मविश्वास से कह रहे हैं।

आत्मविश्वास से कह रहा हूँ और तुम इसके गवाह हो।

खैर, आप अपनी कमियाँ बताइए, आपने गड़बड़ियाँ क्या-क्या की हैं? उम्मीद है आप अपनी अच्छाइयों की तरह, अपनी गड़बड़ियाँ भी उसी आत्मविश्वास से स्वीकार करेंगे।

अवश्य स्वीकार करूँगा। बता रहा हूँ। ताव मत दिलाओ। एक बात बताऊँ? चाहो तो इसे इंटरव्यू में लिख सकते हो...।

मैं आपकी हर बात लिख रहा हूँ।

अच्छा तो यह बात है-बाईस साल तक लिखते रहने के बावजूद, यह प्रश्न आज भी स्पष्ट नहीं हो सका है कि जीने और लिखने के बीच कोई दूरी है या नहीं। मैं पेशे से अध्यापक हूँ जो आदमियों से भरे विशाल जंगल के बीच मुझे बहुत ही छोटे खंड तक सीमित कर देता है। बहुत पहले सोचा करता था, और आज भी वह सही

सोच है कि अज्ञेय के फेल होने का कारण उनका घर-परिवार न होना था, क्योंकि उनके सारे लेखन में पारिवारिक परेशानियाँ नहीं हैं। आप जानते हैं कि भारत परिवारों का देश है। परिवार, यानी सामन्ती व्यवस्था का प्रतीक। श्रीकान्त के बारे में यही लगता था। पारिवारिक ज़िम्मेदारियों से भागा लेखक सच्चे अर्थों में लेखक नहीं हो सकता। भाई, माँ, बाप, बीवी, बेटी जिसके पास नहीं होते वे ही चिड़ियों, पहाड़ों पर कविता-ꣷकिस्से लिखा करते हैं। मानवीय रिश्तों के बारे में लिखना उनके वश का नहीं होता है। यह गड़बड़ी अज्ञेय के साथ थी।

सो ठीक है, अज्ञेय, श्रीकांत और तमाम लोगों ने गड़बड़ियाँ की हैं, कारण कुछ भी रहे हों, मेरा सवाल यथावत है। आपने अपने लेखन में क्या गड़बड़ियाँ की हैं?

ठहरिए, अब आप गड़बड़ न करिए। लीजिए! सीधे आपके सवाल पर आ रहा हूँ। मैंने गड़बड़ियाँ की हैं और चाहूँगा आगे के लोग इस गड़बड़ी से बचें।

मैंने जो गड़बड़ी की है उसे आप इस तरह से समझें-मैंने अपनी पहली कहानी अपने गाँव की ढोला कहारिन पर लिखी थी जो कहीं नहीं छपी, गुम हो गई। वह उस समय असफल कहानी होती। ढोला कहारिन एक रुपए के बराबर टिकुली लगाती थी, कद की नाटी थी। वह पति से लगातार पिटती थी। गाँव के सारे ठाकुर ढोला कहारिन से मज़ाक करते थे, वह दिन-दिन-भर ठाकुरों के यहाँ पानी भरती थी-मुझे चाहिए कि ढोला कहारिन की शुरू की गई कहानी को जारी रखता लेकिन अस्तित्ववादी नुस्खे की कहानी, अकहानी, सम्बन्धों की कहानी, समकालीन कहानी वगैरह के चक्कर में ढोला कहारिन की कहानी छूट गई। गरज़ यह कि कहानी के आधुनिक रूप में जो कहानी आई उसमें ढोला कहारिन गायब हो गई। मैं अपने समय के विरुद्ध लड़ नहीं सका और अपने को कायम रखते हुए समर्पण कर बैठा जिसका परिणाम यह हुआ कि 'बेलून', 'बूढ़े की कहानी', 'लोग बिस्तरों पर' जैसी कहानियाँ सामने आईं।

कहना चाहूँगा कि आज जिस ढर्रे की कहानियाँ आ रही हैं या आज जिनसे आप लोग आक्रान्त हैं, ज़्यादातर नकली और झूठी कहानियाँ हैं।

क्या आज के लेखक नकली और झूठी कहानियाँ लिख रहे हैं?

हाँ। यथार्थवाद के नाम पर जो कुछ हो रहा है, उसे इतना सीमित कर दिया गया है कि वह सत्यकथा हो गई है। इसमें मैं कुमार सम्भव, स्वयं प्रकाश, रमेश बत्तरा को हटा दे रहा हूँ।

इसलिए कि मैं आपका इंटरव्यू ले रहा हूँ?

नहीं, इसलिए नहीं। कुमार सम्भव के बारे में मेरा ख्याल दूसरा है। तुम अपने लेखन के बल पर आज स्थापित हो और अपने साथ के लेखकों में बढ़िया लिख रहे हो। लोगों की यह तोहमत गलत होगी कि जान-बूझकर मैं कुमार सम्भव का

नाम ले रहा हूँ या कचरा लिख रहे लेखकों की पंक्ति से हटा रहा हूँ या स्थापित कर रहा हूँ।

रमेश बत्तरा का नाम शायद इसलिए आपने लिया कि वह 'सारिका' जैसी पत्रिका के सम्पादक-मंडल में हैं।

यह भी गलत है। मैं 'सारिका' में नहीं लिखता और फिर 'सारिका' के सम्पादक-मंडल में और लोग भी हैं। मैंने उन लोगों का नाम नहीं लिया। तो बात जो गलती की है वह मैं कह रहा था। तुम्हारी पीढ़ी के या और भी उस तरह के लेखकों को ढोला कहारिन वाली गलती से सबक लेना चाहिए। वे प्रवृत्ति के समक्ष घुटना टेककर इसी प्रवृत्ति में लिखे जा रहे हैं। मसलन मैं कहूँ कि अधिकांश कहानियों में हरिजन, ज़मींदारों से संघर्ष करके अन्त में विजय हासिल कर रहे हैं या कुछ इसी तरह की बातें। सब ढर्रे का लेखन हो रहा है।

ऐसा इसलिए लिखा जा रहा है, अन्त में सर्वहारा की विजय इसलिए दिखाई जा रही है ताकि मनोबल ऊँचा रहे। आपको याद होगा किसी अमेरिकी पत्रकार ने चीन के एक फिल्म डाइरेक्टर से पूछा था कि कम्युनिस्ट विजय से पूर्व चीन में आप लोग फिल्में कैसे दिखाया करते थे? उस डाइरेक्टर ने तब बताया कि अगर कोई वश नहीं चलता था तो हम अन्त में उग रहा लाल सूरज ही दिखा दिया करते थे। आप उस दृष्टि से भी सोचिए।

भारत की स्थिति चीन जैसी नहीं है और आपके सवाल के पहले हिस्से के बारे में भी स्पष्ट कर दूँ कि गोदान में होरी हारता है, मरता है फिर भी प्रतिनिधि होरी ही है। आप हारने की बात बचा रहे हैं।

रणनीति होती है कि हम हार कर भी जीतते हैं।

आपका तर्क गलत है। भगतसिंह की जीत हार में थी, वे मरे, किन्तु वह इंसटिंक्ट आज भी है। संघर्ष की स्थितियों को 82 के लेखक आज भी भुना रहे हैं किन्तु आपकी विजय में वह अपील नहीं है जो होरी की हार में है। सन् 60, 62 की गलतियों का भुगता मैं, 82 में वह गलती नहीं करना चाहता। यानी बगैर सोचे हाथ उठा देना इमोशन होगा। चमारों की विजय में बेलछी के हरिजन भी हैं। मेरे गाँव का चमटोल ही मेरे 'असेसमेंट' का बैरोमीटर है। 82 के लेखक, मेरा मतलब आपके साथी लेखकों से है, गलत लड़ाई लड़ रहे हैं। चमार बनाम ठाकुर। मैं आपको बताना चाहूँगा कि पिछले 10 सालों में ठाकुरों की ज़मीन यादवों ने खरीदी है। यहाँ एक नया तबका डेवलप कर रहा है। ह्रासोन्मुख सामन्तवादी व्यवस्था जातिवाद के आधार पर दूसरे रूप में विकसित हो रही है। लेखक का कर्त्तव्य तबदीली वाली शक्तियों की पहचान करना है।

अब मैं आपके अन्तरंग जीवन से सम्बन्धित कुछ प्रश्न पूछना चाहता हूँ। आप

इस उम्र में भी खूबसूरत दीखते हैं। लम्बाई-चौड़ाई भी ठीक है। आप अपने समय में ज़रूर अच्छे रहे होंगे। कोई अफेयर वगैरह? तब और मौजूदा समय में?

देखिए, यह आपकी व्यक्तिगत जिज्ञासा है और श्रीमती जी भी इस इंटरव्यू को पढ़ सकती हैं।

आप इसे अन्यथा न लें, मेरा यह सवाल लेखन से ही जुड़ा है। मेरे कहने का मतलब यह है कि प्रेम-प्रकरण वगैरह से प्रभावित होकर कोई कहानी लिखी?

यह सवाल आप ही कर सकते थे। अब जब बात आई है तो बता दूँ। डॉ. विजय मोहन सिंह से मैंने कहा था कि मेरी कहानियों में सिर्फ पुरुष-ही-पुरुष हैं। मैंने लिखा नहीं। लिखूँगा। क्योंकि ऐसा नहीं है कि मैंने प्रेम नहीं किया। लेकिन लिखा इसलिए नहीं कि अज्ञेय, निर्मल वगैरह ने बड़ा घोल-मट्ठा कर दिया था। हिन्दी कथा साहित्य में प्रेम दिखाई देता है लेकिन न प्रेमपरक कहानियाँ हैं न उपन्यास। आश्चर्य है...कि जितने क्रान्तिकारी कम्युनिस्ट हैं, प्रेम सभी करते हैं, किन्तु प्रेम पर लिखते नहीं, बात करने से कतराते हैं। वामपंथियों ने मान लिया है कि प्रेम पर लिखना भाववादी या प्रतिक्रियावादी लेखन है। बनारस में अस्सी घाट के पास किसी लड़की से तुम भी प्रेम करते थे, लेकिन प्रेम पर लिखने से कतराने वाली गड़बड़ी तुम्हारे अन्दर भी है।

मेरी बात छोड़िए, इंटरव्यू आपका लिया जा रहा है मेरा नहीं, आपने प्रेम किया तो इस पर लिखा क्यों नहीं?

प्रेम के बारे में मेरा दुखद अनुभव है, वह यह कि गाँव की जिस लड़की से प्रेम करता था, जिसे देखने के लिए त्योहारों पर बनारस से गाँव जाया करता था, वह लड़की मुझे चाचा कहती थी। हालाँकि प्रेम का एहसास दोनों को था लेकिन चाचा होने की मजबूरी थी।

मैंने प्रेम पर अब तक इसलिए नहीं लिखा क्योंकि प्रेम के खेत में अज्ञेय ने गन्धी लगा दी थी और उन दिनों प्रेम शब्द ही दुर्गन्धपूर्ण हो गया था। मैं मैच्योर होकर ही प्रेम पर लिखूँगा। टालस्टाय ने बुढ़ापे में प्रेम पर लिखा था।

आपको ज़रा एक बार फिर दूसरी ओर ले चलूँ। आपने कुछ समय पूर्व इसी इंटरव्यू के दौरान हमारी पीढ़ी के लेखकों को काफी कंडम किया है, लेकिन आपने यह नहीं बताया कि अगर हम गलत लिख रहे हैं तो फिर सही ढंग से क्या और किस तरह लिखा जाना चाहिए?

पिछले सौ सालों में मार्क्सवादी लेखन ने कुछ रूढ़ियाँ तैयार कर दी हैं। भारत का मार्क्सवादी लेखक उन्हें तोड़कर ही आगे बढ़ सकता है, जैसे 'आखिर सुबह होगी', 'लाल सूरज निकलेगा', 'ज़मींदार का नाश होगा' जमींदारों के रूप वगैरह के बारे में कि 'वह बिच्छू के डंक जैसी मूँछों वाला होता है', या 'सेठ मोटा और

तोंदियल होता है', 'एक न एक दिन हमारी जीत होगी' ये सब मार्क्सवादी लेखन की रूढ़ियाँ हैं। मैंने बिड़ला को नहीं देखा है। जे.आर.डी. टाटा की फोटो देखी है–वह दुबला-पतला है। नया जमींदार काफी आधुनिक है। तो, इन रूढ़ियों को तोड़ना होगा। 19वीं सदी के उत्तरार्द्ध से आज तक हथौड़ा और हँसिया बहुत हो चुका है। भारत के मार्क्सवादियों को चाहिए कि नए प्रतीकों की खोज करें। यह ध्यान में रखें कि मुक्तिबोध के यहाँ वह 'अरुण कमल' और 'सूरजमुखी' के रूप में आता है इसलिए मुक्तिबोध महत्त्वपूर्ण है। वी हैव टू चेंज आवर सिम्बल्स।

दूसरी चीज़ यह है कि कहानी के नाम पर ब्योरे या तथ्य नहीं बल्कि धड़कन सुनना चाहता हूँ। गाँव के चन्द्रमा सिंह साग-रोटी खाते हैं और वह भी एक वक्त। वे गाँव के ज़िन्दादिल आदमी हैं। दरअसल हम लेखकों ने यह बाँट दिया है कि गरीब के पास सिर्फ आँसू हैं, कहकहे तथा खुशियाँ जमींदारों, पूँजीपतियों के पास हैं, जबकि असलियत उल्टी है। तमाम परेशानियों के बाद भी हँसी और मस्ती हमें गरीबों में दिखाई देती है और शोषकों के पास सिर्फ चिन्ता नजर आती है।

तीसरी चीज–आज के अधिकांश कथाकारों की कहानियों की भाषा में प्रयुक्त होने वाले शब्दों से अर्थ ही गायब हो रहे हैं। उन्हें पढ़ना दुश्वार हो गया है, उन्हें पढ़ते हुए निरर्थक और निर्जीव भाषा का सामना करना पड़ता है।

एक राजनीतिक सवाल। आजकल फिल्मों के ऐक्टर राजनीति में लाए जा रहे हैं। दक्षिण के कई अभिनेता उदाहरण हैं। सुना जा रहा है कि हिन्दी फिल्मों का एक अभिनेता भी शीघ्र ही राजनीति में आने वाला है। इसे आप क्या कहेंगे?

दिवालियापन कहूँगा। अगर फिल्म वालों को जनता चुनती है तो यह देश की जनता की बुद्धि का दिवालियापन है। जिस देश की जनता का मानसिक स्तर निहायत ही घटिया किस्म का होता है, वही जनता फिल्म वालों को चुनती है। अमेरिका एक अच्छा उदाहरण है। अमेरिका की जनता ने रीगन को चुनकर अपनी घटिया और दिवालिया मानसिकता का परिचय दिया है।

वर्जित इलाकों में प्रवेश करना होगा

[कुमार अवधेश और राजेंद्र प्रसाद सिंह के साथ बातचीत]

राजेंद्र प्रसाद सिंह : जिन दिनों आपने लिखना शुरू किया उन दिनों हिन्दी कहानी की क्या स्थिति थी?

काशीनाथ सिंह : जिस समय मैंने कहानी लिखनी शुरू की उन दिनों हिन्दी कहानी में एक पात्र होता था और उसका नाम था 'वह'। 'वह' लड़का भी हो सकता था लड़की भी हो सकती थी। यानी कि उसका कोई लिंग नहीं था। वह कलकत्ते का भी हो सकता था, बम्बई का भी हो सकता था, इलाहाबाद का भी, दिल्ली का भी। यानी कि उसका कोई विशेष शहर नहीं था। 'वह' मोटे तौर पर एक पढ़ा-लिखा मध्यवर्गीय युवक था जो प्रायः सोचता रहता था, उसके बीवी थी, नहीं भी थी। उसके माँ, बाप, भाई, बहन, दोस्त सब थे लेकिन नहीं भी थे। सब मिला के उस 'वह' का कोई विशेष देश नहीं था और प्रायः सारे लोगों की कहानियों में वह उसी रूप में आया करता था। दूसरी बात, इस 'वह' के पास केवल 'वर्तमान' था, जैसे इस तरह के वाक्य कहानियों में प्रयुक्त होते थे–वह सोचने लगा, उसे नींद आने लगी या वह उठता है और चाय की दुकान की ओर चल देता है, यानी एक तरह से आप देखें तो लगेगा कि वह 'देश-काल निरपेक्ष' एक मध्यवर्गीय व्यक्ति था। उसे लोकेट करना, पहचानना कि वह अमुक शहर का है, अमुक जगह का है, बहुत मुश्किल था। ऐसी स्थिति में जब मैंने कहानी लिखनी शुरू की तो मुझे लगा कि मैं इस 'वह' को नहीं जानता, मेरा उससे परिचय नहीं है। मेरे सामने जो ज़िन्दगी थी, जिस तरह के लोग थे उनमें स्पष्ट रूप से मूर्त लोग थे। किसी का नाम शंकर था, किसी का नाम साधो था, किसी का नाम माधो था, किसी का नाम जंगी था। उनके अपने चेहरे थे, जिन्हें झुर्रियों से पहचाना जा सकता था। यानी उनके शरीर में, वस्त्र में इस तरह की चीज़ें थीं कि हम उन्हें बखूबी पहचान सकते थे। जब ऐसे पात्रों के साथ जो 'वह' से बिल्कुल भिन्न किस्म का था, मैंने कहानी लिखनी शुरू की तो मुझे लगा शायद मैं अपने समय से पीछे की तरफ लौट रहा हूँ। लेकिन जब सात-आठ साल बाद

हिन्दी आलोचना ने कहना शुरू किया कि चीज़ों को उनके सही नाम से पुकारा जाना चाहिए तो मुझे लगा कि देखो, बेवकूफी में भी आदमी कभी-कभी अच्छे काम कर जाता है।

राजेंद्र प्रसाद सिंह : उस समय के कहानी-आलोचक आपकी और आपके समकालीन कहानीकारों की कहानियों के विषय में क्या राय रखते थे?

काशीनाथ सिंह : जिस समय ऐसी कहानियाँ लिखी जा रही थीं उस समय कहानी-आलोचना लिख रहे थे हमारे मित्र गंगा प्रसाद विमल और नई कहानी से अलग एक नाम की उन्हें तलाश थी। हमारे समय की कहानी को वह कभी समकालीन कहानी और कभी आज की कहानी के नाम से पुकारते थे। उसके बाद कुछ दूसरे आलोचक दिखाई पड़े। मसलन विजयमोहन सिंह, चन्द्रभूषण तिवारी, धनंजय वर्मा, सुरेंद्र चौधरी, विमल वर्मा। यह सब एक तरह से वामपंथी या मार्क्सवादी आलोचक थे। (विजय मोहन को छोड़कर) गंगा प्रसाद विमल की उन दिनों की आलोचना अगर आप देखें तो मेरा नाम उनमें कहीं न होगा, क्योंकि आधुनिकतावादी या कहानी के नए चरित्र 'वह' के जो लेखक थे, वे ही उनकी आलोचना के, विचार के विषय होते थे। जहाँ तक मार्क्सवादी आलोचकों का सवाल है, उनकी आलोचना में निश्चित रूप से मेरी कहानियों का उल्लेख होता था। लेकिन जिस तरह से वे उन कहानियों का मूल्यांकन करते थे, जब मैं पढ़ता तो मुझे उनकी लम्बी भूमिका देखकर समझ में नहीं आता था कि यह सब कुछ मेरी कहानी के बारे में कहा जा रहा है या दूसरी कहानी के बारे में। यानी कि खुद मुझे अपनी ही कहानी उनकी आलोचना से समझ में नहीं आती थी। उन दिनों हिन्दी कहानी की आलोचना जितनी उलझी हुई, अस्पष्ट और वाक्जाल से भरी हुई होती थी, उतनी शायद उसके पहले की आलोचना कम-से-कम मैंने तो नहीं देखी। जहाँ तक मैं समझता हूँ कि उन दिनों अपनी गैर-मार्क्सवादी दृष्टि के बावजूद विजय मोहन कहीं साफ-सुथरे थे। अच्छी आलोचना यद्यपि चन्द्रभूषण तिवारी और सुरेन्द्र चौधरी की भी होती थी, लेकिन भूसा बहुत अधिक होता था और दाना बहुत कम।

कुमार अवधेश : अभी आपने कहा कि गैर-मार्क्सवादी दृष्टि के बावजूद तमाम आलोचकों में विजय मोहन कहीं साफ-सुथरे थे, तो क्या मान लिया जाए कि मार्क्सवादी दृष्टि साफ-सुथरी और ईमानदार आलोचना में बाधक होती है?

काशीनाथ सिंह : जी नहीं, कतई नहीं; क्योंकि इसके प्रमाण नामवर सिंह और रामविलास शर्मा हैं। और हमारा ख्याल है कि अपने समय की सर्वोत्तम आलोचना अगर मिलती है तो इन्हीं आलोचकों की आलोचना में। दूसरी बात, इनके बाद वाले वे ही मार्क्सवादी आलोचक जैसे-जैसे तथाकथित आधुनिकतावादी धुंध से बाहर निकलते गए, उनकी आलोचना में निखार, पैनापन और साफगोई आती गई।

कुमार अवधेश : आपकी कहानियों में अधिकतर ग्रामीण परिवेश की ज़िन्दगी का चित्रण है। इन अर्थों में क्या आपकी कहानी को गाँव की कहानी कहा जा सकता है? इन कहानियों की ज़िन्दगी किन अर्थों में शिवप्रसाद सिंह और मार्कंडेय आदि से भिन्न है?

काशीनाथ सिंह : देखिए एक बड़ी स्पष्ट बात है। आलोचक अवश्य कहते रहे हैं, लेकिन कभी मुझे भ्रम नहीं हुआ। कभी मुझे नहीं लगा कि मेरी कहानियाँ गाँव की कहानियाँ हैं। इसका कारण बहुत स्पष्ट है। एक तो यह कि मेरी कहानियों के पात्र निश्चित रूप से गाँव से या निम्न वर्ग से सम्बन्धित हैं, लेकिन अगर वे गाँव के हैं तो ऐसे पात्र हैं जिनके गाँव, अपनी ज़मीन, अपने लोग, अपना घर-बार उनसे दूर हो चुके हैं। वे शहर में आते हैं, संघर्ष करते हैं, लेकिन शहर में वे खप नहीं पा रहे हैं। होता यह है कि जब शहर की मार पड़ती है तो गाँव जाते हैं और गाँव में मार पड़ती है तो शहर भागते हैं। मेरी कहानी में आने वाले पात्र उस टूटती हुई सामन्तवादी व्यवस्था में जिससे वे निकलना चाहते हैं और जो नई बनती हुई पूँजीवादी व्यवस्था है जिसमें वे अपने आप को बराबर मिसफिट पाते हैं, संतुष्ट नहीं हैं। इन दोनों की टकराहट की उपज है मेरे पात्र। और इस तरह से जब हम देखते हैं तो लगता है कि ये पात्र मार्कंडेय और शिवप्रसाद सिंह की कहानियों के पात्रों की तरह गँवई या ग्रामीण नहीं, मेरे पात्र सामन्तवाद और पूँजीवाद की टकराहट से उत्पन्न जिन स्थितियों में जी रहे हैं, वे स्थितियाँ उन्हें जीने नहीं दे रही हैं। ये ऐसे लोगों की बराबर तलाश में हैं, जो उनके साथ मौजूदा संकट का सामना कर सकें। जिनके साथ खड़े हो सकें। यानी कि उनमें भगोड़ापन नहीं है। लड़ने की, संघर्ष करने की एक उत्तेजना बराबर मेरे पात्रों में मिलेगी। आप चाहें तो यह कह सकते हैं कि ये वे पात्र हैं जिन्हें गाँव के उदास खेत बुला रहे हैं और शहर की चकमक ठेंगा दिखा रही है।

राजेंद्र प्रसाद सिंह : कहानी को राजनीति की दिशा में मोड़ने वाले कहानीकारों में समकालीनों में आपका उल्लेख किया जाता है। इसके बारे में आपका क्या खयाल है?

काशीनाथ सिंह : खयाल उत्तम है बंधु। जो कुछ हुआ अनजाने हुआ। मेरी मदद दो चीज़ों ने की। एक तो मेरी मूर्खता और गँवरपन ने, दूसरे शहर बनारस जैसे गाँव ने। आप जानते हैं कि दिल्ली और भोपाल से जो साहित्यिक सिक्के जारी होते हैं, उन्हें बीच में ही इलाहाबाद वाले लपक लेते हैं। यही हश्र साठ के आस-पास की आधुनिकता का भी हुआ। बनारस प्रेमचन्द के ही जमाने में चल रहा था। आधुनिकता को जब तक हम समझें-बूझें तब तक संविद सरकारों का माहौल तैयार हो गया। यह परिवर्तन मेरी कहानियों के मिजाज़ के मेल में था। सो, उनका

सामाजिक स्वर तत्कालीन राजनीति से कहीं-न-कहीं अपने आप जुड़ने लगा और इसे और ज़्यादा बल मिला नक्सल आन्दोलन के दौरान। फिर भी मैं अपनी कहानियों के लिए नहीं चाहता कि उन्हें राजनैतिक कहानियाँ कहा जाए। यह एक गलतफहमी या भ्रम पैदा करने वाला मुहावरा होगा। इतना ज़रूर है कि मेरी कहानियों की ज़िन्दगी या कहानियों के जो पात्र हैं वे राजनीति यानी जो सातवें दशक के परवर्ती दिनों की अवसरवादी-भ्रष्ट राजनीति है, के सताए हुए पात्र हैं। अपने जीवन के लिए और अपने अस्तित्व के लिए कहीं-न-कहीं राजनीति की तलाश में हैं। आप इन पात्रों को राजनीतिक कह सकते हैं, बल्कि कहें, लेकिन कहानियों को राजनीतिक कहना मुझे पसन्द नहीं। राजनीतिक कहानियों का इम्पैक्ट स्थायी नहीं होता, गहरा नहीं होता। बहुत ही उथला होता है। सच्ची बात यह है कि राजनीतिक कहानियों की अलग कोटि उनके दिमाग में होती है जो मार्क्सवाद-विरोधी हैं। हम तो ज़िन्दगी और राजनीति को अलग करके देखते ही नहीं।

राजेंद्र प्रसाद सिंह : कहानी में नारेबाजी का समर्थन आप कहाँ तक करते हैं? क्या आपकी कहानियाँ उनसे मुक्त हैं?

काशीनाथ सिंह : देखिए एक मार्क्सवादी लेखक साहित्य को प्रचार का साधन ज़रूर मानता है लेकिन नारे का नहीं। नारे की भी ज़रूरत पड़ती है। लेकिन हर समय नारा आकर्षण खो बैठता है। उसे आप अपनी ओर से प्रचार भले समझें लेकिन सुनने वालों में अरुचि और विकर्षण पैदा होता है। अक्सर हम चीखने और चिल्लाने वाले आदमी का तमाशा देखते हुए बगल से गुजर जाते हैं। लेकिन जब कुछ लोग एक जगह खड़े-खड़े या बैठे-बैठे साँय-साँय बतिया रहे हों या कानाफूँसी कर रहे हों तो हम ठिठक जाते हैं। यह भी प्रचार ही है। हमें देखना चाहिए कि किस वक्त क्या करना ठीक है। नया मुल्ला प्याज़ ज़्यादा खाता है। ज़्यादा जोशीला मर्द अच्छी नीयत के बावजूद बचाते-बचाते भंडा फोड़ बैठता है। फूटने से आवाज़ ज़्यादा होती है, लेकिन नुकसान किसका होता है?

अब रहीं मेरी कहानियाँ, तो कुछ-एक ऐसी ज़रूर है, लेकिन आप देखेंगे कि ऐसी कहानियाँ दूसरी कहानियों के मुकाबले कमज़ोर हैं। हाँ, मेरा यह अनुभव ज़रूर रहा है कि कहानी या कविता लिखने के बजाय उसमें नारेबाज़ी करना या नारेबाज़ी की शक्ल में कविता-कहानी लिखना आसान है...अन्त में, एक बात और। पिछले दस-पन्द्रह सालों का अनुभव बतलाता है कि आपका कार्यक्रम तो कोई नहीं ले सकता, लेकिन नारे कोई भी चुरा सकता है। नारों के आधार पर पहचानना बड़ा मुश्किल है।

कुमार अवधेश : 'अपना मोर्चा' का जापानी में अनुवाद हुआ है। उस पर जापानी पाठकों की प्रतिक्रिया बताएँ।

काशीनाथ सिंह : एक बात ध्यान में रखें, कोई भी लेखक सबसे पहले अपनी

भाषा का, अपने देश का और अपनी जनता का लेखक होता है और अगर वह अपनी भाषा में एक समर्थ लेखक के रूप में उभरता है तब तो ठीक है वरना उसकी रचनाओं का दुनिया की किसी भी या सारी भाषाओं में अनुवाद हो जाए वह केवल अनुवादों के बावजूद एक कमज़ोर लेखक ही माना जाएगा। जब मैं जापान गया तो जानना चाहा कि 'अपना मोर्चा' जापानी पाठकों में इतना लोकप्रिय क्यों है? मुझे मालूम हुआ कि 1970 के बाद जापान में एक बहुत बड़ा छात्र-आन्दोलन हुआ था, जिसने पूरे जापान को हिला डाला था। मुझे जैसा वहाँ के लोगों ने बताया कि जापान में इस तरह का कोई उपन्यास नहीं है जो छात्रों के इस आन्दोलन को विषय बनाकर लिखा गया हो, वहाँ पाठकों ने बताया कि 'अपना मोर्चा' उपन्यास पढ़ते हुए उन्हें बराबर लगता रहा कि उपन्यास उनके अपने छात्र-आन्दोलन पर है, बहुत कुछ समानता एक जैसी है। 'अपना मोर्चा' में जिस तरह छात्र-आन्दोलन के बारे में लिखा गया, जिस तरह से उसमें छात्र लड़ते हैं, उसी तरह की लड़ाई जापान में भी लड़ी गई छात्रों द्वारा। और उनका कहना था कि चूँकि उनको अपनी भाषा में इस विषय पर लिखा हुआ कोई उपन्यास नहीं था और ऐसा उपन्यास भारतीय भाषा में दिखाई पड़ा तो उन्हें ऐसा लगा कि अपनी ही बात है जो एक दूसरी भाषा का लेखक उनसे कर रहा है।

कुमार अवधेश : 'कविता की नई तारीख' में आपने 'गिलास' का प्रयोग स्त्रीलिंग में किया है। इसकी कोई खास वजह है?

काशीनाथ सिंह : इस सिलसिले में मैं आपसे एक बात पूछना चाहता हूँ कि कलम पुल्लिंग है या स्त्रीलिंग? जहाँ तक मुझे याद है कि पूरी कहानियों में कलम स्त्रीलिंग में ही मिलेगा। एक रचनाकार के लिए भाषा का मानदंड में व्याकरण का नहीं बल्कि जनभाषा को मानता हूँ। जहाँ मैं रहता हूँ, जिनके बीच रहता हूँ, रह रहा हूँ, वे उसका कैसा व्यवहार करते हैं–यह व्याकरण की दृष्टि से गलत हो सकता है, लेकिन जिस तरह से हमारे आस-पास के लोग–हमारे गाँव के लोग शब्द का जिस रूप में इस्तेमाल करते हैं उसी रूप में उस शब्द का इस्तेमाल करना एक रचनाकार के नाते और खास तौर से अपने लिए मैं आवश्यक मानता हूँ, क्योंकि भाषा का विकास जनभाषा में होता है, व्याकरण की भाषा से नहीं।

कुमार अवधेश : व्याकरण को यदि इस तरह से नकार दिया जाएगा तो क्या एक रचनाकार आलोचकों के समक्ष खड़ा हो सकेगा?

काशीनाथ सिंह : यह गड़बड़ियाँ खास तौर से Neuter और Common Gender में होती हैं। संस्कृत में होता है एक नपुंसक लिंग। आधुनिक आर्य भाषाओं में नपुंसक लिंग बाध्य हुआ या तो स्त्रीलिंग बनने के लिए या पुल्लिंग बनने के लिए। पश्चिम की भाषा खड़ी बोली है। पश्चिम के लोग प्राय: 'कलम' और गिलास' का

इस्तेमाल पुल्लिंग में करते हैं। लेकिन पूरब के लोग इनका इस्तेमाल स्त्रीलिंग में करते हैं। इसलिए मैंने उसे ज्यों-का-त्यों लिया। अब जैसे दही या हाथी है, व्याकरण के अनुसार हाथी पुल्लिंग है लेकिन मेरे गाँव के आसपास के इलाके में हाथी का इस्तेमाल स्त्रीलिंग में होता है। अगर एक रचनाकार की हैसियत से मुझे लिखना होगा तो हाथी का इस्तेमाल स्त्रीलिंग में ही करूँगा और लिखूँगा कि 'हाथी जाती है'। इसके लिए व्याकरण इजाज़त दे या न दे-ऐसी जगहों पर बोलचाल की भाषा को मैं कसौटी मानता हूँ।

राजेंद्र प्रसाद सिंह : मुझे ऐसा लगता है कि 'मंगल गाथा' आपने उन क्षणों में लिखी जब आपके पास लिखने के लिए कुछ ठोस नहीं था।

काशीनाथ सिंह : जब 'नई तारीख' संग्रह प्रकाशित हुआ तो उसमें दोनों कहानियाँ थीं। कविता की तारीख और मंगल गाथा। उस समय जनवादी लेखकों ने 'कविता की नई तारीख' की कोई नोटिस नहीं ली और तारीफ की तो मंगलगाथा की। यहीं मैं आपको यह भी बताना चाहूँगा कि अपने यहाँ हिन्दी विभाग में एक आयोजन हुआ, उसमें मैंने 'कविता की नई तारीख' पढ़ना चाहा था, लेकिन लोगों ने मुझसे मंगलगाथा पढ़ने को कहा। बात यह है कि इस कहानी को लिखने के दौरान मेरे सामने गाँवों पर लिखी जाने वाली ढेर सारी कहानियाँ और उपन्यास थे लेकिन मैंने देखना चाहा कि इन कहानियों और उपन्यासों में जिन चीज़ों को मैं लिखना चाहता हूँ वह चीजें किस रूप में लिखी गई हैं? लिखी भी गईं या नहीं? आप गौर से देखें तो मंगल गाथा के दौरान आप ढेर सारे ऐसे प्रसंग पाएँगे जो गाँव की ज़िन्दगी के चितेरे लेखक अपनी कहानियों में नहीं ला पाए। यह सब मैंने किसी योजनाबद्ध तरीके से नहीं किया। गाँव मेरी ज़िन्दगी का ऐसा हिस्सा है जिससे मैं आज तक मुक्त नहीं हो पाया। आप शायद विश्वास न करें कि हिन्दी विभाग में अध्यापक होने के बावजूद जब मैं गाँव जाता था तो गन्ने की गुड़ाई करता था, गन्ने में पानी देता, पानी चढ़ाता। इस ज़िन्दगी से इस तरह से जुड़ा हुआ रहा हूँ मैं कि ये चीज़ें बराबर मुझे हांट करती थीं और इस समूचे फैले हुए माहौल के बीच से मैं उस आदमी को पैदा करना चाहता था जो एक सेंध मारने वाले चोर से तिकड़म करते-करते स्वाधीनता के बाद मंत्री बन गया था। इसलिए ऐसा नहीं है कि मंगल गाथा मेरी फुर्सत के क्षणों की कहानी है।

राजेंद्र प्रसाद सिंह : आप पर कुछ आलोचकों द्वारा रूपवादी होने का आरोप लगाया गया है। आप इसे कहाँ तक उचित समझते हैं?

काशीनाथ सिंह : यह एक दिलचस्प सवाल किया है आपने। 'रूपवाद' जैसी चीज़ के बारे में उड़ती-उड़ती जानकारी मुझे भी है। ऐसे, विश्वविद्यालय में अध्यापक होने के कारण लोगों को भ्रम होगा कि इन चीज़ों को मैं जानता हूँगा।

बहरहाल, यह मान के चला जाए कि बगैर 'रूपवाद' को जाने भी लेखक रूपवादी हो सकता है।

तो, भाई, मैं कहानी लिखता हूँ। कहानी कहने और सुनने की चीज़ है। ऐसा कोई बकचोद लेखक न होगा जो चाहे कि मैं कहानी सुनाऊँ और सुनने वालों में कोई जम्हाई ले, कोई कान खोदे, कोई चूतड़ खुजलाता रहे और कोई मुस्की मारे। और यह तब मुमकिन है जब कहानी में दम हो, ढंग में सुनने वालों को बाँधने की ताकत हो। और जब से कहानी लिखने की तमीज़ हुई तब से मैं वही दम और ताकत पैदा करने के लिए संघर्ष करता चल रहा हूँ। इतना जानता हूँ कि केवल ढंग जो शायद रूपवाद के दायरे में आता हो–चूतिया बनाने का हथकंडा है और वह एक-दो बार से ज़्यादा नहीं चलता। दूसरी बात यह कि जिन दिनों साठ के बाद मैंने लिखना शुरू किया था, उन दिनों कहानी कहने का ढंग मुझे ऐतिहासिक आवश्यक लगा था। उस समय कहानी का व्यक्तित्व नहीं था। कहना मुश्किल था कि कौन किसकी कहानी है? इस मामले में अपवाद सिर्फ ज्ञानरंजन की कहानियाँ थीं। साथ ही जिस नीरस, उबाऊ और निबन्धनुमा तरीके से रोज़मर्रे की ज़िन्दगी की कहानियाँ लिखी जा रही थीं उनमें पाठकों को तो क्या इक्के-दुक्के आलोचकों को छोड़कर किसी की दिलचस्पी नहीं थी। प्रेमचन्द की गेहूँ उपजने वाली धरती पर हमारे पूर्वजों ने हरिशंकर परसाई, भीष्म साहनी, अमरकान्त, शेखर जोशी वगैरह को छोड़कर कोदो-सावाँ की खेती की थी। उस पर हममें से बहुतों ने चाय का धन्धा चालू कर दिया। जबकि निर्मल पहले से ही धूप के टुकड़े में बीयर की बोलतें सजा कर बैठे हुए थे। ऐसी स्थिति में यदि मैंने कहानी के बुनियादी ढाँचे पर ज़ोर दिया तो नहीं लगता कि मैंने कुछ गलत किया था। सफल होना न होना अलग बात है। इसलिए ऐसा आक्षेप वहीं तक। इसके सिवा देखना यह चाहिए कि मैंने यह ढंग लिया कहाँ से? मैं गाँव से आया था। अपने यहाँ फुर्सत के तीन ठिकाने थे–अलाव, कोल्हु आँड (जहाँ गन्ने की पेराई होती है और गुड़ का कड़ाह चढ़ता है।) और जाड़े में दालान में बिछा हुआ पुआल जिस पर सभी रात में सोते थे। रिश्तेदारियों में आए हुए नाई, कहार, हलवाहे, नौकर-चाकर यहाँ बैठते या पीते थे और हम लोगों की ज़िद पर कहानियाँ सुनाते थे। तरह-तरह की। सुनाने के ढंग भी अलग-अलग होते थे। कभी-कभी सुबह तक हो जाती थी।...तो भाई, नगर में हिंडोले या पालने पर लोरियों की थपकी में सोने वाला और मोमजामे पर हगने वाला कोई बच्चा आलोचक कहे कि यह रूपवाद है तो मैं क्या कर सकता हूँ?

कुमार अवधेश : आपकी कुछ कहानियाँ पढ़ते वक्त कोई स्पष्ट तस्वीर नहीं उभरती। मसलन निधन, अपने लोग, आदमी का आदमी आदि।

काशीनाथ सिंह : अगर कोई कहानी पढ़ते समय तस्वीर स्पष्ट नहीं उभरती

यह स्पष्ट नहीं हो पाता कि लेखक क्या कहना चाहता है, तो मैं इसे लेखक की असफलता मानता हूँ। वैसे एक-दो कहानियाँ हैं। हमारा खयाल है कि जो कहानी सबसे ज़्यादा अस्पष्ट है उसका उल्लेख आपने नहीं किया है। 'लोग बिस्तर पर'। वह काफी अस्पष्ट है। इसकी तुलना में जिन कहानियों का आपने ज़िक्र किया है स्पष्ट हैं। लेकिन अगर कहानी में अस्पष्टता है तो यह कहानी की असफलता है।

कुमार अवधेश : समकालीन कहानी-लेखन से आप कहाँ तक सन्तुष्ट हैं? क्या आपको आज की कहानी आगे बढ़ती हुई नहीं लगती?

काशीनाथ सिंह : आपको कहानी आगे बढ़ती हुई लग रही है, मुझे कहानी कैद में दिखाई पड़ रही है। जहाँ उसे मुक्त होना चाहिए था वहाँ वह मुक्त नहीं हो पा रही है। अधिकांश लेखकों के पास कहानी के फार्मूले हैं। फार्मूले का मतलब उनके यहाँ निश्चित रूप में यदि शोषक है तो ज़मींदार हैं। शोषित हरिजन हैं। अगर आप देखें तो अधिकतर कहानियाँ ज़मींदार और हरिजन के संघर्ष की कहानियाँ हैं। यह बुरा नहीं है। लेकिन ऊपर से दिखाई पड़ने वाले राजनैतिक संघर्ष की तुलना में भीतरी संघर्ष बहुत ज़्यादा महत्त्वपूर्ण होता है। हम देखते हैं कि इन कहानियों के पात्रों की रूपरेखा बहुत साफ नहीं हो पाती। इसका मतलब है कि या तो समकालीन कहानीकार जल्दी में, उतावली में हैं, या वे कहानीकार जिनके बारे में लिख रहे हैं उन्हें अधूरा ही जानते हैं, या वे उस ज़िन्दगी की व्यथा को दूर करने की चेष्टा नहीं करते। मुझे लगता है कि जो नक्सल आन्दोलन हिन्दी कहानी में बदलाव लाया था उसी नक्सल आन्दोलन ने हिन्दी कहानी के विकास को अवरुद्ध कर सामाजिक जटिलता को सरलीकृत कर दिया, संघर्ष को नुस्खे में बदल दिया। प्रायः प्रत्येक राजनैतिक आन्दोलन अपना एक 'मिथ' तैयार करता है जो असावधान रचनाकारों के हाथ में पड़कर अपनी जीवंतता और शक्ति खो बैठता है। अब यह रचनाकार पर निर्भर करता है कि सतह पर दिखाई पड़ने वाले संघर्ष को पात्रों के माध्यम से अपनी कहानी में कैसे दिखाए।

कुमार अवधेश : आप लगातार दो दशकों से लिख रहे हैं और क्रमशः आपके लेखन में विकास होता रहा है। इधर काफी दिनों से आपने कुछ भी नहीं लिखा। क्या यह मान लिया जाए कि आप कुछ नहीं लिख रहे हैं?

काशीनाथ सिंह : देखिए, एक तो वे लोग हैं जो बगैर सोचे लिख रहे हैं या फिर उन्हें यह आवश्यकता ही नहीं महसूस होती कि वे रचनाकार, थमकर अपने बारे में सोचें। जो कुछ लिखा है, उसके बारे में सोचें। क्या ठीक किया, क्या नहीं ठीक किया, उनसे कहाँ गलती हुई। एक इस तरह के व्यक्ति होते हैं। मेरे साथ स्थिति दूसरी है। अगर आपको ठीक से ध्यान हो तो एक ऐसा ही अवरोध मैंने सन् 1970 के आस-पास महसूस किया था जिसमें मैं काफी दिनों तक चुप रहा था। जिसे आप

चुप्पी कहते हैं, उसे एक Genuine लेखक चुप्पी नहीं मानता। वह चुप है यानी कि कुछ कर रहा है। अगर लिख नहीं रहा है तो भी उसका दिल-दिमाग खाली नहीं है। और नहीं तो अपने को ही विश्लेषित कर रहा है। क्योंकि एक ही जैसा लगातार लिखते चला जाना बगैर समय को पहचाने या दूसरे को जाने यह गलत है। जिस तरह की बात मैंने 1970 के बाद महसूस की थी–उस चुप्पी का परिणाम मेरी 1970 के बाद की रचनाओं में देखने को मिला। इधर मैं 1-1½ वर्षों से चुप हूँ तो उसका मतलब यह नहीं है कि मैंने लिखना स्थगित कर दिया है। मैं सोचता हूँ कि जैसा लेखन मैं करता रहा हूँ वह आज कितना आवश्यक रह गया है। इसे सोचने की ज़रूरत है। क्या उसमें परिवर्तन होना चाहिए? वह परिवर्तन कैसा हो? मैं समझता हूँ कि इस आत्मविश्लेषण के दौर से गुज़रने के बाद जो कुछ भी मैं लिखूँगा उसमें निश्चित रूप से उसी तरह का गुणात्मक विकास होगा जैसा कि 1970 के बाद दिखाई पड़ता है।

कुमार अवधेश : नए कहानीकारों को आपने पढ़ा तो होगा ही, उनकी कहानियों को ध्यान में रखते हुए आप उनसे कुछ कहना चाहेंगे?

काशीनाथ सिंह : वे हमारे समकालीन हैं, हमारे मित्र हैं, उनसे बराबर मेरा संवाद का सम्बन्ध रहा है और आज भी है। मैं उनके कुछ मामलों में सहमत हूँ और जिन मामलों में सहमत हूँ उनके बारे में ज़रूर उनसे कहना चाहूँगा। एक तो ये कि इस समय अपने जितने भी साथी लेखक लिख रहे हैं उन सबका लेखन उसी तरह एक जैसा हो रहा है जैसा 1960 के बाद के लेखन में हो रहा था। (हालाँकि उसके ठीक विपरीत दिशा में) एक ही जैसी कहानियाँ आती हुई दिखाई पड़ रही हैं। उन कहानियों का संघर्ष भी एक ही जैसा है–यानी व्यक्तित्वहीन और निर्जीव। ऐसी स्थिति में मैं उनसे कहना चाहता हूँ कि अपने ज्ञान और अनुभव का दायरा उन्हें बढ़ाना चाहिए। संघर्ष ज़रूर हो लेकिन यह संघर्ष सतही न हो। दूसरी चीज़–जीवन के ढेर सारे ऐसे अछूते पहलू हैं जो अभिव्यक्त होने से रहे जा रहे हैं। बहुत-सी ऐसी जगह हैं जहाँ हमें धँसना चाहिए। मुझे याद है कि 'अपना मोर्चा' लिखने के बाद मैंने चाहा था कि एक और उपन्यास लिखूँ जिसके माध्यम से बता सकूँ कि एक कुलपति को किन-किन समस्याओं का सामना करना पड़ता है। वह कैसे-कैसे समझौता करता है। किस तरह वह झमेलों को निपटाता है। अपने को बनाए रखने के लिए कितने हथकंडे अपनाता है–इन सारी बातों को जानने के लिए मैंने उस दौर के सबसे कुशल और शातिर कुलपति कालूलाल श्रीमाली के समीप होना चाहा था, लेकिन तत्काल मैंने सोचा कि ऐसा करने पर मैं अपने ही साथियों द्वारा दलाल समझा जा सकता हूँ, लिहाजा मैंने अपने को रोका। लेकिन मुझे लगता है कि अगर मैंने ऐसा किया होता तो शिक्षा-जगत् के बीच से ही उसकी तमाम असंगतियों को लेकर एक

ऐसे आदमी को अपने उपन्यास में ला सकता था जिसे मैंने इन्हीं सब बातों को जानने के लिए रोक रखा था। जो हमारे समकालीन हैं अगर वे अपनी जगह ठीक हैं, पक्के हैं, मुकम्मल हैं और उनमें स्खलित होने की कोई सम्भावना नहीं है, अपने ऊपर उन्हें विश्वास है तो ऐसे खतरे उन्हें उठाने चाहिए। उन्हें उन वर्जित इलाकों में प्रवेश करना चाहिए और चरित्रों के अन्तर्विरोधों को सामने लाना चाहिए। इस तरह के ऐसे ढेर सारे लोग मिल सकते हैं और उनसे हमें किनारा नहीं करना चाहिए।

राजेंद्र प्रसाद सिंह : जबकि इस समय वामपंथी लेखकों के कई साहित्यिक संगठन हैं, आप प्रगतिशील लेखक संघ से लगातार लम्बे अर्से से जुड़े हैं, इसकी कोई खास वजह...?

काशीनाथ सिंह : लम्बे अर्से से ज़रूर लेकिन लगातार नहीं। सत्तर के बाद 5-6 वर्षों तक मेरे सम्बन्ध नक्सलवादी मित्रों से थें। वे बड़े ईमानदार और कर्मठ लोग थे। मैंने उनसे बहुत कुछ सीखा। उनके साथ ने मेरी कलम में धार पैदा की। 'अपना मोर्चा' और 'आदमीनामा' की रचनाएँ गवाह हैं। लेकिन मुझे बराबर लगता था कि उन्हें साहित्यकार या लेखक की ज़रूरत नहीं है। यानी कविता, कहानी लिखने-पढ़ने वाले आदमी की। उनके लिए खिड़कियों से पर्चे डालने वाला या पोस्टर चिपकाने वाला या दीवारों पर नारे लिखने वाला, साहित्य लिखने वाले से बेहतर है। बैठकर कलम घिसना विलासिता और बुर्जुवा मानसिकता है। जबकि मैं समझता था कि सामान्य स्थितियों में हर व्यक्ति से एक ही जैसा काम नहीं लेना चाहिए-उसकी सीमा, क्षमता व रुझान भी देखना चाहिए।

खैर, मैं आया प्रगतिशील लेखक संघ में। बाँदा और गया के अधिवेशनों में नहीं गया था। लेकिन जबलपुर ज्ञानरंजन के निमंत्रण पर गया और तब से हूँ। और यही नहीं कि हूँ बल्कि पूरी मुस्तैदी से हूँ और रहूँगा।

शायद यह प्रश्न करते हुए आप जनवादी लेखक संघ की ओर इशारा करना चाहते हैं। शुरू में वामपंथी लेखकों के इस विभाजन पर मुझे पीड़ा जरूर हुई थी। अपने मार्क्सवादी मित्रों से एकता बनाए रखने की अपील भी मैंने की थी। लेकिन धीरे-धीरे मुझे लगा कि प्रगतिशील लेखक संघ से अलग वे होना चाहते हैं जो लेखक नहीं, राजनीतिक कार्यकर्ता या अधिक-से-अधिक विचारक या चिन्तक हैं। उनके लिए महत्त्वपूर्ण लिखा जाने वाला 'साहित्य' नहीं अपनी पार्टी है। साहित्य के बारे में ऐसा निर्णय दुर्भाग्यपूर्ण है। फिर भी वे हमारे मित्र हैं और मुझे विश्वास है कि हम एक ही रास्ते पर साथ-साथ चलेंगे-आज न सही कल। आखिर कुनबा तो एक है।

किस्सागोई हिन्दी कहानी का जातीय चरित्र है

[गोपेश्वर सिंह से बातचीत]

डॉक्टर साहब। प्राय: हर रचनाकार जब शुरू करता है तो उसे एक ऐसी चीज़ लिखने की ज़रूरत महसूस होती है, जिसे दूसरे नहीं लिख पा रहे हैं। जैसा कि नामवर सिंह ने अपनी बातचीत में कहीं कहा है कि मैं कविता लिख रहा था। लेकिन मैंने देखा कि कविता के क्षेत्र में बहुत झाड़-झंखाड़ उग आए हैं तो मेहतर का काम शुरू किया। आलोचना में आ गया। तब से कविता के मैदान से कूड़े बुहारने का काम कर रहा हूँ। इसी तरह वह कौन-सी चीज़ थी, जिसने आपके भीतर कहानी लिखने की बेचैनी पैदा की?

ऐसा है कि उन दिनों मेरे दिमाग में इस तरह का कोई सवाल ही नहीं था कि अपने को व्यक्त करने के लिए छटपटा रहा होऊँ और मुझे लिखना शुरू कर देना चाहिए। भई, सीधी-सी बात कि मुझे लगा कि मेरा जीवन जब हिन्दी पढ़ने-पढ़ाने तक सीमित होने जा रहा है तो यह तो जीवन नहीं हुआ। जीवन की सार्थकता की तलाश कहाँ हो? कुछ ऐसा हो, जहाँ मैं अपने को व्यक्त करूँ। और इन चीज़ों की तलाश करते हुए, जहाँ तक मुझे याद है, सबसे पहले अपने गाँव की उस कहारिन पर, जिसका नाम ढोला था, मैंने एक नाटक लिखा। कहानी लिख तो गई, छपी नहीं। शायद कहानी बनी नहीं थी। मुझे संतोष भी नहीं हुआ। वह चार फीट की रही होगी। नाटी थी। दिन-भर पूरे गाँव में पानी भरती थी। हमेशा हँसती रहती थी। मज़ाक करती थी। काम करने के दौरान जब पूरी तरह पानी से, पानी से कम पसीने से ज़्यादा तर हो जाती थी तो उसके लिए मैंने एक जुमला इस्तेमाल किया था कि जैसे बर्फ़ की सिल्ली खड़ी हो और पिघल रही हो। बाद में मुझे लगा कि बर्फ की सिल्ली तो सफेद होती है, जबकि वह काली है। पहली गलती तो यह। उसके बाद यह कि बर्फ की सिल्ली तो ठंडी होती है, जबकि वह ठंडी नहीं है। अन्ततः हुआ यह कि उसे मैंने स्थगित कर दिया। लेकिन मुझमें ऐसी कोई छटपटाहट नहीं थी कि अगर मैं न लिखूँगा तो ज़िन्दा न रह पाऊँगा। एक शौक के तहत शुरू किया।

अगर किसी लेखक के भीतर ऐसी कोई छटपटाहट न हो, जिसे वह व्यक्त करना चाहता हो तो बगैर उसके जो रचना वह देगा, वह नई आग से रहित होगी, जिससे एक नई रचना खड़ी होती है। इस आधार पर आपकी जो प्रारम्भिक कहानियाँ हैं, उनमें जो मुद्दे हैं, क्या हम मानें कि वे मुद्दे बहुत तड़प के साथ आपकी रचना में नहीं आ रहे थे?

हूँ। यह एक दिलचस्प सवाल आपने किया। मैं इसके बारे में यह कहना चाहता हूँ कि प्रायः शुरुआत तो ज़्यादातर लोग इसी तरह करते हैं। अपने को व्यक्त करने की सचमुच जिनके भीतर बेचैनी होती है, तड़प होती है, जैसे हलवाहे, रिक्शावाले, मेहतर आदि, अपने को वे व्यक्त नहीं कर पाते। इसलिए उसे वे ठर्रे में, ताड़ी में, नशे में गुम कर देते हैं। लिखने का काम ज़्यादातर ऊँचे क्लास के लोग करते हैं। लेकिन हम उम्मीद करते हैं, कर सकते हैं कि हिन्दुस्तान में एक ऐसा वक्त आएगा, जब ताना-बाना बुनने वाले जुलाहे, खेतों में काम करने वाले मज़दूर, रिक्शा चलाने वाले लोग या ऐसे तमाम लोग अपनी कहानी खुद लिखेंगे। वे हमारी कलम के मुँहताज न होंगे। लेकिन फिलहाल जो स्थिति है, मुझे नहीं लगता कि शुरुआत में कोई इस चेतना के साथ शुरू करता है कि वह अपनी या अपने देखे हुए समाज की तड़प को व्यक्त करने जा रहा है। यह चेतना धीरे-धीरे बाद में आती है। और हो सकता है, जब आती हो तब भी ठीक से वह न समझता हो। मैं अपनी बात उदाहरण के रूप में कहूँ। आप जानते हैं कि शुरुआत मैंने भी 'सम्बन्ध' की कहानियों से की थी। हमारे समय के ज़्यादातर लोग 'सम्बन्धों' की कहानियाँ लिख रहे थे, जिनके पीछे कोई राजनीति नहीं थी। उसके पीछे कोई राजनीति हो सकती है, यह हम समझ भी नहीं रहे थे। यह समझ काफी दिनों बाद आई कि पूँजीवाद जैसे-जैसे विकसित होता जा रहा है, वैसे-वैसे पति-पत्नी, माँ-बेटे, भाई-बहन, दोस्त-दोस्त यानी वे सम्बन्ध, जिन्हें मार्क्स ने काव्यात्मक कहा है और जो सामन्ती व्यवस्था में विकसित हुए, कहीं-न-कहीं टूटने लगे हैं। वे चीजें अपने-आप हमारी कहानियों में व्यक्त होने लगीं। पूँजीवाद कौन-सा रूप लेने जा रहा है या उसके चलते ये सम्बन्ध नष्ट हो रहे हैं और इसे हमें लिखना है, इस चेतना के साथ हम नहीं लिख रहे थे। लेकिन उस दौर की सारी कहानियाँ सम्बन्धों पर क्यों लिखी जा रही थीं?...इस चेतना का विकास, हमारी समझ में, लिखने के क्रम में होता जाता है। पहले से तय करके इस समझ और चेतना के साथ कोई नहीं लिखता होगा।

तो आपने टूटते मानवीय सम्बन्धों को आधार बनाया...?

अनजाने में।

मान लिया कि यह अनजाने में हो रहा था। फिर भी यह प्रश्न तो उठता ही है

कि आपके समकालीन कथाकार भी लिख रहे थे। जब आपने शुरुआत की तो मन में कहीं-न-कहीं यह बात रही होगी कि मैं अलग ढंग से लिखूँ। ऐसा लिखूँ जो दूसरों से भिन्न हो। यह जो अलग ढंग से लिखने की बात है, एक रचनाकार अपने तईं करता है और वह उसका अपना होता है। क्या आपको लग रहा था कि मुझे अपना रास्ता अलग करना चाहिए? और अगर लग रहा था तो वह कौन-सा रास्ता था?

इस सिलसिले में मैं एक-दो बातें जरूर कहना चाहूँगा। एक तो यह कि और लोग भी 'सम्बन्धों' की कहानियाँ लिख रहे थे, मैं भी लिख रहा था। लेकिन हमारे यहाँ ऐसी कहानियाँ बहुत कम थीं। 'सम्बन्धों' का अर्थ केवल मानवीय सम्बन्ध नहीं है। हमें लगा कि हमारे सम्बन्ध सूर्य से भी अलग हो रहे हैं। प्रकृति से तथा समाज की दूसरी चीज़ों से हमारे सम्बन्ध टूट रहे हैं। यानी हमारे दौर के लोग जहाँ पारिवारिक सम्बन्धों के टूटने को अपना आधार बना रहे थे, वहाँ मेरी कहानियों में परिवार से बाहर जाकर सामाजिक सम्बन्ध और प्राकृतिक सम्बन्ध जो मनुष्य का रहा है, उसके भी टूटने की पीड़ा कहीं-न-कहीं है।...मैं बतलाऊँ कि यह भी जान-बूझकर नहीं हो रहा था। लेकिन मेरी कहानियों में सामाजिकता का आग्रह औरों की तुलना में कहीं ज़्यादा था। कैनवास बड़ा है उनका। वे सिर्फ परिवार तक ही सीमित नहीं हैं। दूसरी बात यह कि हमारे समय के जो लोग लिख रहे थे, उनकी कहानियों में वह कथातत्त्व या किस्सागोई नहीं है, जो मेरी कहानियों में थी। हो सकता है यह मैंने जान-बूझकर किया हो। मैं ठीक-ठीक, कह तो नहीं सकता, लेकिन नई कहानी आन्दोलन के दौरान प्रेमचन्द को खूब खारिज किया गया था। चेखव की चर्चा ज़रूर होती थी। लेकिन उससे सीखा नहीं जा रहा था। तब हमारे कुछ मित्रों की कहानियाँ निबन्धात्मक हो रही थीं और कुछ वैचारिक मुद्दे उठाने की कोशिश कर रही थीं। उसका जो फार्म था, 'अकहानी' आन्दोलन से न जुड़े होने के बावजूद, वह उस आन्दोलन को छूता हुआ ज़रूर गुज़र रहा था। हमारे यहाँ, जहाँ तक मैं समझता हूँ, उस समय भी कहानीपन मिलता है। और इसके लिए मैं कृतज्ञ हूँ तो प्रेमचन्द का हूँ, जिन्हें नए सिरे से मैंने पढ़ना शुरू किया था। मुझे लगा कि उस आदमी ने और चाहे जो किया हो, लेकिन कहानीपन को कहीं नहीं छोड़ा। और सच कहा जाए तो कहानीपन या किस्सागोई उसका जातीय चरित्र है, जिसे प्रेमचन्द ने कायम रखा था। मुझे लगा कि यह असल ज़मीन है, जिसे मुझे नहीं छोड़ना चाहिए।

लेकिन आपकी दो कहानियों की ओर मेरा ध्यान जा रहा है। वे हैं-'सुबह का डर' और 'लोग बिस्तरों पर'। इनमें तो मुझे न कहानीपन मिला है न काशीनाथ सिंह का अपना तेवर। क्या यह प्रभाव 'अकहानी' का नहीं है?

आप ठीक कह रहे हैं। जहाँ तक 'लोग बिस्तरों पर' का सवाल है, वस्तुतः वह

कहानी बन नहीं सकी। मैं उन दिनों मुगालते में था कि यह एक अच्छी कहानी है और ठीक से लिखी गई है। लेकिन बाद में लगा कि ठीक से लिखी गई नहीं थी। मैं जो कहना चाहता था, कह नहीं सका। मैं कहना चाहता था कि पूँजीवाद किस तरह पूरे सिस्टम को डिसइंटिग्रेट (अलग-अलग) कर रहा है। यह कहानी इसी पर थी। रही दूसरी कहानी, 'सुबह का डर' तो आज हमें यह भी याद नहीं कि इस कहानी में क्या लिखा है। लेकिन दोनों कहानियाँ बीमारी या अस्पताल से ताल्लुक रखने वाली हैं...आज मैं अपनी इन दोनों कहानियों के उतना ही खिलाफ हूँ, जितना अपने नाटक 'घोआस' के। मैं भूल जाना चाहता हूँ कि ऐसा कोई नाटक मैंने लिखा था और 'लोग बिस्तरों पर' कहानी विशेष को भी मैं याद नहीं करना चाहता। आपने याद दिलाई तो मुझे भी याद करना पड़ा।...और रही 'अकहानी' के प्रभाव की बात। तो वस्तुतः मैं अकहानी नहीं, फेंटेसी लिखना चाहता था और मैं फेल हो गया।

अभी आपने कहा कि जब हम कहानी लिखते थे, कोई योजना नहीं होती थी। फिर आप कह रहे हैं कि 'सुबह का डर' में जो दिखाना चाहता था, दिखा नहीं पाया। कहने का मतलब यह कि प्लैनिंग तो आपने की, लेकिन उसमें सफल नहीं हुए।

इससे नतीजा यह निकलता है कि लिखने के पूर्व हमारी योजना होती है। लेकिन मैं बतलाऊँ, अगर बड़ी चीज़ हो, जैसे उपन्यास, तो योजना ज़रूरी है। लेकिन जब हम कहानी एक निश्चित अवधारणा के साथ लिखना शुरू करते हैं तो उस रचना के लिखे जाने का जो मेनिपुलेशन (जोड़-तोड़) या यांत्रिकता है, वह उस रचना पर हावी हो जाती है और एक सहज अपील या स्वाभाविकता या जीवंतता जो रचना में होनी चाहिए, नहीं आ पाती है। 'लोग बिस्तरों पर' कहानी में यही पूरी योजना-एक समझ थी, जिसके चलते मैंने शुरू किया था, और जिसका परिणाम यह हुआ कि मैं लिख नहीं सका। हमें लगता है आज भी हम जो तय करके लिखना चाहते हैं, फॉर्म के स्तर पर उसमें से लाइफ गायब हो जाती है। उसी तरह से जिस तरह से 'लोग बिस्तरों पर' से ज़िन्दगी गायब हो गई।

सम्भव है, यह आधुनिकतावाद का दबाव भी हो। एक नए लेखक के अवचेतन में यह बात हो कि आधुनिक भाव-बोध की कहानियाँ लिखनी चाहिए। किस्सागोई वाले प्रेमचन्द पुराने हुए, उनसे अब क्या जुड़ना।

मैं प्रेमचन्द की ओर कहानी विवेक के लिए, अपनी ज़मीन की तलाश के लिए गया था। एक तरह से मैं एक कहानीकार की शक्ति अर्जित करने गया था। मुझे लगा कि एक नए उत्साही लेखक के लिए प्रेमचन्द बहुत कुछ दे सकते हैं। यह कहना कि प्रेमचन्द की तरफ लौटने का अर्थ पिछड़ापन है, ऐसा मुझे नहीं लगता। दूसरी बात यह कि आधुनिकता को हमारे दौर के लेखकों ने शहर तक सीमित कर दिया था। मैं उस आधुनिकता की तलाश में गाँव गया। आधुनिकता-औद्योगिकीकरण गाँव में

रहने वाले आदमी को किस तरह प्रभावित कर रहे हैं? मुझे लगा, आधुनिकता को परिभाषित करना है तो उस आदमी की जड़ में जाकर मुझे अपनी समझ दुरुस्त करनी चाहिए।

डॉक्टर साहब। आपने थोड़ी देर पहले कहा कि मेरी कहानियों में शुरू से ही सामाजिक चेतना थी, जो मेरे समकालीनों में नहीं थी। इस सम्बन्ध में मेरी एक जिज्ञासा है। वह यह कि आपके समकालीनों में एक कहानीकार ऐसा है, जिसकी सामाजिक चेतना बहुत प्रखर है और जिस पर कथा-समीक्षा ने भी ध्यान नहीं दिया। वे हैं इसराइल। उनकी कहानियों में भी वही सामाजिक चेतना...।

इससे इनकार तो नहीं किया जा सकता। लेकिन हमारा ख्याल है कि इसराइल की उपेक्षा अगर हुई, हालाँकि हुई नहीं, तो इसके लिए ज़िम्मेवार है समीक्षा की वह पद्धति जिस पर आधुनिकतावाद हावी था। वरना इसमें दो राय नहीं कि हमारे समय में इसराइल एक मज़बूत कथाकार था और खासतौर से कलकत्ता में बिहार-उत्तरप्रदेश के मज़दूरों के बारे में लिख रहा था। उसमें एक आग थी और वह उस समय थी, जब साठ के बाद के ज़्यादातर लेखक राजनीतिक दृष्टि की ज़रूरत नहीं समझ रहे थे।

जो चेतन पात्र 'आदमीनामा' की कहानियों में दिखाई देते हैं, वैसे चेतन पात्र इसराइल की कहानियों में थोड़े अन्तर के साथ प्रारम्भ से ही दिखाई देते हैं, जो सामाजिक-आर्थिक लड़ाई लड़ रहे हैं। मेरा कहना है कि अपनी कुछ सीमाओं के बावजूद आपके दौर में वह कथाकार ऐसा था, जिसमें सामाजिक चेतना प्रारम्भ से ही अधिक मज़बूत थी।

लेकिन एक बात है। सन् 1960 के बाद जब इसराइल ने लिखना शुरू किया, हमीं लोगों के साथ, तो उसे इतिहास से काटकर नहीं देखना चाहिए। क्योंकि यह परिवर्तन नक्सल आन्दोलन के बाद कहानी में आया, जब ज़्यादातर लेखक वर्ग-चेतन हुए, साहित्य की सोद्‌देश्यता या अर्थवत्ता उनकी समझ में आई और उन्होंने उसे एक हथियार के रूप में अपनाने की कोशिश की। अब एक आलोचक को देखना यह चाहिए कि बीच के तमाम ऐतिहासिक परिवर्तनों से निरपेक्ष होकर एक लेखक अगर लिखता चला जा रहा है, उसी मूड में जिस मूड में यशपाल लिखा करते थे, तो इसके कारण क्या हैं? अगर फॉर्म के स्तर पर उसी कन्टेंट के साथ अपने को अपने समकालीनों से अलग कर पाता है, उसी पैनेपन के साथ तो निश्चित रूप से इसराइल के साथ ज़्यादती हुई। लेकिन इसराइल सन् 60-65 के बीच राजनीति विरोधी माहौल से कटकर लिखते चले जा रहे थे तो ऐसा कलकत्ता या बंगाल के चलते हुए या उनके अपने वैचारिक पिछड़ेपन के कारण या जान-बूझकर वे जो कर रहे थे, दूसरे लोग समझ नहीं रहे थे, वे सही थे और दूसरे लोग घटकर थे, हमारा

ख्याल है कि आलोचना को इस बात की परीक्षा करनी चाहिए।

आपकी इधर की एक कहानी है 'अपना रास्ता लो बाबा'। आपने शुरुआत टूटते मानवीय सम्बन्धों से की थी, इस कहानी में भी वही टूटता मानवीय रिश्ता है। इन दोनों के बीच काफी लम्बा गैप है। विषयवस्तु भिन्न है पर अन्तर्वस्तु एक है। एक रचनाकार के नाते संवेदना के स्तर पर आप किस तरह का अन्तर पाते हैं कि यह लिखने की ज़रूरत महसूस हुई? 'चीफ की दावत' (भीष्म साहनी) में यही टूटता मानवीय सम्बन्ध है। संवेदना के स्तर पर अपनी इस नई कहानी में आपने अपने को कितना आगे बढ़ाया है?

इसे तो आप बेहतर बता सकते हैं। मैं तो केवल इतना चाहूँगा, बल्कि पाठकों की संवेदना को टटोलना चाहूँगा कि वह कौन-सी वजह है कि इस तरह के रिश्ते अगर 50-60 के बीच टूट रहे थे तो 25-30 वर्षों बाद लिखी यह कहानी उन्हें क्यों पसन्द आ रही है? जबकि इस दौरान लिखी हुई कहानियों में से सबसे ज़्यादा इस कहानी को पसन्द किया गया। नहीं पसन्द करना चाहिए था, क्योंकि रिश्तों का टूटना नया नहीं था। टूटता रहा था। लेकिन इतने वर्षों बाद भी उसी जमीन पर लिखी कहानी पसन्द आती है तो उनके कारणों की तलाश की जानी चाहिए। मैं आपसे ही पूछूँ कि प्रेमचन्द आज मुझे क्यों अच्छे लगते हैं, 'कफ़न' या 'पूस की रात' हमें क्यों अच्छी लगती है तो क्या उत्तर देंगे?

थोड़ी देर पहले नक्सलवाड़ी आन्दोलन की चर्चा हुई थी। 'आदमीनामा' की कहानियों में जो वर्ग-चेतना थी, वह आपके नए संग्रह 'सदी का सबसे बड़ा आदमी' में नहीं है। देश में जो संकट है, उसमें उस आन्दोलन की अहमियत क्या आज भी दिखाई पड़ती है? विशेष रूप से मैं साहित्य को केन्द्र में रखकर इस आन्दोलन के महत्त्व पर बात करना चाहता हूँ।

इस सम्बन्ध में मैं थोड़े विस्तार से बातें करना चाहूँगा। इस नक्सल आन्दोलन ने साहित्य को प्रभावित तो किया, लेकिन उस विचारधारा की दृष्टि साहित्य के प्रति क्या थी, इसे जिस द्वन्द्वात्मक तरीके से देखना चाहिए था, हमने नहीं देखा। इसका परिणाम यह हुआ कि कहानियों में भी प्रचार का स्वर तेज़ होता गया। कविता में भी यही काम हुआ। यानी लेखन में बहुत कुछ फार्मूलाबद्धता आई, यांत्रिकता आई। इसी क्रम में मैं एक बात और कहना चाहूँगा, खासतौर से कहानी के सन्दर्भ में कि नक्सल आन्दोलन के समय में पत्रकार कहानीकार होने लगे और कहानीकार पत्रकार। पत्रकारों ने कहानी की गुणवत्ता ली और उनमें कहीं ज़्यादा प्रभावात्मकता पैदा हुई। लेकिन कहानीकार असफल हो रहा है और पत्रकार कहीं-न-कहीं सफल। यानी जिसका वर्णन कहानीकार कर रहा है, वह कहानी पाठकों को उतना प्रभावित नहीं करती, जितना किसी पत्रकार द्वारा लिखा किसी घटना का विवरण करता है।

ऐसा है या नहीं? दूसरी बात यह कि नक्सल आन्दोलन ने साहित्य को धार तो दी, नई आग पैदा की, एक पैनापन आया, पूरी राइटिंग में–कविता, कहानी, गीत सभी में, लेकिन साहित्य के प्रति जो नक्सल दृष्टि थी वह कला के प्रति बहुत कुछ उपेक्षा का रवैया लेकर चल रही थी। साहित्य को बहुत कारगर चीज़ नहीं मान रही थी। इसका परिणाम यह हुआ कि जिस साहित्य को हम कलारूप कहते थे, कनटेंट की सारी शक्ति उसकी कला में छिपी होती थी, वह कलात्मकता भी इस आन्दोलन के दौरान कहीं-न-कहीं प्रभावित हुई। तो एक तरफ जहाँ नक्सल आन्दोलन की पाजिटिव देन है, वहीं एक निगेटिव देन भी है...मेरा ख्याल है कि सवाल कुछ और था और हम बहक गए थे।

एक पाठक के तौर पर आपको पढ़ते हुए मुझे लगता है कि प्रेमचन्द तो हैं ही, आपके एक प्रेरणास्रोत चेखव भी हैं। आपकी कथा-दृष्टि के विकास में उसकी भी भूमिका है?

चेखव मेरा बड़ा प्रिय लेखक है, इसमें दो राय नहीं। एक सामान्य-सी चीज़ जो प्रेमचन्द में भी है, चेखव में भी, वह यह कि दोनों कहानीकारों के मूल में विचार नहीं, जीवन है। वे जीवन पकड़ते हैं। भले कहानी बनने के बाद विचार उसके भीतर से झाँकता हुआ दिखाई पड़े। हमें लगा कि जो जीता-जागता आदमी चेखव के यहाँ है, वह प्रेमचन्द के यहाँ भी है...अगर पिछले 15-20 वर्षों की कहानियाँ देखी जाएँ, तो जितने तरह के आदमी या चरित्र, वह भी नाममात्र भर को नहीं, पूरी विविधता-वेराइटी के स्तर पर मेरे यहाँ मिलेंगे, हमारे समकालीनों में कम दिखाई पड़ेंगे। इसके लिए, कहानी का वह मूल रूप जिसे अपने यहाँ प्रेमचन्द ने तैयार किया, रूस में चेखव ने, वह रूप मेरे यहाँ भी किसी-न-किसी रूप में सुरक्षित है, जहाँ सिर्फ पात्रों के नाम भर नहीं हैं। बल्कि वे सजीव, जीवित हाड़-मांस के सोचने-विचारने वाले और अपने समूचे अन्तर्विरोधों के साथ उपस्थित पात्र हैं।

रूसी लेखकों में चेखव आपका सबसे प्रिय लेखक हैं?

मेरा सबसे प्रिय लेखक तो टाल्सटाय हैं।

आपके नए संग्रह में एक कहानी है-'मौज मस्ती के दिन'। इस कहानी में दफ्तरशाही के आतंक के बीच घुटकर मरने वाले एक चपरासी की कहानी है। चेखव की प्रसिद्ध कहानी 'एक क्लर्क की मौत' भी इस विषय पर है। एक ही विषय पर लिखते हुए आपने चेखव से अपने को कैसे अलग किया?

इस कहानी को लिखने के दौरान मुझे इस बात का एहसास था कि चेखव ने भी इस विषय पर एक कहानी लिखी है। जब मैंने यह कहानी लिखी तो मुझे बहुत प्रिय लगी। प्रिय होने का कारण उस आदमी की व्यक्तिगत समस्या उतनी नहीं थी, जितनी पारिवारिक थी। सिर पर लड़कियाँ सवार थीं, जिनकी शादी करनी थी।

विचार एक हो सकता है या बहुत कुछ मिलता-जुलता हो सकता है। लेकिन हमें लगता है, यहाँ पर जीवन एकदम दूसरा है-चेखव की कहानी से अलग।

केन्द्रीय समस्या के रूप में देखें तो आपकी कहानी में भी साहब का आतंक है, चेखव की कहानी में भी। एक छींक मात्र से उस क्लर्क का जीवन अस्त-व्यस्त हो जाता है और वह मर जाता है। यहाँ भी साहब की कुतिया को झटका मार देने से, उस कुतिया ने भले न काटा हो, वह आदमी पागल हो जाता है, हाइड्रोफोबिया के बारे में सोचता है और उसकी पूरी दिनचर्या बदल जाती है। वह मर भी जाता है। विषय तो मुझे एक-से लग रहे हैं?

नहीं, जहाँ तक हमें याद आ रहा है, उस कहानी की केन्द्रीय थीम यह नहीं है। वह पात्र जीवन के प्रति बड़ा ही निराश दृष्टिकोण लेकर चलता है। यानी वह जीना नहीं चाहता। जीते हुए वह सोचता है कि मर जाने पर मैं सारी समस्याओं से मुक्त हो जाऊँगा। बच्चों के बारे में, पत्नी के बारे में, घर-परिवार के बारे में जब वह सोचता है, तब उसे लगता है कि मर जाना ही बेहतर है। कहानी शायद यहीं खत्म हो जाती है...लेकिन साहब का आतंक उतना नहीं है, जितना मुझे लगता है उस आदमी की जीवित न होने की इच्छा। ढेर सारी समस्याओं से घिरा हुआ है वह। उसे ज़िन्दा रहना बेकार-सा लगता है...कुतिया के काटने पर उसे मरने का एक बहाना मिल जाता है।

भारतीय लेखकों में आपके प्रिय प्रेमचन्द हैं, बाहर वालों में चेखव हैं, टाल्सटाय हैं। कभी-कभी ऐसा भी होता है कि रचनाकार के अपने समकालीनों में ही कोई ऐसा लेखक होता है, जिससे उसकी प्रतियोगिता-सी होती है। क्या आपके समकालीनों में कोई ऐसा है, जिसे पढ़कर आपको लगे कि वह आपसे अच्छा लिख रहा है या उससे बेहतर लिखता है?

समकालीनों में तो ऐसा कोई नहीं है। एक बात स्पष्ट कर दूँ। मैं अच्छी कहानियाँ लिखता होऊँ, न लिखता होऊँ, आगे लिख पाऊँ, न लिख पाऊँ, मेरी स्पर्द्धा का क्षेत्र हिन्दी कहानी के बहुत कुछ बाहर रहा है। वे कहानियाँ जो मैं दूसरी भाषाओं में पढ़ता रहा हूँ, भारतीय भी और विदेशी भी, उनके लेखक कहीं ज़्यादा चैलेंजिंग लगते रहे हैं। लिखने के दौरान मुझे अक्सर लगता रहा है कि पहले जहाँ हिन्दी लेखक के सामने चुनौती के रूप में कोई हिन्दी लेखक हुआ करता था, उसके ठीक उल्टे एक साहित्यकार का दायरा आज हिन्दी के बहुत कुछ बाहर चला गया है। वह क्षेत्र बहुत बड़ा है और विदेशी साहित्य के बीच ऐसे लेखक मिल रहे हैं जो मुझे चैलेंज कर रहे हैं। इसी सन्दर्भ में एक बात और कहना चाहता हूँ कि यूरोप का जो समकालीन साहित्य है, मैंने बहुत ज़्यादा नहीं पढ़ा है, लेकिन मुझे लगता है कि बहुत कुछ ह्रासोन्मुख है। जिस आधुनिकता की बात आप कर रहे थे, जो पूँजीवाद की देन

है, वह आधुनिक साहित्य यूरोपीय हो या अमेरिकी, ह्रासोन्मुख है। बड़ी ऊर्जा और शक्ति दिखाई देती है हमें अफ्रीकी या लातिन अमेरिकी देशों के साहित्य में। हम हिन्दी लेखकों के लिए उनका साहित्य चुनौती भी है और कहीं-न-कहीं वह शक्ति भी देता है। वह साहित्य सीधे साम्राज्यवाद को ललकारता हुआ तथा उसके शोषण के खिलाफ खड़ा होता दिखाई देता है। वहाँ ज़िन्दगी के लिए संघर्ष करता हुआ चरित्र भी है, भाषा भी, बहुत कुछ कहूँ तो तकनीक भी और वहाँ वह साहित्य भी है जो आज हमें ज़्यादा लुभाता है। अपनी पसन्द के जिन लोगों के बारे में बात कर रहा था, वे बड़े पुराने लोग हैं-बीसवीं शताब्दी के आरम्भिक दिनों के लोग। बीच का जो यूरोप-अमेरिका का साहित्य है, जो किसी ज़माने में भारतीय लेखकों का आदर्श हुआ करता था, आज व्यर्थ हो चुका है और तीसरी दुनिया के लेखकों का साहित्य उसके मुकाबले हमारे ज़्यादा करीब है।

तो आपको अपने समकालीनों में चैलेंज देता कोई नहीं लगता?

कहानी में तो कोई नहीं है।

कुछ दिन पहले शैलेश मटियानी ने लिखा था कि सन् '60 के बाद हिन्दी कहानी में तरह-तरह के आन्दोलन चले, उन तमाम आन्दोलनों का असर देखना हो तो उसके सर्वोत्तम उदाहरण काशीनाथ सिंह हैं-उनकी कहानियाँ हैं। दूसरे लोग इसे आपका विकास-क्रम भी मानेंगे। इस आरोप पर आपकी क्या प्रतिक्रिया है? इसी सिलसिले में आप यह भी बतलाएँ कि आप अपनी कथा-यात्रा को किस क्रम में रखना चाहेंगे?

शैलेश ने ऐसा लिखा है और मेरे बारे में लिखा है, आज पहली बार आपसे सुन रहा हूँ। लेकिन सही ही होगा, जब आप कह रहे हैं। इसमें देखने की बात यह है कि उन तमाम आन्दोलनों का असर मुझ पर पड़ा है या वे आन्दोलन कहीं-न-कहीं मेरी कहानियों से प्रभावित हुए हैं। मैं लगातार लिखता रहा हूँ। जब कि मेरे साथ के कई लोग 70-72 से ही लिखना बन्द कर चुके हैं और जो लिखते रहे, प्रायः अपने को दुहराते रहे। मैं शैलेश के आरोप के बारे में एक बात ज़रूर कहना चाहूँगा कि सन् साठ के बाद की प्रवृत्तियाँ मेरी कहानियों में मिलती हैं। अब एक-एक करके सारी बातों पर तो बात नहीं करूँगा, लेकिन एक-दो बातों की ओर ज़रूर चाहूँगा कि लोगों का ध्यान ज़ाए। मसलन साठ के बाद कहानी में जो आन्दोलन हुआ, वह 'अकहानी' का था। मैं कहानी में दूधनाथ, ज्ञानरंजन, रवीन्द्र कालिया वगैरह के थोड़ी देर बाद आया। यहाँ मैं आपसे ही पूछूँ कि 'आखिरी रात', 'चाय घर में मृत्यु' जैसी जो मेरी आरम्भिक कहानियाँ हैं, उन पर 'अकहानी' का प्रभाव है? इस पर लोग सोचें। दूसरी बात, जहाँ तक मुझे याद आ रहा है, सन् 67 के आसपास आरा में एक कथागोष्ठी का आयोजन हुआ था, जिसमें कमलेश्वर आए

थे। उसमें रवीन्द्र कालिया, विजयमोहन सिंह, गंगाप्रसाद विमल, मधुकर सिंह जैसे मेरी पीढ़ी के दूसरे लेखक भी शामिल थे। बनारस से मुझे बुलाया गया था और मैं गया था। मुझे अच्छी तरह याद है कि कमलेश्वर ने साहित्य में 'फालतू आदमी' का नया नारा दे रखा था कि पूँजीवादी व्यवस्था में आदमी फालतू हो गया है। यह स्थापना थी उनकी। अपने भाषणों में प्रायः वे कहते थे। शायद कहीं लिख भी चुके थे। और वह जगह आरा है, जहाँ पहली बार मैंने हिन्दी कहानी के सन्दर्भ में 'आम आदमी' की चर्चा की थी। मैंने चर्चा की और उसके बाद 'तीन काल कथा', 'आदमी का आदमी' और इस तरह की मेरी कुछ अन्य कहानियाँ कुछ ही दिनों बाद आईं। ज़ाहिर था, आम आदमी की चर्चा होने पर आम आदमी पर मैंने कहानी नहीं लिखी थी; बल्कि आम आदमी मेरे दिमाग में घूम रहा था और मैं उसे रचना का रूप दे रहा था। इसे थोड़ा और आगे बढ़ाएँ तो जहाँ तक मुझे याद है 'जनवादी कहानी' की चर्चा बाद में शुरू हुई या उसके आसपास शुरू हुई, लेकिन 'सूचना', 'सुधीर घोषाल', 'हस्तक्षेप' जैसी कहानियाँ '72 के आसपास आनी शुरू हुई थीं। 'चोट' कहानी आई थी उन्हीं दिनों। आप यह ध्यान में रखेंगे कि हमारी पीढ़ी के बहुत सारे लोग लिखना बन्द कर चुके थे। हमारे बाद आने वाले कहानीकारों में से असग़र वजाहत, रमेश उपाध्याय और दूसरे कहानीकार थे, जो अभी अपनी पहचान भी नहीं बना पाए थे। उस समय हम ये कहानियाँ लिख रहे थे–खतरा उठाकर लिख रहे थे। जिस आन्दोलन से गुज़रे थे, उसके खिलाफ खड़े होकर के लिख रहे थे। बल्कि कहना चाहिए अपने अतीत को अस्वीकार करते हुए हम दूसरी जमीन अपने लिए खड़ी कर रहे थे। तो हमारा ख्याल है कि कहानियों के प्रकाशन वर्षों को ध्यान में रखा जाए तो यह बहुत मज़े में देखा जा सकता है कि प्रवृत्तियाँ पहले से थीं और उनका असर मेरे ऊपर है या मेरे लिखने के दौरान ये प्रवृत्तियाँ विकसित होती गईं।

अभी आपने अपनी एक कहानी 'आदमी का आदमी' की चर्चा की। उस कहानी का जो विक्षिप्त पात्र है, उसके एक खास गुप्त अंग की ओर पाठक का ध्यान बार-बार जाता है। मेरी जिज्ञासा यह जानने की है कि आखिर यह किस प्रवृत्ति का द्योतक है? 'अकहानी' का प्रभाव इस पर है या नहीं?

अगर आप मुझसे पूछें तो कहूँगा कि हम जिस गाँव से आए थे, उस गाँव में एक मुहावरा चलता था ठेंगा दिखाना। ठेंगा दिखाना ही नहीं और आगे बढ़कर दूसरे की हैसियत को बताने के लिए कि तुम क्या हो, अपना एक अंग विशेष दिखाना भी चलता था। वैसे आप जोड़ना चाहें तो जोड़ सकते हैं, जिसका सम्बन्ध 'अकहानी' से कम, 'भूखी पीढ़ी' या बीट पीढ़ी से ज़्यादा है। लेकिन इससे कोई निष्कर्ष नहीं निकलता है। अपने समय के दायरे को तोड़कर निकलना किसी भी लेखक के लिए मुश्किल होता है।

इसका सम्बन्ध आपने गाँव से जोड़ा। प्रेमचन्द को आप अपना आदर्श मान चुके हैं। प्रेमचन्द ने भी गाँव के यथार्थ की कहानी लिखी। लेकिन इस प्रवृत्ति से उन्होंने अपने को बचाया और इसके चलते उनके साहित्य का आकर्षण कम नहीं हुआ। क्या यथार्थ के नाम पर गुप्तांगों का नाम लिए बिना लेखक का काम नहीं चल सकता? यथार्थ के नाम पर समाज में जो कुछ है, दिखाना क्या ज़रूरी है?

गलत इस्तेमाल नहीं, दृष्टि है। देखा यह जाना चाहिए कि कोई खास बात न हो। जैसे माँ-बहन की गालियाँ दी जाती हैं, लेकिन उनसे कोई अर्थ नहीं निकलता। माँ या बहन के साथ जो गालियाँ दी जाती हैं, उनका कोई क्रियात्मक अर्थ नहीं होता। सिर्फ एक भंड़ास होती है। तो 'आदमी का आदमी' में जो सीधे मैंने लिखा है–उसकी 'आँड़ी' चमकती है या दीखती है तो वह आदमी पूरे ज़माने को या जिनके वह विरुद्ध है, अभिव्यक्ति के स्तर पर भाषा नहीं, अंग विशेष दिखलाता है। जिस प्रेमचन्द या चेखव की चर्चा हुई, ये मेरे मूल प्रेरक हैं। इनसे मैंने प्रेरणाएँ ली हैं, प्रभाव नहीं। इतने वर्षों बाद मैंने मात्र इस्तेमाल किया है एक अंग विशेष का। जिस समय यह कहानी छपी, उसके आसपास ढेर सारा साहित्य छप रहा था–कविता में, उपन्यास में। उनमें तो बहुत कुछ है। यह सवाल हमीं से क्यों किया जा रहा है? धूमिल हैं, श्रीलाल शुक्ल हैं, राही मासूम रजा हैं, उन सबसे किया जाना चाहिए। और अगर हमसे ही जानना है तो हम इतना बता सकते हैं कि समाज की रूढ़ियों और बँधी हुई नैतिकता के खिलाफ साठ के बाद जो लोग संघर्ष कर रहे थे, उनमें इस तरह के शब्दों का प्रयोग 'विस्फोटक' का काम कर रहा था। उस ज़माने में सामाजिक-नैतिक मान्यताओं पर चोट के लिए ऐसे शब्द हमें हथियार की तरह लगते थे। इसलिए हम इनका इस्तेमाल करते थे।

मैं दूसरी तरह का सवाल अब रखना चाहता हूँ। सवाल बहुत घिसा-पिटा है, लेकिन आपके सन्दर्भ में जानना ज़रूरी लगता है, इसलिए पूछ रहा हूँ। ऐसा होता है कि लिखते-लिखते लेखक के जीवन में एक ऐसा क्षण आता है, जब वह महसूस करता है कि उसके जीवन-अनुभव चुक रहे हैं। पच्चीस-तीस वर्षों की रचना-यात्रा है आपकी। क्या उसमें वह क्षण आया, जब आपको लगा कि मेरा अनुभव समकालीनता से पीछे पड़ रहा है या जो मैं लिख रहा हूँ, कहीं-न-कहीं अपनी आवृत्ति है?

बहुत अच्छा सवाल है। अगर वही लिखता सन् साठ के बाद जहाँ से मैंने शुरू किया था तो अपने मित्र लेखकों की तरह मैंने भी लिखने की ज़रूरत न समझी होती और लिखना बन्द कर दिया होता। आप देखेंगे कि मेरे लेखन के क्रम में कुछ गैप है और वे कम-से-कम मेरे लिए बहुत आवश्यक थे। वे ऐसा नहीं है कि कृत्रिम थे–मैंने लिखना छोड़ दिया और उसके बाद शुरू किया। इसके बारे में मैंने लिखा भी

है। जब लेखन के प्रति या साहित्य के प्रति समर्पित एक लेखक खुद चुप रहता है, मैं मानता हूँ कि वस्तुतः वह चुप नहीं रहता। वह अपने लेखन से उठी हुई और अपने ज़माने के लेखन से उठी हुई समस्याओं से जूझता रहता है और उन्हें सुलझाता होता है। हमारा ख्याल है कि 70 के आसपास कुछ वर्षों का अन्तराल आया था। भीतर-ही-भीतर मैं जूझ रहा था कि 'लोग बिस्तरों पर' जैसी ही कहानियाँ अब भी लिखनी हैं तो लिखने ही क्या ज़रूरत है। उन समस्याओं को मैं अपने तईं सुलझाने की कोशिश करता रहा और जैसा कि आपको मालूम है कि वे दिन थे, जब थोड़े ही वक्त के लिए सही, मैं पूरी तरह एक्टिविस्ट जैसा हो गया था। एम.एल. के हमारे ढेर सारे मित्र थे, जिनके साथ पर्चे बाँटना, उठना-बैठना चल रहा था। मेरी दृष्टि समाज को बदलने के लिए जो छिट-पुट क्रांतियाँ चल रही थीं, उन पर तो थी ही, लेकिन मुझे ज़्यादा आवश्यक लग रहा था, अपने साथियों की मानसिक स्थितियों को समझना, उनसे सम्पर्क करना, बहस करना, उनके जीवन को जानना। और निश्चित तौर पर मैं कह सकता हूँ कि इससे मेरे लेखन को एक नया जीवन मिला, स्फूर्ति मिली। उस दौरान के अनुभव के आधार पर जो कहानियाँ लिखी गई थीं, वे 'आदमीनामा' संग्रह में दिखाई पड़ती हैं, जो 'सुबह का डर' और 'लोग बिस्तरों पर' संग्रहों से भिन्न किस्म की कहानियाँ हैं। फिर ठहराव दूसरी बार सन् '80 के आसपास मैंने महसूस किया। ठहराव के उन दिनों ने मुझे 'कविता की नई तारीख' और 'मंगलगाथा' जैसी कहानियाँ लिखने को बाध्य किया। यहाँ सतह पर दिखाई पड़नेवाला यथार्थ भीतर उतर गया और ज़िन्दगी के भीतर जाकर आदमी के अन्तर्विरोधों को पहचानने की कोशिश मैंने की। इसी क्रम में मैं कह सकता हूँ कि आदमी के अन्तर्विरोधों के जितने रूप मैंने बाद की रचनाओं में देखे या लिखे, 'आदमीनामा' की कहानियों में शायद नहीं दिखाई पड़ते। वे बहुत कुछ इकहरे चरित्र हैं, जिनके भीतर आग है, समाज को बदलने की एक कशिश है। लेकिन उनके भीतर उनके अपने कंट्राडिक्सन नहीं हैं, जो बाद की कहानियों में आए। तो मेरी जानकारी में मेरे लेखक के दो वक्त थे, जब लेखन के स्तर पर मुझे जरूरी लगा कि संघर्ष करना पड़ेगा अपनी समस्या से खुद जूझना पड़ेगा और मैंने वह किया।

अभी मैंने पूछा था कि जब लेखक के अपने जीवन-अनुभव चुकने लगते हैं तो वह अपनी आवृत्ति करने लगता है। आपने अपने लेखन में आए ठहराव की और उसके बाद के विकास की चर्चा की। मुझे लग रहा है कि एक लेखक की यह ईमानदार आत्मस्वीकृति है। लेकिन मुझे दो जगह आवृत्ति आपकी कथा-यात्रा में दिखाई पड़ती है। आपकी चर्चित और कुछ लोगों के अनुसार आपकी सर्वोत्तम कहानी 'सुख' की आवृत्ति मुझे 'निधन' में दिखाई देती है। इसी तरह आपकी एक प्रारम्भिक कहानी है 'बैलून' और इधर की एक कहानी है 'पहला प्यार'। 'पहला

प्यार' में 'बैलून' की आवृत्ति है। प्रकृति से जो लगाव 'सुख' में है, वही 'निधन' में भी है, प्रेम की जो प्रथम अनुभूति एक युवक के मन में होती है वही 'बैलून' में है और वही 'पहला प्यार' में भी है। मुझे इन कहानियों में कोई फर्क दिखाई नहीं देता। दोनों की अन्तर्वस्तु एक है, विषयवस्तु यद्यपि भिन्न है। 'सुख' और 'बैलून' को जिस अनुभूति या संवेदना से आपने सींचा है, और 'निधन' तथा 'पहला प्यार' में जो अनुभूति या संवेदना है, मेरी जिज्ञासा यह जानने की है कि दोनों का धरातल क्यों और कैसे भिन्न है, जबकि इन कहानियों के रचना-काल में लम्बा गैप है?

जब आपने पूछा है तो वास्तविकता बतला दूँ। वस्तुतः शुरू से ही मेरे दिमाग में रहा है कि एक ही सीरीज़ की एक ही चरित्र को लेकर यानी कैरेक्टर एक हो और उसे विभिन्न स्थितियों में रखकर ऐसी कुछ कहानियाँ लिखी जाएँ, जो एक ही बिन्दु पर आकर मिलती हों। जिस 'बैलून' की और 'पहला प्यार' की आपने चर्चा की, मेरे दिमाग में कहीं था कि इसी प्यार पर और कहानियाँ क्यों न लिखी जाएँ। विषय वही प्यार हो। अलग-अलग स्वर हों और वेरियेसंस (भिन्नता) के साथ प्यार को देखने की चेष्टा करें हम। और इस तरह की कई कहानियाँ मैंने लिखीं। 'सुख' और 'निधन' के साथ भी कहीं-न-कहीं मेरे दिमाग में यह बात थी कि कहानियों की एक शृंखला हो जो प्रकृति से आदमी के लगाव के बड़े ही आत्मीय चित्र पेश करती हो। इसलिए जो दूरी इनमें आपको दिखाई पड़ती है, वस्तुतः वह दूरी नहीं है। एक ही मन:स्थिति है और उसी मन:स्थिति को मैंने अलग-अलग समयों में व्यक्त करने की कोशिश की है। मैं उन्हें अलग नहीं मानता। भोला बाबू 'सुख' में भी हैं और वही भोला बाबू 'निधन' में भी हैं। वहाँ सूरज है और यहाँ नीम का पेड़। व्यक्ति एक है। पीड़ा उसकी एक जैसी है। लेकिन अन्तरंगता वहाँ, नीम के पेड़ के प्रति, जिसे उसने अपने हाथों लगाया है और 'सुख' में सूरज के प्रति आकर्षण, ये दोनों अलग-अलग हैं।

'बैलून' में एक किशोर प्यार को जिस तरह महसूस करता है, क्या 'पहला प्यार' में भी वही अनुभूति है? दोनों कहानियों की विषयवस्तु भिन्न है, यद्यपि अन्तर्वस्तु एक-सी है। 'बैलून' आपके युवाकाल की कहानी है, जब कि 'पहला प्यार' पचास के बाद में लिखी गई कहानी। दोनों के रचना-काल में बीस-पच्चीस वर्षों का फर्क है। एक युवक प्रेम की पहली अनुभूति को जैसा महसूस करता है, एक प्रौढ़ आदमी के साथ वह बात नहीं होगी। इस बीच कहानी का स्वर बदला, उसके मुहावरे बदले। मैं जानना यह चाहता था कि इस उम्र में आकर जब आप उसी प्रेम जैसे विषय पर कहानी लिख रहे हैं तो दोनों की मूल अनुभूति में क्या फर्क है? उस फर्क को आपने कैसे अलगाया?

हम मानते हैं कि प्रेम की दो कहानियाँ हैं। आपने कहा कि अन्तर्वस्तु एक है,

विषयवस्तु भले अलग हो। लेकिन अभी हम इस विषय पर बात करना नहीं चाहते। 'पहला प्यार' वस्तुतः एक खास तरह की प्रतिक्रिया में लिखी गई कहानी है। यह एक ऐसा विषय है जो चुका नहीं है और जिस पर लिखने की मेरी योजना है। इसलिए मैंने कहा कि एक सीरीज़ में एक ही मनःस्थिति की लिखनी चाही थी–थोड़े–बहुत फर्क के साथ। मैं अभी उसी मनःस्थिति से गुज़र रहा हूँ। तो अगर आप मुझसे पूछें तो मैं कहूँगा कि 'बैलून' मेरी ऐसी कहानी है, जिसे आज मैं अपनी तरफ से अस्वीकार करता हूँ। हालाँकि पाठक नहीं करेंगे। अपने लेखन के साथ मुझे ऐसा मोह नहीं है कि खामखाँ उसे डिफेंड करूँ। कभी लिखा था। बहुत अच्छी लगी थी। आज बहुत कमज़ोर किस्म की कहानी लगती है। 'पहला प्यार' के साथ यह बात नहीं है। शायद मैं आगे और लिखूँ। लेकिन एक बात मैं ज़रूर कहना चाहता हूँ कि जिस प्यार जैसी थीम के बारे में जो कुछ मैंने लिखा है, वह मैं नहीं लिखना चाहता था। जो मैं लिखना चाहता हूँ, वह मैं अभी नहीं लिख सकता। कोई आवश्यक नहीं कि जैसा मैं चाहूँ, वैसा लिखूँ भी।

कहानी आप जैसा चाहते थे, उस तरह बनी या अपने ढंग से बनी?

वह (पहला प्यार) मुझे अपने साथ बहा ले गई।

'आदमीनामा' में वर्ग–चेतन पात्र हैं। बाद के संग्रह 'नई तारीख' में या 'सदी का सबसे बड़ा आदमी' में उस तरह के वर्ग–चेतन पात्र नहीं दिखाई देते। वहाँ समकालीन यथार्थ का एक जटिल रूप दिखाई देता है, जो बहुत सारे पेंचोखम से भरा है। उसमें लेखक की कोई प्रच्छन्न विचारधारा नहीं दिखाई देती। 'आदमीनामा' के बाद क्या आपको ऐसा लगा कि वर्ग–चेतन पात्रों का चित्रण या एक विचारधारा से लैस पात्रों का चित्रण कहीं–न–कहीं यथार्थ चित्रण में बाधक है?

जिस तरह के वर्ग–चेतन पात्र 'आदमीनामा' में दिखाई पड़ते हैं, मैं बार–बार सोचता रहा हूँ कि वे कहानियाँ क्यों कुछ खास तरह के लोगों को ही पसन्द आईं? आज खुद जब हम उन्हें पढ़ते हैं तो उनमें से कई कहानियाँ, ऐसा लगता है कि उनकी एक ऐतिहासिक भूमिका थी और वे वह भूमिका अदा कर चुकीं। वे आज बहुत कुछ हमारे काम की नहीं रह गई हैं। कभी–कभी अपना ही लिखा हुआ सपाट जैसा दिखाई देता है। ऐसी स्थिति में मुझे लगता है कि वे पात्र जीवन में दो टूक, स्पष्ट और साफ नहीं हैं, जो उन कहानियों में दिखाई पड़ते हैं। वे कहीं ज़्यादा उलझे हुए, जटिल और परेशान हैं। व्यवहार में इस तरह ढेर सारे उदाहरण मुझे मिले। तब लगा कि इस तरह के चरित्रों के साथ ज़्यादती की है मैंने। जिनके बारे में लिखा, उनकी चाभी जैसे मेरे हाथ में रही हो, जैसे मैंने चाहा उन्हें चलाया हो, जबकि वे पात्र उस तरह चलना नहीं चाहते थे।

समाज में ऐसी बहुत–सी घटनाएँ दिखाई पड़ती हैं, जो हमारे आदर्श या हमारी

विचारधारा के विरुद्ध पड़ती हैं। उदाहरण के रूप में मान लें कि हम मार्क्सवादी विचारधारा से जुड़े हैं। लेकिन समाज में जो संघर्ष चल रहा है, वह कहीं से भी उस विचारधारा से न तो जुड़ा है और न ऊर्जा ले रहा है, बल्कि उस विचारधारा से जुड़े लोग उस संघर्ष के विरोध में हों। ऐसी स्थिति में जबकि सामाजिक लड़ाई और व्यक्ति की विचारधारा एक-दूसरे के विरोध में खड़ी हो जाए तो एक लेखक को किसका साथ देना चाहिए–यथार्थ का या विचारधारा का? यहाँ मैं लुकाच को याद करना चाहूँगा। उसने कहा है कि जब सामाजिक यथार्थ और विचारधारा एक-दूसरे के विरोध में हों तो जेन्यूइन लेखक यथार्थ का साथ देते हैं, विचारधारा का नहीं।...पता नहीं मैं स्पष्ट कर पाया या नहीं।

आपने बिल्कुल स्पष्ट कर दिया। मैं कितना स्पष्ट कर सकता हूँ, नहीं कह सकता। लेकिन एक बात मैं ज़रूर कहना चाहता हूँ कि विचारधारा को यथार्थ पर विस्फोट नहीं करना चाहिए। ऐसा नहीं होना चाहिए कि यथार्थ पानी की तरह हो और विचारधारा तेल की तरह सतह पर तैरती हुई दिखाई पड़े। जहाँ कहीं ऐसा होता है, हम न सिर्फ यथार्थ को गड्डमड्ड करते हैं, बल्कि यथार्थ पर विचारधारा का पर्दा भी डालते हैं। मैंने लुकाच को पढ़ा नहीं है, लेकिन हमारा ख्याल है कि किसी भी लेखक के सामने अगर विचारधारा पहले हो तो वह यथार्थ को ठीक से देख ही नहीं सकता...वह यथार्थ उसकी विचारधारा तक जाए तो ठीक, लेकिन विचारधारा से यथार्थ की ओर जाना एक लेखक के रूप में मैं मुनासिब नहीं समझता।

इधर आपकी एक कहानी काफी चर्चित हुई है–'कहानी सराय मोहन की'। मैं जहाँ तक समझ सका हूँ, भूख इस कहानी की केन्द्रीय समस्या है। भूख के ही माध्यम से अमानवीयकरण की प्रक्रिया दिखाई देती है। 'कफ़न' (प्रेमचन्द) के मूल में भी भूख है, अमानवीयकरण है। दोनों कहानियों के रचना-काल में लगभग पचास वर्षों का फर्क है। आपकी कहानी किन अर्थों में आगे के जटिल यथार्थ से साक्षात्कार करती है?

सच्चाई तो यह है कि जब मैंने कहानी लिखनी शुरू की तो मेरे दिमाग में कुछ नहीं था। यानी दूर-दूर तक 'कफ़न' या कोई कहानी नहीं थी।...उस कहानी में आपने एक चीज़ निकाली 'भूख' जो आपके अनुसार उसकी केन्द्रीय थीम है। लेकिन लिखते वक्त यह चीज़ मेरे सामने नहीं थी।...अमानवीयकरण की बात आपने की। ये कुछ ऐसे पारिभाषिक शब्द हमें मिल गए हैं, जिनके आधार पर हम किसी कहानी की व्याख्या कर डालते हैं...मेरे गाँव में पहले दूसरे गाँव के कहार आते थे, नाई आता था, बारी आता था, जिन्हें हम 'पउनियाँ' बोलते हैं। वे लोग आते थे। दालान में पुआल बिछा होता था, जिस पर हम लोग सोया करते थे। उनसे मैं कहानियाँ सुना करता था। रात को बहुत देर तक वे सुनाया करते थे। कहानी राजा-

रानी की होती थी। लेकिन बहुत सारी चीज़ें कभी-कभी वे अपने जीवन की डाल दिया करते थे। बरात में भाँड़ों के नाटक हमने देखे हैं जिनमें बीच-बीच में एक विदूषक आता है। जिसके यहाँ ये आते हैं, डंडे हिलाते हुए उसका भी मज़ाक उड़ाते हैं। वहाँ एक ऐसा विदूषकीय तत्त्व होता है जो सारे दर्शकों को लहालोट कर देता है। इस कहानी को लिखते हुए मन में सिर्फ इतनी बात थी कि ऐसी कहानी लिखी जाए, जिसमें लोकरस हो। अपने गाँव में जैसा देखा, कुछ वैसा। इस कहानी के जो अर्थ आप निकाल रहे हैं, यह एक आलोचक निकाल रहा है। लिखने के दौरान ये सारी बातें मेरे दिमाग में नहीं थीं।

इस अर्थ के पीछे मेरा लॉजिक यह है कि 'कफ़न' में भी अलाव है और इस कहानी में भी। अलाव के पास घीसू-माधव हैं। उनकी मुख्य समस्या है भूख। उनके सामने कुछ आलू हैं, जिसके लालच में प्रसव से कराहती अपनी बुधिया की वे उपेक्षा करते हैं। आपकी कहानी में भी पंडित जी हैं, ठाकुर साहब हैं और उनके बीच में भी अलाव है। यहाँ आलू की जगह लिट्टी है और कहानी वहीं घूमती है। 'कफ़न' के पास जो मैं रखकर इसे देख रहा हूँ, उसके मूल में भूख है-लोकरस तो है ही। इसलिए मेरी नज़र में इन कहानियों की केन्द्रीय थीम भूख है।

बहरहाल, जब आप याद दिलाते हैं तो क्या कहूँ। और कहीं किसी ने इसके सन्दर्भ में 'कफ़न' की चर्चा की थी। आपने दोनों में कुछ साम्य भी खोज निकाला... लेकिन बात मेरे पल्ले नहीं पड़ी...

खैर, छोड़िए इस प्रसंग को। किसी भी चरित्र के चुनाव की आपकी अपनी प्रक्रिया क्या है? जब कोई चरित्र खोजते हैं तो उस चरित्र का पीछा आप कैसे करते हैं?

मैं इस बात को कैसे स्पष्ट करूँ, मेरी समझ में नहीं आ रहा। इतना मैं कह सकता हूँ कि मैं नियमित लेखन नहीं करता। लिखने का खास तौर से एक दौरा जैसा पड़ता है मुझ पर। और जब मैं लिखना शुरू करता हूँ तो उस क्रम में कई कहानियाँ लिखता हूँ जैसे मैं बताऊँ कि 'सदी का सबसे बड़ा आदमी' की सारी कहानियाँ एक क्रम में लिखी गई हैं। बल्कि एक ही मूड में लिखी गई हैं। जिसे मैंने दौरा कहा, उस दौरे के दौरान यानी तीन-चार महीने के भीतर सारी कहानियाँ लिखी गईं। ऐसा नहीं कि समय-समय पर उन कहानियों को लिखता रहा हूँ। जब ऐसी स्थिति होती है, उस समय घर-बाहर के सब काम करता हूँ। लेकिन मेरी सम्पूर्ण चेतना उस चरित्र या थीम पर टिकी होती है। बाकी मिलना-जुलना पढ़ना, घर का काम सब यांत्रिक ढंग से होता रहता है, जिसके बारे में मैं बिल्कुल पार्टीकुलर (सतर्क) नहीं रहता। रही बात चरित्र के पीछा करने की, वस्तुतः चरित्र का पीछा करने का काम पूरा हो चुका रहता है और जो कुछ बचा रहता है, वह लिखने के दौरान होता है।

लेकिन कुछ लेखकों के बारे में यह सुना जाता है कि कोई चरित्र चार-छह महीने, साल-दो साल उसे परेशान करता रहा और तब जाकर लेखक उसे रचना का रूप दे सका। आपकी प्रक्रिया कुछ भिन्न किस्म की है?

कुछ ऐसे भी पात्र या जीवन की घटनाएँ होती हैं, जिन्हें हम चाहते हुए भी नहीं लिख पाते। मैं उसकी चर्चा करना चाहता हूँ जिसे मैंने बहुत चाहा कि लिखूँ, पर लिख नहीं सका। लगभग 67-68 की बात होगी। मैं उस घटना को अब तक भूल नहीं पाया हूँ। मैं गया था सहारनपुर। उस समय धूमिल था वहाँ। उसी के यहाँ गया था। दोपहर को हम लोग खाना खाने एक ढाबे में जाते थे। आप लोग ध्यान में रखें कि इसके पहले भारत-पाक युद्ध हो चुका था। युद्ध कहीं-न-कहीं लोगों के दिमाग में था। लोग भूले नहीं थे। हालाँकि इस बीच दो वर्ष बीत चुके थे और लालबहादुर शास्त्री दिवंगत हो चुके थे। युद्ध क्या होता है, इसे हम नहीं जानते। सीमाओं से हम काफी दूर हैं। हम उसके बारे में लिखना चाहें तो नहीं लिख सकते। उसके प्रभाव को केवल लिख सकते हैं...तो दोपहर में हम उस ढाबे में खाने जाते थे। काफी भीड़ होती थी। ढेर सारे लोग आते थे। ऊँची-ऊँची बहसें करते थे। उस ढाबे का खाना बहुत अच्छा होता था। खासतौर से वहाँ की दाल बड़ी अच्छी होती थी। हमने देखा कि जिस समय हम लोग पहुँचते थे और काफी भीड़ रहती थी, उसी समय बहुत ही तगड़ा, लगभग छह-सात फीट लम्बा, भूरी मूँछोंवाला, गोरा और बहुत ही खूबसूरत एक आदमी उस ढाबे में खाना खाने आता था। थोड़ा-सा भचकता हुआ। जैसे ही वह आदमी प्रवेश करता था, पूरे ढाबे में सन्नाटा छा जाता था। चीखना-चिल्लाना, लड़ना-झगड़ना बन्द हो जाता था और लोग एक-दूसरे के कान में फुसफुसाने लगते थे। और जब तक वह खाता रहता था, वहाँ लगभग खामोशी रहती थी। फिर जब वह चला जाता था, तब धीरे-धीरे सामान्य स्थिति लौटती थी। मैंने जानना चाहा कि यह आदमी कौन है? मालूम हुआ कि मोर्चे से लौटा हुआ एक मेजर है, जिसकी दोनों टाँगें कट चुकी हैं। हमने देखा कि मोर्चे पर लड़ा जाने वाला युद्ध किस तरह इस कटी हुई टाँगों के जरिए वहाँ लोगों के दिमाग पर छा जाता है। यह एक वाकया है जो मुझे बराबर हांट करता रहा। मैं उस पर लिखना चाहता था, लेकिन नहीं लिख सका। इसलिए कि तीसरे दिन मैं चला आया। मैं उस आदमी के बारे में ठीक से जान नहीं सका। अगर मैं उसे जानता तो लिखता। लेकिन फिर मैं देखता कि उस रचना में युद्ध की गूँज के रूप में वह किस तरह ढाबे में घुसता और लोगों पर कैसा असर पड़ता।

लेकिन पहले आपने कहा कि कोई चरित्र कौंधता है और लिखने के दौरान वह पूरा आकार लेता है। अभी आप कह रहे हैं कि उस मेजर के बारे में ठीक से जान नहीं सका, इसलिए नहीं लिख पाया। नागरजी की जो प्रक्रिया है, जैसे 'नाच्यौ बहुत

गोपाल' के बारे में उन्होंने कहा कि मेहतर बस्ती का पूरा चक्कर लगाया, उसके बारे में पूरी जानकारी इकट्ठी की, तब लिखा। आपका अपना खास ढंग क्या है?

इसके बारे में तो जोश का बहुत मशहूर वक्तव्य है कि घोड़े पर लिखने के लिए घोड़ा होना ज़रूरी नहीं है। आवश्यक नहीं कि जिसके बारे में लिख रहे हैं, उसे पूरी तरह जान लें। सवाल यह है कि लेखक की अपनी क्षमता उस चरित्र को विकसित करने की कितनी है। जितनी दूर तक उसकी रचना ले जाए। कभी सफल भी होते हैं और कभी नहीं भी हो पाते। कभी लगता है कि यह चरित्र मेरे वश में नहीं है। जैसे मैं बताऊँ कि जिस मेजर की अभी बात कर रहा हूँ, युद्ध के जिस असर की बात कर रहा हूँ, उस पर मैं लिख सकता था। लेकिन जाने क्यों मुझे लग रहा है कि जो असर मेजर का उस पूरे माहौल पर पड़ता था, उसे मेरी वह कहानी नहीं दे पाएगी।

कहानी जब शुरू करते हैं तो आपके सामने कोई चरित्र होता है या स्थितियाँ?

चरित्र अलहदा से नहीं होता। बीच में खड़ा होता है।

कभी-कभी स्थितियाँ होती हैं। लेकिन उसके बीच कोई चरित्र नहीं होता। मान लीजिए बहुत खराब समय हो, चारों ओर भ्रष्टाचार हो, अनाचार हो, लेकिन उसके प्रतिरोध में उठता हुआ कोई चरित्र न दिखे तो मैं जानना चाहता हूँ कि क्या स्थितियों को लेकर आप चरित्र गढ़ेंगे?

नहीं। जहाँ तक मेरा सवाल है, स्थितियाँ मेरे लिए तभी महत्त्वपूर्ण होती हैं, जब कोई चरित्र दिखाई पड़ता है। अगर हस्तक्षेप करता हुआ, जूझता हुआ चरित्र नहीं होता तो कहना चाहिए कि स्थितियाँ मेरे लिए बहुत अनुपजाऊ होती हैं। ऐसा कम हुआ है कि स्थितियाँ तो हों और बाहर से किसी चरित्र को लाकर रखना पड़े। ऐसा हुआ है, नहीं हुआ, मुझे याद नहीं। स्थितियाँ मेरे काम की तभी होती हैं, जब उसमें कुछ होता है। जब कोई चरित्र होता है, तब वे स्थितियाँ मेरे लिए मूर्त हो उठती हैं।

कभी-कभी स्थितियाँ तो बड़ी विस्फोटक और जटिल होती हैं, लेकिन उसके बीच हस्तक्षेप करते हुए चरित्र का कोई पूरा आकार नहीं होता या वह बहुत ही कमज़ोर होता है। समाज का वह कमज़ोर नायक साहित्य में लेखक का स्पर्श पाकर मज़बूत और कद्दावर बन सकता है। ऐसी स्थिति में आप क्या करेंगे?

आप क्या कहना चाहते हैं, मैं नहीं जानता। लेकिन कहानी के लिए कोई ज़रूरी नहीं कि समाज की जो टटकी या ताज़ा स्थिति हो, वह काम की हो। स्थितियाँ पहले की भी हो सकती हैं। हम सिर्फ देखते यह हैं कि वे आज प्रासंगिक हैं या नहीं। अगर प्रासंगिक नहीं हैं तो उन स्थितियों में ऐसा क्या रचा जाय या उन स्थितियों को कैसे रचें कि वे प्रासंगिक हो उठें। और हम यही करते हैं। अपनी एक कहानी 'जंगल जातकम्' के बारे में एक बात बताऊँ। हमारी तरफ एक लोकोक्ति है कि लोहा पेड़

का कुछ नहीं कर सकता, जब तक बाँस उसका साथ न दे। यानी लोहा पेड़ को तभी काट सकता है, जब उसमें बेंट लगी हो।...यह पूरी-की-पूरी कहानी इस लोकोक्ति के सहारे जातक के रूप में लिखी गई है।

एक प्रश्न मेरे मन में था कि मैं आपसे जानूँ कि एक प्रतिष्ठित आलोचक का भाई होने के नाते आपको क्या लाभ हुआ? लेकिन फिलहाल यह सवाल मैं नहीं करूँगा। मैं दूसरे ढंग का प्रश्न रखना चाहता हूँ। नामवरजी ने जब भी आपकी चर्चा की है, साथ में ज्ञानरंजन को रख लिया है। ऐसा वे जान-बूझकर करते हैं या किसी नीति के तहत, हमें यह नहीं मालूम। लेकिन इससे एक भ्रम फैलता है। काशी और ज्ञान की जो अपनी खासियत है और दोनों की रचनाओं में जो मौलिक भिन्नता है, वह उनके वक्तव्य से गड्डमड्ड होती है। ज्ञान के साथ रखकर आपकी कहानी पर उनका जो वक्तव्य है, उस पर आपकी क्या प्रतिक्रिया है?

हम इसके बारे में कुछ नहीं कहेंगे। अलग से सिर्फ दो बातें कहेंगे। एक तो यह कि नामवर सिंह का भाई होने के नाते नुकसान चाहे जितना हुआ, लाभ यह हुआ कि साहित्य कर्म को मैंने गम्भीरता से लेना सीखा। उसे पार्ट टाइम या शौकिया कभी नहीं समझा। साहित्य के प्रति समर्पण और पूर्ण समर्पण हमने उनसे सीखा। दूसरी बात, कुछ साल पहले जब 'सारिका' में उनका साक्षात्कार आना शुरू हुआ, उसके कुछ साल पहले की है। हमारा ख़्याल है कि 'नई तारीख' पुस्तक जब छपी या 'सदी का सबसे बड़ा आदमी' संग्रह जब आया, उसके बाद ही उन्होंने कहा था कि कहानी पर मैं नए सिरे से लिखना चाहता हूँ, लेकिन आड़े तुम आ रहे हो। यदि तुम हमारे भाई न होते तो कहानी पर शायद मैं फिर लिखता। उससे वे आज चाहें तो इनकार कर सकते हैं। इसे एक बार नहीं कई बार कहा कि मैं कहानी पर फिर लिखना चाहता हूँ।

कहानी मात्र पर या...?

कहानी में आ रहे बदलाव पर। और उस बदलाव के केन्द्र में या पूरे बदलाव में कहीं मैं दिखलाई पड़ रहा था। इस बात को ध्यान में रखते हुए वे लिखना चाहते थे, लेकिन बाधा यही थी...इससे एक निष्कर्ष अपने लिए मैं यह निकाल रहा हूँ कि ऐसा कुछ मैंने ज़रूर लिखा, जिसने उन्हें कहानी पर लिखने के लिए बाध्य किया। इस सम्बन्ध में मैं इतना ही कहना चाहता हूँ।

ज्ञानरंजन ने इधर लिखना बन्द कर दिया है और आप लगातार लिख रहे हैं। लेकिन नामवर जी हमेशा ज्ञान और काशी की चर्चा साथ-साथ करते हैं। इसका मतलब यह है कि सातवें दशक में जहाँ आप लोग थे, वे आपकी कहानी को वहीं देख रहे हैं। इधर का जो आपका साहित्य है, विकास है, उसको अगर वे देखते तो ज्ञान से अलग करके बातचीत करते। आपके विकास को वे किस रूप में लेते हैं,

हमें नहीं मालूम। लेकिन आपको पता होगा–पारिवारिक सदस्य होने के नाते, व्यक्तिगत बातचीत से या पत्रों से। हालाँकि यह निजी प्रसंग है। फिर भी इसका उपयोग या सम्बन्ध साहित्य से कहीं–न–कहीं है।

इसका एक और कारण है, जिस वजह से मेरा अनुमान है कि ठिठकते रहे हों। आपके ध्यान में होगा–'कथा भारती' कहानी–संग्रह में मेरी कहानी उन्होंने दी थी या साहित्य अकादमी के लिए लेख लिखा था, उसमें मेरा ज़िक्र था। नेशनल बुक ट्रस्ट से उनके सम्पादन में एक किताब आई, जिसमें मेरी कहानी आई थी। हिन्दी आलोचकों–लेखकों का एक तबका रहा है, जिसमें अमृत राय, राजेन्द्र यादव, धर्मवीर भारती, कमलेश्वर जैसे बहुत सारे लोग मात्र इस बात पर उँगली उठाते रहे कि नामवर सिंह काशीनाथ को कहानीकार के नाते नहीं, भाई के नाते शामिल करते रहे हैं। हमारा ख्याल है कि कहीं–न–कहीं इस तरह निरन्तर लगते रहे आरोपों का दबाव रहा है, जिसके चलते बहुत सोच–समझकर या एक नीति के तहत वे हमारा उल्लेख करते रहे हों।

'सुख' की चर्चा तो उन्होंने की है। 'सुधीर घोषाल' के प्रकाशन के साथ ही एक ज़ोरदार धमाका हुआ था। काफी हल्ला था। आप भी काफी उत्साहित थे जबकि नामवर जी ने कहा था कि इसमें एक राजनीतिक उत्साह है जो कुछ ही दिनों में ठंडा पड़ जाएगा। 'सुधीर घोषाल' पर इस विपरीत टिप्पणी के बाद इधर की आपकी कौन–सी कहानी है, जो उन्हें पसन्द है?

मेरे कहने का तो कोई अर्थ ही नहीं है...समय–समय पर उन्होंने जो पत्र लिखे हैं, वे चूँकि निजी पत्र हैं, इसलिए उनका भी कोई महत्त्व नहीं है। फिर भी 'सुधीर घोषाल' कहानी उन्हें पसन्द नहीं आई थी, इसमें दो राय नहीं। लेकिन कहानियाँ हैं, जिनके बारे में मुझे जानकारी है कि उन्हें अच्छी लगी थीं। एक तो 'कविता की नई तारीख' जिसके बारे में उनका कहना था कि स्वाधीनता के बाद कुछ चुनी जाने वाली कहानियों में से एक है वह। दूसरी कहानी जो उन्हें अच्छी लगी है, वह 'सदी का सबसे बड़ा आदमी' है। तो दो के बारे में जानता हूँ। बाकी उन्हें अच्छी लगती–'कहानी सराय मोहन की' या कोई और कहानी तो शायद चर्चा की होती।

आपकी नज़र में कथा–समीक्षा के ज़रूरी औज़ार कौन–कौन–से हैं?

(लम्बी चुप्पी के बाद) इस सिलसिले में मैंने सोचा नहीं कि कहानी–मूल्यांकन के ज़रूरी औज़ार क्या होने चाहिए।

कहानी में काव्य–तत्त्व की उपस्थिति पर आपकी क्या राय है?

इस सिलसिले में मैं एक बात कहना चाहता हूँ कि हर अच्छी कहानी अपने प्रभाव में काव्यात्मक हो सकती है यानी हर अच्छी कहानी पाठक पर वैसा ही असर डालती है, जैसा असर एक अच्छी कविता डालती है। इसलिए यह कहना कि

कहानी–समीक्षा के औज़ार दूसरे हों और कविता के दूसरे, मैं पूरी तरह इससे सहमत नहीं हूँ। लेकिन वस्तुतः यह समस्या आलोचना की है। उसका निर्णय उसे खुद करना चाहिए। लेकिन क्या यह आवश्यक है कि साहित्य की हर रचनात्मक विधा के मान अलग–अलग हों?

आपकी पीढ़ी से एक आम शिकायत है कि आपको छोड़कर ज़्यादातर लोगों ने लिखना बन्द कर दिया और अब वे लिखेंगे भी नहीं। आपको पूर्ववर्ती पीढ़ी के कथाकार अब भी लिख रहे हैं। एक आम पाठकीय राय यह है कि आपकी पीढ़ी में ज़्यादातर कथाकार ऐसे आए, जिन्होंने एक खास भावबोध की कहानियाँ लिखीं और जैसे ही उस भावबोध का ज़माना गुजरा, उनकी रचनात्मक ऊर्जा चुक गई।

मुझे आपने एक किनारे कर दिया। इसलिए कि...जहाँ तक हमारी पीढ़ी का सवाल है, रवीन्द्र कालिया लिखते रहे हैं। यह बात अलग है कि इस बीच कोई महत्त्वपूर्ण उपन्यास या कहानी उन्होंने नहीं लिखी; लेकिन वे बराबर लिखते रहे हैं। सबसे अधिक शिकायत है दूधनाथ के बारे में। लेकिन अभी हाल में उसने 'यमगाथा' नाम से एक नाटक लिखा है और उसकी बड़ी तारीफ हुई है। 'यमगाथा' को देखकर प्रायः लोगों की राय बनी है कि हिन्दी में बहुत दिनों बाद एक अच्छा नाटक आया है। हमारे दौर के जो दूसरे महत्त्वपूर्ण कहानीकार हैं, वे हैं ज्ञानरंजन। ज्ञानरंजन हमारी पीढ़ी के महादेवी वर्मा हैं। महादेवी इस अर्थ में कि जिस मिजाज़ की कहानियाँ जिस दौर में ज्ञान जैसा लिख सकते थे, वैसा लिखा। 'घंटा', 'बहिर्गमन' तक एक ऊँचाई दी और जब उन्हें लगा कि बदला हुआ यथार्थ उनकी पकड़ में नहीं आ रहा है तो उन्होंने फिर कोशिश नहीं की। लेकिन अपनी उस रचनात्मक ऊर्जा का उपयोग उसने दूसरे काम में किया–'पहल' के सम्पादन में। वह खुद न लिखे, लेकिन जो काम वह कर रहा है, उसके आधार पर हम कह सकते हैं कि वह व्यक्तिगत रचना न करके एक सामूहिक रचना के उत्पादन में लगा है। इसे उपेक्षित नहीं करना चाहिए।

आपकी पीढ़ी पर एक आम आरोप है कि जवानी में ही उन्होंने लिखना बन्द कर दिया...।

भई, आप लोग मानें, हम तो नहीं मानते। हम देखते हैं कि उस ऊर्जा को एक लेखक दूसरी जगह चैनेलाइज़ (व्यवस्थित) कर रहा है तो मैं इसे बेजा नहीं मानता। देखना यह है कि अगर कोई नाटक लिख रहा है तो उसी मानसिकता में तो नहीं लिख रहा, जिस मानसिकता में कहानी लिखता था। हो सकता है, उसे लगे कि अब वैसी कहानियों का समय नहीं है, जैसा वह लिखता रहा है। यह भी हो सकता है कि जैसी लिखी जा रही हैं, उससे अपने को सहमत न हो पा रहा हो।

आपकी पीढ़ी पर एक आरोप यह भी लगाया जा सकता है कि उसमें बड़े विज़न

का अभाव है। इसलिए कोई महत्त्वपूर्ण उपन्यास इस पीढ़ी के किसी लेखक ने नहीं लिखा। यह पीढ़ी छोटे विज़न वालों की है। जीवन को बड़े फलक पर देखना और फिर उसे रचना का रूप देने का काम आपकी पीढ़ी ने नहीं किया। कालिया ने उपन्यास लिखा, लेकिन लोगों ने पसन्द नहीं किया...।

भई, गिरिराज किशोर भी तो हैं हमारी पीढ़ी में।

जब कि हिन्दी की यह परम्परा रही है कि जो सफल कहानीकार थे, वे सफल उपन्यासकार भी थे। प्रेमचन्द, जैनेन्द्र, यशपाल, अज्ञेय आदि को आप देखिए। अपने से थोड़ा पहले देखिए तो अमरकांत, निर्मल वर्मा, रेणु, भैरव प्रसाद गुप्त जैसे लोगों ने कहानी के साथ उपन्यास भी लिखे। आपकी पीढ़ी ऐसी दीखती है, जिसमें बड़े विज़न का अभाव-सा लगता है जो उपन्यास-लेखन के लिए ज़रूरी है।

इस तरह निष्कर्ष नहीं निकालना चाहिए। इस तरह आप देखेंगे तो अमरकांत या मार्कंडेय का उपन्यास के क्षेत्र में कन्ट्रीब्यूशन न के बराबर है। शेखर जोशी ने उपन्यास नहीं लिखा। निर्मल वर्मा उपन्यासकार के रूप में जाने नहीं जाते, लिखा भले हो। राजेन्द्र यादव ने जो भी उपन्यास लिखे साठ के पहले। ले-देकर, मन्नू भंडारी हैं जिनके उपन्यास 'महाभोज' की चर्चा हुई। लेकिन उसकी भी ख़्याति उपन्यास के क्षेत्र में कम नाटक के क्षेत्र में ज़्यादा रही। रेणु को उससे बाहर कीजिए (क्यों?) और भैरव तो पहले के हैं। नई कहानी से ही यह सिलसिला शुरू है। उसी समय से उपन्यास से विरक्ति शुरू हो गई थी। हमारी पीढ़ी में कुछ ऐसे लोग हैं, जिन्होंने केवल उपन्यास लिखे। कहानियाँ लिखीं भी तो कहानीकार के रूप में जाने नहीं जाते। गिरिराज किशोर, श्रीलाल शुक्ल, राही मासूम रजा, जगदीश चन्द्र आदि उपन्यासकार हैं, कहानीकार नहीं। इस अर्थ में हमें लगता है कि जो लेखक कहानियों से उपन्यास में विकास करता गया, उसमें अकेले भीष्म साहनी हैं। हो सकता है कि कुछ नाम छूट रहे हों...रही बात हमारी पीढ़ी के लेखकों की, तो मैं ज़रूर कहूँगा कि निष्कर्ष निकालने में जल्दीबाज़ी कर रहे हैं आप लोग। उपन्यास नहीं लिखा लोगों ने, इसमें दो राय नहीं; लेकिन उपन्यास आ सकते हैं...।

पहले के लेखक जैसे होल टाइमर हुआ करते थे लिखने के मामले में, उस तरह आपकी पीढ़ी नहीं है। जिस तरह की होल टाइमरी त्रिलोचन ने, नागार्जुन ने, रेणु ने या मोहन राकेश वगैरह ने की, वैसी...।

देखिए, ऐसा है कि ये इक्के-दुक्के नाम ज़रूर मिलते हैं, लेकिन ये भी 50 के पहले के हैं। वे नागार्जुन हों, त्रिलोचन हों, शमशेर हों या कोई और। बाद के लोगों में जो नाम होल टाइमरी के लिए सूझा उसमें एक निर्मल वर्मा हैं, दूसरे राजेन्द्र यादव। कुछ हैं जो नौकरी करते हैं, लेकिन साहित्य के होल टाइमर लगते हैं। जैसे गिरिराज किशोर-बहुत लिखते हैं। महत्त्वपूर्ण यह नहीं। अपने यहाँ यह सुविधा ही

नहीं कि कोई लेखक सिर्फ मसिजीवी हो। वह जो लिखे, उसी से घर-परिवार चला सके। इसलिए नौकरी ज़रूरी है।...देखना यह चाहिए कि साहित्य के प्रति उसका कमिटमेंट कैसा है। वह अपना काम कर रहा है या नहीं? एक तो यह। दूसरा यह कि लेखक के लिए, अपने अनुभव से मैं जानता हूँ, विश्वविद्यालय या कॉलेज, जहाँ हम पढ़ाते हैं, हमारे काम के नहीं होते। बल्कि हमारे काम की रुकावटें हैं। हम अपनी ऊर्जा दूसरी जगह से लेते हैं...जो लेखक अपने अनुभवों को विभिन्न स्तरों पर जितना फैलाए रखता है, उसमें लिखते रहने की क्षमता भी बनी रहती है...जो चीज़ हमें चाहिए, उसके लिए यह जगह उपयुक्त नहीं है। एक बात मुझे बेहद पसन्द आती है जो हम चाहते हुए भी नहीं कर सकते। नागार्जुन में ये चीज़ मैंने देखी है। वे बनारस में पड़े हुए हैं। अगर किसी शहर में आन्दोलन चल रहा है या इलाहाबाद में एक बड़ा ही निर्णायक किस्म का चुनाव हो रहा है, कलकत्ता, दिल्ली या आसाम कहीं भी, जहाँ चीजें उबल रही हों, नागार्जुन जहाँ कहीं हों, जाना चाहते हैं। यह वो चीज है जो लेखक के तेवर को लगातार बदलती रहती है-उसे नया बनाती है। हम लोगों के साथ दिक्कत यह है कि हम चाहते तो हैं, लेकिन नौकरी की मजबूरियों के चलते यह हो नहीं पाता। हम ये नहीं कर पाते। लेकिन लेखकों की जो नई पीढ़ी आ रही है, वह क्या कर रही है? वह साहित्य की तरफ से भी उदासीन है और पढ़ने के काम से भी। ऐसा क्यों हो रहा है? फतवे बहुत जारी करते हैं वे। अमुक चुक गए, अमुक ने बेकार लिखा, कूड़ा लिख रहे हैं। बहस के मोर्चे पर तो वे बड़े प्रखर और जागरूक दिखाई देते हैं, लेकिन जब उनसे बात करते हैं तो पाते हैं कि न वे पढ़ रहे हैं, न लिख रहे हैं। साहित्य के प्रति जो कमिटमेंट पहले के लेखकों में हुआ करता था, आज नहीं है। हमारी पीढ़ी के लोग, वे लिख भले न रहे हों, लेकिन जिनसे भी बात होती है, पता चलता है कि वे पढ़ ज़रूर रहे हैं। लेकिन हमारे बाद आने वाले लोग तो यह भी नहीं कर रहे हैं। इस सम्बन्ध में आप कुछ कहना चाहें तो ज़रूर कहें।

इस सम्बन्ध में तत्काल मैं इतना ही कह सकता हूँ कि मध्यवर्ग का विकास आपके समय में हुआ, लेकिन इधर और तेज़ी से हुआ है। मध्यवर्गीय बोध और सुरक्षा की भावना लगातार बढ़ती गई है। साहित्य के लिए होल टाइमरी या रिस्क लेने की जो बात है, उसने मध्यवर्गीय सुरक्षा-बोध को प्रभावित किया है। आज का लेखक कुछ भी ऐसा नहीं चाहता, जिससे उसकी नौकरी छूटे। पहले की तुलना में आज का जीवन-संघर्ष ज़्यादा कठिन है। हमारी ज़रूरतें भी पहले से कई गुना बढ़ गई हैं। पहले के लेखकों को देखिए। रेणु बगैर नौकरी के पटना में रहते थे। बाद में पटना रेडियो में नौकरी मिली। कुछ दिन बाद उन्हें लगा कि लिखने में नौकरी बाधक है। उन्होंने इस्तीफा दे दिया-बगैर भविष्य की चिन्ता किए। यह भी ठीक है

कि बहुत-सी कठिनाइयाँ आईं...विदेशी लेखकों को देखिए। वे अगर ऊब गए हैं प्रोफेसरी से तो उसे छोड़ देंगे और चले जाएँगे छोटा नागपुर जैसी जगह में। कोई छोटी-सी नौकरी कर लेंगे और कुछ साल वहाँ गुज़ारेंगे। इस तरह वे अपने अनुभव का विस्तार करते हैं। यह हमारे यहाँ बहुत कम है...यह हुआ है लगातार बढ़ते मध्यवर्गीय असुरक्षा-बोध के कारण। और हिन्दी के ज़्यादातर लेखक इसी मध्यवर्ग या निम्नमध्यवर्ग से आते हैं। आप इससे सहमत हों, न हों, लेकिन फिलहाल मुझे यही लगता है...किसी विदेशी लेखक ने सम्भवतः यह कहा है कि लेखक को साहित्य वाली नौकरी नहीं करनी चाहिए। चाहे वह प्रोफेसरी हो, पत्रकारिता हो या रेडियो-दूरदर्शन की नौकरी। उसे वह काम करना चाहिए जिसका सम्बन्ध साहित्य से नहीं है। उसे जूते के कारखाने में काम करना चाहिए, या ऐसे ही कोई काम जहाँ उसका अनुभव समृद्ध हो। अपने यहाँ हिन्दी में बड़े उपन्यास नहीं आए। आपकी पीढ़ी से उपन्यास-लेखन की भावना कम होती गई है। इसके पीछे आप जो भी कारण मानें, मुझे लगता रहा है कि हमारे अनुभव का दायरा लगातार सीमित होता गया है और लेखक लेखन के लिए जो रिस्क लेता है, वह भावना खत्म होती गई है। जोखिम उठाकर लिखने वाले लेखक हमारे यहाँ कितने हैं? वे शिकायत तो करेंगे कि विश्वविद्यालय ने हमारी रचना-शक्ति को कुंद कर दिया, लेकिन वे अपने साहित्यिक कमिटमेंट के चलते उसे छोड़ते भी नहीं हैं। इस पर आपकी प्रतिक्रिया क्या है?

हमें लगता है कि लेखक को अपने अनुभव का विस्तार करना चाहिए। विस्तार का मतलब यह कि समाज के विभिन्न तबकों से अपना जुड़ाव रखना चाहिए। उनके बीच आना-जाना चाहिए। दूसरे पेशे लेखन में उस तरह बाधक नहीं होते, जिस तरह विश्वविद्यालय या कॉलेज के पेशे होते हैं। वे सीधे हमारी भाषा को प्रभावित करते हैं। एक रचनाकार को उससे लड़ना पड़ता है। दूसरा कोई पेशा हमारी भाषा में धार पैदा करता है, कुंद नहीं करता। नौकरी बहुत ज़रूरी है। पूरे जीवन के लिए उसका बड़ा महत्त्व है। हमारा अकेले का सवाल हो तो लात मारें और चल दें। लेकिन हमने नादानियों में शादी की, बाल-बच्चे पैदा किए, गाँव छोड़ आए, ज़मीन गई। ऐसी स्थिति में हमारा एक बड़ा दायित्व है, जिससे भागना ठीक नहीं। मैं मानता हूँ कि परिवार के साथ लेखक का बड़ा द्वंद्वात्मक सम्बन्ध होता है। परिवार बाधा भी है, लेकिन शक्ति भी देता है। वह हमें कहीं जोड़ता भी है। जब कोई बड़ा उपन्यास लिखा जाता है तो वह मानवीय रिश्तों से तैयार होता है। आखिर क्या बात है कि अज्ञेय के पास दो-तीन चरित्र से अधिक नहीं हैं? वह चाहे 'अपने-अपने अजनबी' हो या 'नदी के द्वीप'। रिश्ते उनके यहाँ नहीं हैं। इस बात को देखते हुए हम कह सकते हैं कि परिवार हमें ऐसे रवैया मुहैया करता है जिसके आधार पर एक बड़ी

रचना हम कल्पित कर सकते हैं और दे सकते हैं। अनुभव के विविध स्रोत परिवार से हमें प्राप्त होते हैं। इसलिए इन स्थितियों में हमने परिवार बसाया है तो उससे भागना कायरता है। हम उसका भी मुकाबला करें। हमारा कहना सिर्फ इतना है कि नौकरी हम चाहे जो करें, अपने सम्बन्धों का दायरा बड़ा रखें। मैं अपने उन मित्रों से कहना चाहता हूँ, जो आर्थिक, सामाजिक और राजनीतिक मोर्चे की कहानियाँ लिख रहे हैं, कि मैं उन्हीं के रास्ते पर चलता होता तो मेरी बहुत-सी कहानियाँ नहीं आई होतीं। मैं मानता हूँ कि जो हमारे वर्ग-दुश्मन हैं, उनसे सम्बन्ध नहीं रखता तो 'नई तारीख' न लिख पाता। सीधी-सी एक बात बताऊँ कि मुझे कम कचोट नहीं कि 'अपना मोर्चा' में कुलपति नहीं आया है। जो विश्वविद्यालयीय सत्ता का स्तंभ है, वह उस उपन्यास में नहीं है। यह बहुत ही दुखद पक्ष है। लेकिन ऐसा क्यों हुआ? जिस समय 'अपना मोर्चा' लिखा जा रहा था, हमारे मार्क्सवादी मित्र सत्ता-प्रतिष्ठान से लड़ने की बात करते थे। वे मानते थे कि जो हमारा दुश्मन है उससे कोई सम्बन्ध नहीं रखना। वे उससे लड़ने की बात करते थे...'अपना मोर्चा' का दूसरा भाग मुझे लिखना है, यह बात बहुत दिनों तक मेरे दिमाग में थी। कुलपति का रास्ता क्या होता है, यह जानने के लिए मैं वहाँ गया। यह बात जब मेरे मित्रों को मालूम हुई तो उन्हें लगा कि यह आदमी भी धीरे-धीरे कुलपति से लाभ उठाने लगा। लिहाज़ा हुआ यह कि मैं कुलपति से अलग हो गया। उसका परिणाम यह हुआ कि जिस आदमी की ज़िन्दगी के बारे में, उसके तौर-तरीकों के बारे में, इतने बड़े विश्वविद्यालय को कैसे चलाता है, कैसी जगह रहता है, कौन-सी तिकड़में करता है, इसके दबाव में कौन-कौन लोग हैं, ये सारी बातें मैं जानना चाहता था, लेकिन नहीं जान पाया। मित्रों के आरोप या आक्षेप के चलते दुबारा साहस न हुआ...आज जो कहानियाँ लिखी जा रही हैं और उसमें जो बुर्जुआ या ज़मींदार चित्रित होता है, वह एक सामान्यीकृत धारणा है। ये लोग उसके बारे में नहीं जानते। न ये ज़मींदार को जानते हैं, न ठेकेदार को। मेरा तो यहाँ तक कहना है कि जिनसे हमें लड़ना है, उनके बीच भी जाना चाहिए। आपके दोस्त आप पर विश्वास करें, न करें। आपको अपने ऊपर विश्वास होना चाहिए।...हम किसान सर्वहारा और उसके प्रतीक का नाम भर जानते हैं। नतीजा यह है कि हम न तो ठीक से सर्वहारा को जानते हैं, न उसको जिससे हमें लड़ना है। हम अपनी ज़िन्दगी के भीतर तक नहीं जाते। एक आदमी जो जुलूस में आपके साथ चलता है, उसके घर को कितना जानते हैं? एक आदमी दारू पीता है। उस पीने के पीछे कितना कुछ है, हम नहीं जानते। मैं इसका एक उदाहरण भी दे सकता हूँ। हमसे शराब में धुत एक आदमी मिला, जिसे 'आलमआरा' से लेकर अब तक की फिल्मों के गाने याद थे। यह पीता रहा। गाता रहा-रात बारह-एक बजे तक। छह-सात घंटे रहा हमारे साथ। उसकी परेशानी समझ में नहीं आ रही थी।

लेकिन अन्त में उसने बताया। उसकी सारी परेशानी यह थी कि जिस लड़की के साथ वह सो चुका था, उसी के साथ उसका लड़का शादी करने वाला था। तो आदमी को हम कितना जानते हैं?

निष्कर्ष यह कि जिस ज़िन्दगी को ठीक से जानते हैं, उसी पर हमें लिखना चाहिए। आपने कहा कि विश्वविद्यालय हमारी भाषा को नष्ट करते हैं, यांत्रिक बनाते हैं। हम यह जानना चाहते हैं कि एक प्रोफेसर होने के बावजूद आपकी भाषा में जो ताज़गी और जीवंतता है, उसके लिए आप क्या करते हैं?

भाषा लेखक से अलग की कोई चीज़ नहीं होती। लेखक बदलता है तो उसकी भाषा भी बदलती है। मैं यहाँ यह भी कहना चाहता हूँ कि वह विकृत भी हो सकती है और पहले की तुलना में सार्थक भी। इस सिलसिले में अपनी बात कहूँ। पहले जब मैं लोलार्ककुंड पर रहता था तो मैंने अपने लेखक और अध्यापक दोनों को अलग-अलग बाँट दिया था। मैं जैसे ही विश्वविद्यालय के भीतर प्रवेश करता था-अध्यापक होता था और जैसे ही गेट के बाहर होता था, अध्यापक नहीं रहता था। लोगों को कभी अटपटा लगता था। लेकिन कोई बात नहीं। साइकिल पर बैठे मूली, अमरूद, चना कुछ भी खाते हुए चले जाते थे। 'अस्सी' पर लुंगी-गंजी पहने दुबारा घूम रहे हैं। लुंगी पहने 'गोदोलिया' चले जाते, कहीं और भी घूम आते। इस बीच लड़के मिलते। मैं कतई एहसास न खुद करता था, न उन्हें होने देता था कि मैं उनका अध्यापक भी हूँ। इससे लाभ यह होता था कि ऐसे-ऐसे लोग मिलते, जिनसे किसी प्राध्यापक का सामान्य तौर पर मिलना नहीं होता। समस्या तब आई, जब 1980 में विश्वविद्यालय कैम्पस में आया। यानी यूँ कहिए कि 'कविता की नई तारीख' और 'मंगलगाथा' लिखने के बाद। बीच में आप लोगों ने जानना चाहा था कि मेरे लेखन में कब और कैसे मोड़ आए। आप देखेंगे कि 'नई तारीख' (1979) के प्रकाशन के बाद चार-पाँच साल मैंने कुछ भी नहीं लिखा। 'सदी का सबसे बड़ा आदमी' 1986 का प्रकाशन है। उसकी सारी कहानियाँ तीन-चार महीने के भीतर लिखी गईं। वह कैसे लिखी गईं, यही मैं बताना चाहता हूँ। विश्वविद्यालय के भीतर रह रहा था वार्डेन के रूप में। हमारे अलग-बगल दूसरे अध्यापकों के क्वार्टर थे। विद्यार्थी रात-दिन सामने के रास्ते से गुजरते रहते थे। मुझे लगता था मेरा दम घुट जाएगा, लिखना नहीं हो पाएगा। उस बीच लिखा तो नहीं, लेकिन कहानी के सम्बन्ध में दिमाग बराबर काम करता रहता था...वहीं मुझे एहसास हुआ कि पैंट-कोट पहनकर मैं कुछ भी नहीं लिख सकता। तब मैं करता यह था कि रात ग्यारह के लगभग जब लोगों का आना-जाना बन्द हो जाता था, गंजी और अंडरवीयर पहनकर बाहर की रोशनी जलाता था और वहीं बैठता था। वहाँ जैसे ही बैठता था, मेरी भाषा मेरे पास वापस चली आती थी। मुझे ऐसा लगने लगता था कि एक विद्वान, काशी हिन्दू

विश्वविद्यालय में पढ़ाने वाला सुपठित प्राध्यापक नहीं, बल्कि वही लोलार्ककुंड वाला आदमी हूँ। गर्मी का मौसम, मई–जून के महीने, पसीने से तर–बतर बाहर कुर्सी पर बैठकर रात में चार बजे भोर तक लिखता था। भाषा और हमारे बीच क्या सम्बन्ध है, यह कोई सोच सकता है। लेकिन वह नेकर–गंजी और मेरी भाषा एक साथ मेरे पास वापस आईं। ऐसा नहीं कि ऐसा करने से हमारा क्लास बदल जाता था। क्लास वही रहता था। लेकिन पता नहीं क्यों मुझे इन कपड़ों में एहसास होता था कि मैं जिनके बारे में लिख रहा हूँ, उन्हीं की तरह का आदमी हूँ, उन्हीं जैसा हूँ। कहीं अवचेतन में कुछ होता रहता होगा, जिसे प्रत्यक्ष में अनुभव नहीं करता था। लेकिन इसके साथ ही तीन–चार वर्षों में जो चीज़ मैं खो बैठा था, मेरे पास लौटनी शुरू हुई और तीन–चार महीनों में 'सदी का सबसे बड़ा आदमी' की सारी कहानियाँ तैयार हुईं। पता नहीं औरों के साथ क्या होता है। लेकिन मैं बहुत अभिजात वस्त्रों में नहीं लिख सकता। यह मेरे अध्यापक, मेरे पेशे से जुड़ा हुआ वस्त्र है।

पूर्व की अर्जित भाषा को वापस बुलाने का इस तरह एक तरीका खोज निकाला आपने। लेकिन पूर्व की अर्जित चीज़ कब तक काम देगी? अभी तो विश्वविद्यालय में कई वर्षों तक आपको रहना है। तो अपने को और अपनी भाषा को जीवंत बनाए रखने की आपकी क्या योजना है?

जब से मैंने नौकरी की तब से मेरे दिमाग में यह बात रही है कि यह मेरी जीविका का साधन है। मेरे लेखक का जो स्रोत है, वह विश्वविद्यालय नहीं है। इसके लिए हमारे जो भी स्रोत हैं, विश्वविद्यालय के बाहर के हैं। यानी उसमें ऐसे लोग भी हैं जो दलाली करते हैं। कुछ ऐसे भी हैं, जिनके पास कार थी, आज बिस्कुट बेचते हैं। शहर में कई तरह के लोग, कई तरह की वेराइटीज़ हैं, जिनसे हम मिलते हैं। हमारे साथ 'अस्सी' पर जाने वाले बहुत सारे लोग उन्हें नहीं जानते। उन्हें नहीं मालूम कि हमारा जो जूता बनाता है, वह कौन है। लेकिन वह पन्द्रह वर्षों से जानता है मुझे। इसी तरह और भी छोटे–मोटे लोग हैं, जिनसे और कुछ नहीं, प्रेम से मेरी बातें होती हैं। लेकिन होली या दीपावली में जिस तरह मैं उनसे मिलता हूँ, वे सोच भी नहीं सकते कि इस तरह का आदमी उनसे मिलेगा, गले लगाएगा, अबीर लगाएगा। क्योंकि वे जानते हैं कि यह आदमी बी.एच.यू. में पढ़ाता है। वे कुछ इस तरह के आदमी हैं जो शहर के बाहर के हैं। हमने पहले बताया मृत्युंजय दास गुप्ता के बारे में या रामलोचन सिंह के बारे में। हमारे सामने वे लोग भी हैं जो विचारधारा या कमिटमेंट की बात करते थे। वे उस दौरान नौकरी, विदेशी–यात्रा या सारे प्रलोभन छोड़कर राँची में गए थे। आदिवासियों के बीच काम कर रहे थे। छह–सात साल तक काम किया लोगों ने। लेकिन वे वहाँ से लौटकर फिर शहरों की ओर चले गए। यानी आज वे दिल्ली में हैं या उज्जैन में या इन्दौर में। अब जब कभी देखता हूँ

विचारधारा के बारे में, उसके हश्र के बारे में, तो भीतर एक दर्द पैदा होता है। वे अपना सब कुछ लुटाने पर आमादा थे। लेकिन ऐसा हुआ कि फिर उसी गर्त में गिरे, जहाँ से चले थे।

बात भाषा के सवाल पर थी। यह ठीक है कि रचनाकार की भाषा को विश्वविद्यालय विकृत करता है। लेकिन दूसरी ओर एक ऐसी भाषा भी मुहैया करता है, जिसकी हमें ज़रूरत है। अगर मध्यवर्ग पर लिखना हो तो जिनके बीच से भाषा-शक्ति अर्जित करने की बात आप कर रहे थे, उससे काम नहीं चलेगा। मेरा ख्याल है कि वहाँ एक ऐसी भाषा भी मिलती है जो मध्यवर्गीय जीवन के चित्रण में सहायक होती है। अगर मध्यवर्ग पर लिखना हो तो यही भाषा काम देगी यानी निर्मल की कहानियों का जो प्लॉट है, उसे प्रेमचन्द की भाषा में नहीं लिखा जा सकता है। क्या यह अजीब नहीं लगता कि अपने परिचित माहौल को छोड़कर विषयवस्तु के लिए और भाषा के लिए भी कोई रचनाकार बाहरी क्षेत्र का चुनाव करे?

विश्वविद्यालय में लगभग बीस वर्षों से हूँ। जहाँ मैं हूँ और जिनके बीच हूँ, वहीं रहकर इस बात का बोध होता है कि यह एक वर्ग है। वर्ग इस माने में कि एक अध्यापक का जीवन दूसरे अध्यापक से बिल्कुल भिन्न नहीं है। एक तरह का जीवन है उनका। एक तरह की लालसाएँ हैं, इच्छाएँ हैं और उनके संघर्ष भी एक तरह के हैं। जो जीवन बनारस के एक अध्यापक का है, वही पटना, इलाहाबाद, जबलपुर, उज्जैन, जमशेदपुर जैसे नगरों में रहने वाले अध्यापकों का है। उनमें कोई भिन्नता नहीं है। तो उनके बारे में क्या लिखना? ऐसा है कि जब मैं अपंग हो जाऊँ, तभी उनके बारे में लिख सकता हूँ...वह स्टॉक है जो हमारे यहाँ सुरक्षित है।

जब आप इस स्टॉक पर लिखेंगे तो जो भाषा अर्जित कर रहे हैं, वह काम न देगी। तब सम्भव है कि विश्वविद्यालय की यही भाषा काम आए।

फिलहाल तो ऐसा नहीं लगता। गाँव से आया हूँ। उससे मुक्त नहीं हो सकता। उसके संस्कारों में बँधा हूँ।

'कविता की नई तारीख' मध्यवर्ग की कहानी है। एक चरित्र है उसका, जिसका नाम शायद 'सोनू' है। वह चरित्र उच्च मध्यवर्ग का प्रतीक है। और वह जब कहानी के नायक 'मैं' से जिस भाषा में बात करता है, वह बड़ी आक्रामक भाषा है। शराब से भरे गिलास को हिलाते हुए उसने कहा कि आप 'हिलाते' रहिए। यानी दुनिया को हिलाइए...यह बेलौसपन जो काशीनाथ सिंह की पूर्व की विशेषता है, वहाँ से आया है। क्या आपको नहीं लगता कि यह 'हिलाते रहिए' का जो प्रयोग है...?

क्यों, वह कहाँ से आया है?

वह भी निम्न वर्ग से गया है। लेकिन कहानी के अनुसार उसका वर्ग बदल चुका है। क्या यह अन्तर्विरोध-भरी बात नहीं लगती कि उसका वर्ग तो बदल जाए और

भाषा की ताकत जनभाषा की हो–गाँव की हो?

वर्ग बदल जाने से भाषा पूरी-की-पूरी तत्काल बदल जाए, ऐसा नहीं होता। वक्त लगता है। लिहाज़ा वह दोनों तरह की भाषा का इस्तेमाल करता है। अपने वर्ग की और वह भाषा तो पहले से उसकी भाषा है।

भाषा के सवाल को छोड़िए। मैं एक दूसरी बात जानना चाहता हूँ। व्यक्तिगत जीवन की नैतिकता और लेखकीय जीवन की नैतिकता जब एक-दूसरे के विरोध में खड़ी हों, ऐसी स्थिति में आप किसका साथ देंगे?

लिखते समय मैं अपनी सोच के साथ हूँ। और 'हूँ' इसके लिए पूरी ईमानदारी बरतता हूँ। वहाँ मैं बेईमानी नहीं कर सकता। अगर आप अपने लेखन में ईमानदार हैं, तो व्यक्तिगत जीवन में जैसे ही बेईमानी को विवश होंगे, खिसक जाएँगे वहाँ से। रचना सीधे टोक देती है आपको–'आप क्या कर रहे हैं और हैं क्या?' आदमी के निर्माण में रचना की बहुत बड़ी देन है। आप बचकर नहीं जा सकते। वह आपको पकड़ लेती है–'बेईमान, धूर्त, मक्कार। इस तरह की बात क्यों लिख रहे हो?' ऐसे लोग बड़े भाग्यशाली हैं जो अपने जीवन और रचना के बीच फर्क कर लेते हैं। हमारे साथ ऐसा होता ही नहीं है। मैं वह लिख नहीं सकता जो मैं नहीं कर सकता। बड़ी अच्छी बात उठाई आपने। अच्छा सवाल है। कई बार यह बात मेरे दिमाग में आती है कि खुद आपकी रचना आपको बनाने की क्रिया में जुड़ जाती है। दोनों साथ-साथ साइमलटेनियसली एक-दूसरे का निर्माण करते हैं। ...यानी जिस दिन मैं बेईमान हो जाऊँ, मैं वह लिख नहीं सकता, जो मैं लिखता हूँ। यह भी हो सकता है कि मेरा लिखना बन्द हो जाए।

आप सक्रिय रूप से प्रगतिशील लेखक संघ से जुड़े हैं। इतने वर्षों के रचनाकार जीवन में लेखक संगठन की कोई भूमिका अनिवार्य लगी आपको? जहाँ तक मेरी जानकारी है, आप 'प्रलेस' में पहले नहीं थे।

राष्ट्रीय प्रगतिशील लेखक संघ का दूसरा सम्मेलन जबलपुर में 1980 में हुआ था। ज्ञानरंजन ने बहुत आग्रह करके बुलाया था और मैं गया था। उसके पहले किसी लेखक संगठन से मेरा लगाव नहीं था। यह सही है। वहाँ भी मैं 'प्रलेस' के कारण नहीं गया था। गया था सिर्फ दोस्ती के कारण–दोस्ती ज्ञानरंजन की। 'आदमीनामा' की मेरी कहानियाँ कुछ और कहती थीं और मैं गया था प्रगतिशील लेखक संघ के जलसे में।...एक बात ध्यान में रखेंगे कि उस समय तक लेखक संगठन के रूप में सिर्फ 'प्रलेस' ही था। 'जनवादी लेखक संघ' उसके बाद बना और उसके भी बाद बना–'जन संस्कृति मंच'...ऐसा है कि 'प्रलेस' छोड़ने की बात मेरे दिमाग में तब आई होती, जब उससे हमारी पसन्द भिन्न होती या हमें लगता कि इसमें नहीं रहना चाहिए। इसलिए हम वहाँ हैं। और दूसरी बात जो मैं इस सिलसिले में कहना चाहता

हूँ वह यह कि कोई भी लेखक संगठन हमें एक धर्मशाला की तरह लगता जिसमें हम गए दो–चार दिन ठहरे और फिर अपने घर लौट आए। जब आयोजन होता है, तभी उस लेखक संगठन में होने–न–होने जैसी बात मेरे दिमाग में आती है। उसके सिवा कभी एहसास नहीं होता कि मैं अमुक लेखक संगठन में हूँ, उसकी ये नीतियाँ हैं और उसी को ध्यान में रखकर मुझे लिखते रहना चाहिए। उसने न तो मुझे कभी लिखने के लिए उत्साहित किया और न मैंने कभी उस संगठन विशेष को ध्यान में रखकर लिखा।

आपके रचनात्मक जीवन में लेखक संगठन का कोई महत्त्व नहीं है?

कोई महत्त्व नहीं है।

फिर आप हैं क्यों? मित्रतावश?

मित्रतावश नहीं। मैं वहाँ इसलिए हूँ कि लेखकों की हम उमर या हमारे बाद के ऐसे युवा लेखकों की बड़ी लम्बी–चौड़ी जमात है जिनसे मिलने पर कहीं–न–कहीं स्फूर्ति मिलती है। लेखन की नीतियों में कभी फर्क आए, ऐसा उसने न तो कभी दखल दिया है, न हमसे कहा और न हमने इस बारे में कभी सोचा। इस सिलसिले में मैं एक बात और कहना चाहता हूँ। मैं 'जलेस' या 'जसम' को अपनी ही बिरादरी का एक लेखक संगठन मानता हूँ। वे हमारे बारे में क्या सोचते हैं, यह मैं नहीं जानता। जानना भी नहीं चाहता। लेकिन हमारे लिए वे एक बिरादराना संगठन हैं। किन्तु एक बात है। 'प्रलेस' में ज़्यादातर लोग साहित्य और साहित्यिक मसलों पर गम्भीरता से बातें करते हैं। वहाँ यह नहीं है कि सवाल तो सांस्कृतिक हों और उत्तर के रूप में सामाजिक, आर्थिक, राजनीतिक और मनोवैज्ञानिक व्याख्या प्रस्तुत करने लगें। वैसे हमारे संगठन में भी कुछ कार्यकर्त्ता हैं जो ऐसी बातें करते हैं।

अन्तिम प्रश्न। लिखने के सिलसिले में फिलहाल आपकी चिन्ता क्या है? उपन्यास लिखने की योजना थी, उस योजना का क्या हुआ?

इस सिलसिले में मैं एक–दो बातें कहना चाहता हूँ। 'नई कहानी' के दौरान अछूते प्रसंगों की तलाश करने की प्रवृत्ति शुरू हुई थी। लिखा लोगों ने। लेकिन ज़्यादातर उसमें एक सतहीपन दिखाई देता है। हम इस वक्त जो देख रहे हैं खासतौर से उपन्यास के क्षेत्र में, तो कभी–कभी मुझे लगता है कि उपन्यास भी वही काम कर रहे हैं जो आज के टी.वी. सीरियल कर रहे हैं। जैसे आदिवासियों के बारे में या मुसलमानों की ज़िन्दगी के बारे में एक सीरियल तैयार कर दिया। आज फिर जीवन के अछूते प्रसंगों की खोज लोग करने लगे हैं। जाने क्यों मुझे लगता है कि यह खोज और लेखन तात्कालिक स्वीकृति की भूख के चलते हो रहा है।...अछूते कथानक के बजाय जानी–पहचानी ज़िन्दगी की वे संवेदनाएँ जो बहुत ज़्यादा बदल चुकी हैं उनको पकड़ना जाने मुझे क्यों लगने लगा है कि, बहुत ज़रूरी है। हमारा परिवार

आज एक दूसरा शेप ले रहा है, हमारे रिश्ते काफी कुछ बदल चुके हैं। जो खून का रिश्ता, भाई-भाई का रिश्ता बड़ा महत्त्वपूर्ण हुआ करता था, उसकी जगह हमारे किसी दोस्त ने ले ली है। वह हमारे ज़्यादा करीब है। वह हमें अच्छी तरह जानता है। इसी रोज़मर्रे की ज़िन्दगी के बीच से हम कुछ चुनना चाहते हैं। मेरी योजना है तो ऐसी ही है। मैं उपन्यास ज़रूर लिखना चाहता हूँ लेकिन मैंने क्या सोचा है, मेरे साथ मुश्किल है कि अगर मैं बता दूँ तो फिर लिख नहीं सकूँगा। जो लिखना होता है, उसे मैं बड़ा सहेजकर-छिपाकर रखता हूँ। फिलहाल इतना ही कह सकता हूँ।

प्रगतिशील लेखक संघ को छोड़कर अन्य संगठन हमारी दृष्टि में संकीर्णतावादी हैं...

[वीरेन्द्र मोहन से बातचीत]

काशीनाथजी! आप अपनी पहली प्रकाशित रचना के विषय में बताइए? आपकी पहली कहानी कब कहाँ छपी, उस कहानी के विषय में भी कुछ– ?

देखिए, मेरी पहली रचना कहानी नहीं आलेख है, 'हिन्दी कहानी के साठ वर्ष' यह आलेख साधू बेला आश्रम वाराणसी से निकलने वाली बासन्ती पत्रिका में सन् 1980 में प्रकाशित हुआ था। पत्रिका के सम्पादक गीतकार महेन्द्र शंकर और अधीर थे। इस आलेख में मैंने कहानी की दो समानान्तर धाराओं की चर्चा की थी। प्रसाद, अज्ञेय और निर्मल वर्मा यह एक परम्परा है और दूसरी परम्परा प्रेमचन्द की है। जिस बात को लोग आज स्वीकार कर रहे हैं वह मैंने सन् 1960 में ही कही थी।

मेरी जो पहली प्रकाशित कहानी है, वह मेरे किसी संग्रह में नहीं आ पाई है। यह कहानी सन् 1962 में हैदराबाद से निकलने वाली 'कल्पना' पत्रिका में छपी थी– 'जोतसी ने कहा था।' यह कहानी सामन्तवाद के पतन से सम्बन्धित है। ज्योतिषी बाबू राजासिंह के पुत्र बाबू बच्चन सिंह को महान पुरुष होने की भविष्यवाणी करता है। लेकिन बाबू बच्चन सिंह घर का सब कुछ अपनी विलासिता में स्वाहा कर डालते हैं और अन्त में एक परचून की दुकान खोल कर बैठ जाते हैं। इस तरह ज्योतिषी की भविष्यवाणी मिथ्या हो जाती है और सामन्तवाद टूट जाता है। यह कहानी मैंने रेणु के उपन्यास 'मैला आँचल' से प्रभावित होकर लिखी थी। इस कहानी की भाषा भी अनुकरणात्मक है।

भले ही आपकी पहली कहानी 1962 में छपी हो, लिख तो आप सन् 1960 से ही रहे हैं। आपके संग्रह भी प्रकाशित हुए लेकिन एक कहानीकार के रूप में आपकी चर्चा इतने विलम्ब से क्यों शुरू हुई?

साहित्यिक क्षितिज पर सन् 60 का प्रभाव जब मद्धिम पड़ने लगा तभी मेरा नाम

आना शुरू हुआ। इसके बाद उसी दौरान 'माया' में जो आलेख डॉ. नामवर सिंह ने लिखा 'एक और शुरुआत' उसमें मेरा नाम दिया। उन दिनों कहीं भी मेरा नाम न आने के कारणों में डॉ. नामवर सिंह थे। सारा हिन्दी संसार उनसे नाराज और मैं नामवर सिंह का भाई। सन् 1967 में आरा में कमलेश्वर से मेरी मुलाकात हुई। कमलेश्वर ने विजय मोहन सिंह से कहा, 'इस जासूस को यहाँ क्यों बुलाया।' विजय मोहन सिंह ने कहा, 'आप उसे नामवरसिंह के भाई के रूप में मत देखो।' उसी के बाद कमलेश्वर ने खुद कहकर क्षमा माँगी 'काशीनाथ जी मेरे दिमाग में यह गलतफहमी रही कि नामवर सिंह के भाई के अलावा तुम्हारा और कोई अस्तित्व नहीं। आरा की हमारी सबसे बड़ी उपलब्धि काशीनाथ सिंह हैं। नामवर सिंह ने माया वाले लेख में मेरी चर्चा की तो लोगों की धारणा बन गई कि अपने भाई को उघाट रहे हैं। ढेर सारे लोग जो नामवर सिंह से दूर थे नामवर सिंह को नहीं जानते, प्रचार के आधार पर राय कायम कर लेते हैं। जब कि नामवर सिंह लोगों से विषयनिष्ठ सम्बन्ध रखते हैं। वे अपने को साहित्यिक चर्चाओं तक सीमित रखते हैं। बाकी जो उन्होंने अपने इर्द-गिर्द धरा बना रखा है, उसमें वे किसी को प्रवेश नहीं करने देते। इसलिए लोग नामवर सिंह को ठीक से समझ नहीं पाते। मैंने 'कहानी की वर्णमाला और मैं' में पूरी वास्तविकता को उजागर कर दिया है। सन् 70 तक मेरी पहचान इसलिए भी नहीं बन पाई क्योंकि उस समय तक मैं कहानी के किसी प्रचलित ख़ाँचे में फिट नहीं बैठता था।

प्राय: आपकी रचनाएँ बहुत देर से आ पाती हैं। तो क्या आपको बीच-बीच में लिखने के दौरे आते हैं?

अपने लिखने में सन् 70 के आसपास मैंने गैप दिया, उस गैप की उपलब्धि है–आदमीनामा। इसी तरह 80-81 के आस-पास फिर एक बार मैं ठिठक गया अपने समकालीनों की रचनाओं को देखता रहा। साथ ही आत्मालोचन भी करता रहा। हम समझते हैं कि अब जो कुछ मैं लिखूँगा, वह निश्चित रूप से एक नया डिपार्चर होगा। एक जगह खड़े होकर मकि टाइम करते जाना, कहीं न ले जाने वाला लेखन बेकार है।

इसका क्या कारण है, क्या आपने परम्परा को स्वीकार नहीं किया। इसके पीछे क्या आपकी हठधर्मिता थी या आपने अपनी कहानियों में वह बात कही जो उस समय की कहानी धारा में नहीं थी, और उसे आप अपनी उपलब्धि मान कर छोड़ना नहीं चाहते। आखिर कोई कारण तो होगा ही। फिर आपकी प्रारम्भिक कहानियों में भी तो नई कहानी के मध्यवर्गीय पात्रों का जोर है। आप अपने को अलग काट कर क्यों रखना चाहते हैं?

सन् 1960 के बाद के लेखकों में सम्भवत: मैं पहला आदमी हूँ जिसने

कहानियों को राजनीति से सम्बद्ध किया। मैं 1968 के आस-पास एम.एल. का कार्यकर्ता था। उसी का परिणाम है कि कहानियों में राजनैतिक गंध या कहानियों का राजनैतिक चक्र सबसे पहले हमारी कहानियों से मिलना शुरू होता है। बाद में अन्य लोगों ने भी यह काम किया। परिमल ग्रुप से जुड़े लेखकों में मध्यवर्गीय व्यक्तिवाद था। हमारी दृष्टि भले ही व्यक्तिवादी रही हो कभी, लेकिन कहानियों के पात्र विभिन्न क्षेत्रों के हैं। 'संकट' का शंकर, 'कस्बा, जंगल और साहब की पत्नी' की मिसेज गोठी, 'चायघर में मृत्यु' की बुआ और ग्रामीण जिन्दगी के तमाम नामधारी पात्र। प्रमुख कारण था कि शहर में अध्यापक होने के बाद भी मैं गाँव से जुड़ा रहा। सन् 60 की ऊब घुटन मृत्यु से कहानी को निकालकर राजनीतिक सन्दर्भों में रखने वाला मैं ही पहला आदमी था। 60 में पीढ़ी के कहानीकारों में असन्तोष तो खूब बढ़ता है। लेकिन हमारे पात्र मात्र असन्तोष के कारण अन्दर-ही-अन्दर घुटते नहीं हैं, विरोध भी करते हैं। हमने व्यक्तिवाद को छोड़ कर सामाजिकता से जुड़ी कहानियाँ लिखी हैं। सन् 60 के बाद की कहानियों में तमाम लोगों के पास केवल एक पात्र 'वह' था उत्तम, अन्य पुरुष का भेद मिट गया था। हमारी कहानियों में जो पात्र हैं उनके नाम हैं, उनकी पहचान है। मैंने चीजों को उनके सही नाम से पुकारने की जरूरत पर जोर दिया। यह मैं पहले से करता चला आया हूँ। कृपया मुझे नई कहानी से नहीं जोड़िए।

रचना में विचारधारा को आप कितना महत्त्वपूर्ण और जरूरी मानते हैं?

मैं विचारधाराहीन रचना की कल्पना भी नहीं कर सकता। हर लेखक का अपना एक दृष्टिकोण होता है। उसकी अपनी एक विचारधारा होती है राजनीति होती है। लेकिन आरोपित विचारधारा को मैं रचना के लिए घातक मानता हूँ। क्योंकि केवल सिद्धान्तों के खाने में रचना को कीट कर देना ठीक नहीं है। बल्कि रचना में विचारधारा रचनात्मकता का अंग बनकर आना चाहिए। यह तभी सम्भव है जब रचनाकार ने विचारधारा को अपने जीवन दर्शन में रचा-पचा लिया हो। इसके लिए रचनाकार के अन्दर संवेदना का होना पहली शर्त है। संवेदनाहीन रचना सिद्धान्तों का शुष्क-नीरस पुलिन्दा बन कर रह जाएगी और रचनाकार सैद्धान्तिक टीकाकार मान रह जाएगा। इसलिए जो सहज हो और रचनात्मकता के लिए घातक न हो सहायक हो।

वर्तमान में बहुत से लेखक संगठन हैं। जनवादी लेखक संघ ने तो हल्ला मचा रखा है कि सच्चे जनवादी तो हम हैं, बाकी सब संशोधनवादी या प्रतिक्रियावादी हैं। जनवादी लेखक संघ के विषय में आपके क्या विचार हैं?

जो भी लेखक संगठन हैं वे राजनीतिक पार्टियों की विचारधारा से सम्बद्ध संगठन हैं। जैसे प्रगतिशील लेखक संघ सी.पी.आई. से, जनवादी लेखक संघ

सी.पी.आई.एम. से, राष्ट्रीय सांस्कृतिक मोर्चा सी.पी.आई.एम.एल. से सम्बद्ध संगठन है। हम यह नहीं कहते कि ये लेखक संगठन जनहित के विरोधी हैं। सब जनता के हित में लिखने वाले संगठन हैं। फर्क यह है कि प्रगतिशील लेखक संघ को छोड़ कर अन्य संगठन हमारी दृष्टि में संकीर्णतावादी हैं। उनकी साहित्य की अवधारणाएँ या तो पक्षपातपूर्ण हैं या साहित्य को मात्र राजनीतिक विचारधाराओं में ही समेटकर देखने के पक्षधर हैं। यही वजह है कि प्रगतिशील लेखक संघ को छोड़ कर अन्य लेखक संगठनों में विचारक भले हो, रचनाकार नहीं हैं। आज प्रगतिशील लेखक संघ में लेखक हैं तो इसलिए कि साहित्य के विषय में इस संगठन की दृष्टि व्यापक उदार और मानवतावादी है। जैसी दूसरे वामपंथी लेखक संगठन अपने लेखकों से उम्मीद रखते हैं। जनवादी लेखक संघ चूँकि अपनी इस संकीर्णता से परिचित हैं, इसलिए उदारता के नाम पर वह ऐसे तमाम लेखकों को आत्मसात करने की चेष्टा कर रहे हैं जो मार्क्सवाद विरोधी हैं। यह उदारतावाद उसको कहाँ ले जाएगा, इसका गुमान उसे अभी नहीं है। लेखक होने के नाते हमारी पूरी आस्था प्रगतिशील लेखक संघ में है।

समकालीन साहित्य में अतिरिक्त क्रान्तिकारिता के नाम पर भाषा को विकृत किया जा रहा है। क्या आप यह मानते हैं कि इस प्रकार की वल्गर भाषा का प्रयोग किए बिना रचनाकार अपनी बात नहीं कह सकता। रचना में भाषा की समस्या के विषय में कुछ बताइए? फिर आपकी कहानियों की भाषा ऐसी क्यों नहीं है?

ये समस्या अकविता के समय की है जो अब खत्म हो रही है। कहानियों में भी गाली तथा यौन शब्दों का प्रयोग बड़े पैमाने पर किया गया है। उसके जवाब में कहा गया कि सामाजिक नैतिकता पर प्रहार के लिए ये गाली, यौन शब्द हथियार है। आज अगर इनका इस्तेमाल हो रहा है तो उतने अधिक ध्यानाकर्षक नहीं होने चाहिए कि वही चमकते रहे बाकी कविता या कहानी निरर्थक हो जाए। यदि पढ़ने वाला समझ ले कि उन शब्दों का प्रयोग जबरन हुआ है, चौंकाने के लिए हुआ है तो यहाँ लेखक निश्चित रूप से असफल है। अगर सहजता के साथ शब्द आते हैं गालियाँ सहज बन गई हैं, वरना वह खुद बोलने में शरमाये हो उसे उनके प्रयोग का कोई हक नहीं। गालियाँ पात्रों के मुँह से निकले तो ठीक, आलोचना में प्रयुक्त हो तो गलत। कहानी के पात्र बोलते हैं। गालियों के प्रयोग का एक मनोवैज्ञानिक पहलू भी है। वह पहलू यह कि जहाँ हम अपनी बात को सुसंगत और तार्किक ढंग से प्रस्तुत कर सकते हैं वहाँ गालियाँ देना यह अपनी हार है। भाषा जब जवाब दे जाए तब सिर्फ गालियाँ सूझती हैं। गालियों का प्रयोग ही नहीं होना चाहिए। बल्कि गालियाँ समूची रचना में अलग से नजर नहीं आनी चाहिए। भाषा एक ऐसा नाजुक मामला है जिसके विषय में मैं आरम्भ से ही सावधान रहा हूँ। जैसे जनवादी कहानी

लिखने के नाम पर अनावश्यक रूप से भाषा को भ्रष्ट करने का प्रयास हो रहा है। आज जो भी जनवादी या प्रगतिशील रचनाकार रचनाएँ लिख रहे हैं। वस्तुतः मैं उसे जनवादी साहित्य मानने के बजाय उसका कच्चा माल मानता हूँ। असल साहित्य वह होगा जो आगे लिखा जाएगा। भविष्य में लिखे जाने वाले उस साहित्य के लिए ये कहानियाँ पृष्ठ भूमि या कच्चामाल का काम करेगी–भाषा और कथ्य दोनों स्तरों पर। क्योंकि झूठी क्रान्ति की जो कहानियाँ लिखी जा रही हैं वे क्रान्ति की कहानियाँ है ही नहीं।

रचनाकार और पाठक के मध्य आप समीक्षक की किस भूमिका को स्वीकार करेंगे? यदि समीक्षक आप की कहानियों में कमियाँ बतलाएँ तो क्या आप उन्हें स्वीकार करेंगे?

समीक्षक के काम को मैं आसान नहीं मानता। लेकिन निर्णय देना या रास्ता बताना यानी रचनाकार के ऊपर शासन करना समीक्षक का कार्य नहीं है, व्यावहारिक समीक्षा में तो बिल्कुल ही नहीं। रचनाकार और समीक्षक का द्वन्द्वात्मक रिश्ता होता है। इसलिए समीक्षक के अन्दर इतिहास दृष्टि का होना बहुत जरूरी है। बिना इतिहास दृष्टि के समीक्षक रचना के साथ न्याय नहीं कर सकता। अब निर्णयों से काम नहीं चलेगा, बस जरूरी है कि रचना की ऐतिहासिक पड़ताल की जाए और समीक्षक रचना के विश्लेषण को प्रस्तुत करे, इससे रचनाकार को भी बल मिलेगा। कमियाँ बताना एक कठमुल्लापन है और मैं इसे स्वीकार नहीं करूँगा। रचना का सर्वोत्तम पारखी तो स्वयं सजग पाठक ही होता है, जो गलत रचनाओं को रिजेक्ट कर देता है। इसके लिए उसे समीक्षक की दरकार नहीं होती। समीक्षक का कार्य है रचनाकार और पाठक के मध्य रिश्ता स्थापित करना।

कुछ लोग कहते हैं कि कहानी की विधा मर गई है। आज कविता ही साहित्य की केन्द्रीय विधा है। इस कथन से आप कितना सहमत हैं?

देखिए ऐसी बातें मूर्खतापूर्ण और चालाकी भरी हैं। वस्तुतः न तो कभी कविता मरी है, न कहानी। जब तक मनुष्य है तब तक यह स्थिति आएगी ही नहीं। यह बात जरूर है कि कविता जहाँ स्थितियों का तुरन्त रिएक्शन होती है वहाँ कहानी की रचना प्रक्रिया उतनी आसान नहीं होती। कविता बताती है कि ऐसा घटित हुआ, तो कहानी बताती है कि ऐसा क्यों घटित हुआ, उसके आगे–पीछे कौन से कारण, कौन सी स्थितियाँ थीं। इस प्रकार कहानी केवल तात्कालिक प्रतिक्रिया नहीं होती, बस इतिहास की खोज भी होती है। इसलिए कहानी आने में देर लगती है। लेकिन हम यह नहीं मानते कि कहानी मर गई है। मर कर भी क्या कोई जीवित हो सकता है? ऐसी बातों का हमें विरोध करना चाहिए और लोगों को वास्तविकता से परिचित कराना चाहिए।

अच्छा, काशीनाथजी आप अपनी अब तक की प्रकाशित कहानियों में किसे सर्वोत्तम मानते हैं?

मैं 'कविता की नई तारीख' को अब तक की सर्वोत्तम रचना मानता हूँ। मेरी सर्वोत्तम रचना अभी लिखी नहीं गई है। बेहतर रचना भविष्य में लिखी जाएगी।

आप धूमिल के बहुत नजदीक रहे हैं। उनके विषय में कुछ बताइए?

मेरी माँ कहा करती थी कि हमारे चार लड़के हैं। धूमिल को वे अपना सगा बेटा मानती थी। धूमिल के व्यक्तित्व में एक अदम्य विश्वास था। कोई रचना ऐसी नहीं जो उसने हमें न सुनाई हो। अपनी कविता के खिलाफ सुनना उसके बर्दाश्त के बाहर था। उसका अपनी समकालीन कविता से काफी मतभेद था। मैं मानता हूँ कि मुक्तिबोध के बाद धूमिल ने हिन्दी कविता को एक मोड़ दिया। मुक्तिबोध के बाद जिस काम को दूसरे कवि नहीं कर पाए उसे धूमिल ने कर दिखाया।

भविष्य में आपका इरादा...?

हमारी योजना उपन्यास लिखने की है। दिक्कत यह है कि जब तक रचना तैयार न हो जाए, मैं उसमें किसी का भी प्रवेश नहीं चाहता।

(प्रसंग-7, अप्रैल 1984 में प्रकाशित)

साहित्य दूसरों का संस्कार करने से पहले लेखक का संस्कार करता है

[रूबी से बातचीत]

आपकी पहली प्रकाशित कहानी कौन–सी है? प्रारम्भिक प्रभावों के बारे में कुछ बताइए?

पहली प्रकाशित कहानी है 'जोतसी ने कहा था'। यह कहानी मैंने सबसे पहले लिखी और छपी 'कल्पना' पत्रिका में। 'कल्पना' एक अर्से से निकलने वाली सबसे चर्चित पत्रिका थी और कल्पना में छपना सम्मान की बात माना जाता था। दूसरी व तीसरी प्रकाशित कहानी श्रीकान्त वर्मा सम्पादित 'कृति' पत्रिका में छपी। उस दौर में 'कृति' युवा प्रतिभाओं की पत्रिका मानी जाती थी। उन दिनों 'मैला आँचल', 'तीसरी कसम', 'परती परीकथा', 'जुलूस' जैसे आंचलिक कहानी और उपन्यासों की धूम मची हुई थी। 'कृति' में प्रकाशित दोनों कहानियाँ जिनके शीर्षक थे 'समस्या' व 'संकट' आंचलिकता से बहुत दूर थीं। उन पर कहीं–न–कहीं चेखव की कहानियों का असर ढूँढ़ा जा सकता है। लेकिन 'जोतसी ने कहा था' में आंचलिकता का पूरा प्रभाव है।

उस दौर में इलाहाबाद से 'कहानी' पत्रिका निकलती थी जो नई कहानी को लेकर आन्दोलन खड़ा कर रही थी। आपने अपनी रचना वहाँ नहीं भेजी? जबकि उस दौर के सभी लेखक 'कहानी' में अपनी रचना भेजते थे?

क्योंकि उस पत्रिका में हमारे भाई नामवर सिंह लिखा करते थे। भैरव प्रसाद गुप्त उसके सम्पादक थे। मेरे भाई के अग्रज व मित्रों में से थे। मुझे लगा कि वहाँ छपने का मतलब होगा नामवर के भाई के नाते छपना। यानी कहीं–न–कहीं प्रत्यक्ष या अप्रत्यक्ष रूप से छपने के मूल में मेरा नामवर का भाई होना ही होता। मैं हिन्दी के लेखकों और पाठकों पर यह इम्प्रेशन नहीं डालना चाहता था। मेरी कोशिश थी कि मैं जो कुछ बनूँ और जैसा बनूँ, अपने पैरों पर बनूँ। इसलिए मैंने कभी 'कहानी' पत्रिका में कोई कहानी नहीं भेजी और न ही उसमें छपा।

वैसे सबसे पहले 1960 में मेरा लेख 'बासन्ती' में छपा था। 'बासन्ती' बनारस से निकलती थी। उस समय मैं शोध कर रहा था। लेख का शीर्षक था 'हिन्दी कहानी के साठ वर्ष।'

कहानियों में आप व्यक्तिगत अनुभूति को महत्त्वपूर्ण मानते हैं या सामाजिक सरोकारों को? राजनीति से लेखक की संबद्धता लेखक के लिए कितनी जरूरी अथवा गैर जरूरी है?

व्यक्तिगत अनुभूतियाँ सामाजिक सरोकारों का अंग होती हैं। इसलिए उन्हें नितान्त व्यक्तिगत नहीं कहा जा सकता। हालाँकि जब मैंने लिखना शुरू किया तो उस समय लेखकों के दो खेमे 'दो ध्रुवों' पर थे। एक जैनेन्द्र, अज्ञेय और निर्मल वर्मा की तरह के लेखक थे जो व्यक्तिगत अनुभूतियों के लेखक माने जाते थे और दूसरे सामाजिक यथार्थवाद के हामी मार्क्सवादी विचारों से प्रेरित थे। जिन्हें सामाजिक सरोकारों का लेखक समझा जाता था।

मैंने जब लिखना शुरू किया तो साहित्य का माहौल कुछ अजीब किस्म का था। अजीब इस अर्थ में कि उन दिनों साहित्यिक होने वाले लेखक ज्यां पाल सार्त्र जैसे अस्तित्ववादी लेखक थे और दूसरी ओर देश में राजनीति से खास तरह की ऊब लोगों में व्याप्त थी। इन सबका मिला-जुला असर मेरी ही नहीं, बल्कि उस पूरे दौर की रचनाओं में देखा जा सकता है। लेकिन इस सन्दर्भ में एक बात ध्यान देने की है कि सन् 1959 में मेरे भाई (नामवर सिंह) ने संसदीय चुनाव में हिस्सा लिया था और वह भी कम्युनिस्ट पार्टी से जिसमें मैंने वालेंटियर और प्रचारक के रूप में कार्य किया था। उस वजह से आरम्भिक दिनों में भी मैंने बराबर लिखने के दौरान सामाजिक जुड़ाव महसूस किया था। राजनीतिक संबद्धता लेखक के लिए उसी तरह हद तक जरूरी है जिस हद तक वह आपके लेखन और आपकी रचनात्मक क्षमता में मदद देती है। इसे आगे बढ़ने पर आप राजनीतिक एक्टिविस्ट हो सकते हैं, लेखक नहीं। इतना जरूर है कि राजनीति लेखक को समाज से जोड़ने में अहम भूमिका अदा करती है। इसलिए लेखकों में राजनीतिक समझ आवश्यक है। राजनीतिक होना और राजनीतिक समझ का होना दोनों दो बातें हैं। जैसे 1970 के आसपास जब हम कहते थे कि साहित्य, सामाजिक परिवर्तन का हथियार है तो हम साहित्य के माध्यम से वस्तुतः राजनीतिक लड़ाई की बात करते थे। लेकिन धीरे-धीरे मुझे लगा कि राजनीतिक लड़ाई के लिए बन्दूक जरूरी है, कलम नहीं। लेखक की हैसियत से हमारा काम है अपने पाठकों के भीतर सामाजिक और सांस्कृतिक चेतना पैदा करना जो राजनैतिक परिवर्तन के लिए पृष्ठभूमि का काम करती है। इसी अर्थ में हम सांस्कृतिक आन्दोलनों को राजनीतिक परिवर्तन के अगुवा कार्यक्रम में रूप में देखते हैं।

साठ के बाद प्रायः लेखक संस्मरण लिखकर गत्यवरोध को तोड़ने की कोशिश

करते हैं। क्या आप मानते हैं कि साठ के बाद लेखक के लिए संस्मरण के अलावा कुछ लिखने योग्य नहीं है? और आपने तो साठ साल के पहले ही संस्मरण लिखना शुरू कर दिया?

इस सन्दर्भ में कुछ दिलचस्प बातें हैं। पिछले चार-पाँच वर्षों से जहाँ-जहाँ मैं गया, लेखक हो या पाठक, मुझसे यही पूछते हैं...आजकल क्या लिख रहे हैं आप? यानी संस्मरण तो ठीक है पर और क्या कर रहे हैं आप। इसका अर्थ मैं यह समझता हूँ कि संस्मरण को लोग रचनात्मक साहित्य का दर्जा नहीं देना चाहते। मेरे संस्मरणों के साथ सबसे बड़ा धोखा यही हुआ है। जबकि वे मात्र संस्मरण नहीं हैं। यानी उन्हें लिखने के दौरान मुझे कभी यह एहसास नहीं हुआ कि मैं कोई ऐसा काम कर रहा हूँ जो रचनात्मक नहीं है। मैंने यह भी पाया कि इन संस्मरणों ने कहानियों की तुलना में पाठकों में ज्यादा दिलचस्पी पैदा की। इसकी भाषा कहानियों की तुलना में कहीं ज्यादा जीवंत और ताजगी भरी है। मैं नहीं समझता कि जिस किसी ने भी मेरे संस्मरण पढ़े हैं, जिस व्यक्ति के बारे में मैंने लिखा उसे जानने के लिए पढ़ा है। यह अलग बात है जिस व्यक्ति को मैंने चुना है और उसके बारे में मैंने लिखा है, उसकी एक ऐसी छवि लोगों में बनी हुई है। लेकिन मात्र उस व्यक्ति के लिए यह संस्मरण पढ़े गए हों, ऐसा नहीं है। इसीलिए मैंने कहा कि यह संस्मरण खालिस उस अर्थ में संस्मरण नहीं हैं जिस अर्थ में संस्मरण लिखे जाते हैं। मुझे नामवर जी की ही एक बात याद आती है। शायद किसी साक्षात्कार में उन्होंने कहा था कि 'याद हो कि न याद हो' यानी मेरे संस्मरणों की यह पुस्तक आलोचना के लिए चुनौती है। क्योंकि ये न तो कहानी के अर्थ में कहानी हैं और न संस्मरण के अर्थ में संस्मरण। यह इनसे अलग और भिन्न किस्म की चीज हैं, जिसकी पड़ताल की जानी चाहिए। मैंने संस्मरण लेखन को एक रचनात्मक साहित्यिक अर्थ दिया है।

कम लिखना या न लिखना कहीं रचना और आलोचना के बीच की दूरी तो नहीं है? आप अपनी राय दीजिए?

कम लिखना एक बात है और न लिखना दूसरी बात। जैसे, जब एक ईमानदार लेखक नहीं छप रहा होता है, तब भी वह लिख रहा होता है। यह लिखना कभी कागज पर चलता है, कभी दिमाग पर। लेकिन लिखना बराबर चलता है। रही बात लिखने की, तो कुछ लेखक ऐसे होते जरूर हैं, जो लिखते हैं, खारिज करते हैं। क्योंकि उन्हें लगता है कि वे या तो 'रिपीट' कर रहे हैं जैसा लिखना चाहते हैं, वैसा नहीं लिख पा रहे हैं। अपने ही लिखने की पद्धति में विषय या रूप में बदलाव लाने के लिए संघर्षरत रहते हैं। क्योंकि वे वही नहीं लिखना चाहते हैं जो लिख चुके होते हैं। इस तरह एक लम्बे संघर्ष के बाद जब वह प्रकाश में आते हैं तो उसका एक अलग किस्म का सन्तोष होता है। मैं अपनी बात करूँ...पिछले पाँच-छह साल से

मैंने कहानियाँ नहीं लिखीं। मुझे लगा कि मैं इस क्षेत्र में कुछ नया न कर पाऊँगा। अपने को बदलना चाहिए। इसी बदलने के क्रम में मैंने संस्मरण लिखे। मैं पिटे-पिटाए अर्थ में संस्मरण कह रहा हूँ। लेकिन कह चुका हूँ कि वस्तुतः वे संस्मरण नहीं हैं। दरअसल कभी-कभी लगता रहा है कि मैं जिनके बारे में लिख रहा हूँ, उनके लिए नहीं बल्कि अपने लिए लिख रहा हूँ। मैं व्यक्तियों पर लिखने के बहाने अपनी खोज में यात्रा कर रहा हूँ। अपनी तलाश कर रहा हूँ। अपने को ढूँढ़ रहा हूँ और मुझे अफसोस है कि इस सच्चाई को किसी ने नहीं देखा।

कुछ बातें पुरस्कारों के बारे में...क्या आपको लगता है कि पुरस्कार दरिद्र और वृद्ध होने के कारण ही मिलता है?

ज्यादातर तो यही हो रहा है। हिन्दी साहित्य में दरअसल पुरस्कारों के साथ आर्थिक सहायता या आर्थिक अनुदान जैसी चीज सरकार ने जोड़ रखी है। मुझे याद आ रहा है, जब शान्तिप्रिय द्विवेदी बीमार थे, तब उत्तर प्रदेश सरकार ने उन्हें प्रतिवर्ष पाँच सौ रुपए या कोई-न-कोई पुरस्कार देती थी। इसलिए सरकार पुरस्कार देती थी क्योंकि वे बराबर आर्थिक तंगी में रहते थे। वे बहरे थे, अविवाहित थे, कोई काम नहीं करते थे। करुणावश सरकार उन्हें पाँच सौ या हजार रुपए का पुरस्कार दिया करती थी। तो सरकारी पुरस्कारों का जो सम्बन्ध है, एक तरह से वह पुरस्कार नहीं, बल्कि आर्थिक सहायता कोश है। पुरस्कारों के मूल में साहित्यिक श्रेष्ठता नहीं है और अब तो कुछ प्राइवेट क्षेत्र में भी साहित्यकारों को पुरस्कृत किया जाता है। हाँ, उनके मापदंड दूसरे हैं।

क्या हैं उनके मापदंड?

उनके मापदंड! (खिलखिलाकर हँसते हैं) श्रद्धेय विद्यानिवास जी से पूछिए। मित्रवर अशोक वाजपेयी से पूछिए!

अगर आपको कोई पुरस्कार दिया जाए तो...?

सौभाग्य से अभी तक तो मैं इन पुरस्कारों से बचा हुआ हूँ और चाहता भी यही हूँ कि भगवान पुरस्कारों से बचाए रखे। इतना जरूर देखा है कि आम पाठकों की नजर में पुरस्कार को लेकर काफी गलतफहमी है। कभी-कभी जेनुइन लेखक को भी पुरस्कार मिलता है। लेकिन तब, जब उसकी हैसियत के आगे वह पुरस्कार मूल्यहीन हो चुका होता है। उसके लिए उन पुरस्कारों का कोई अर्थ नहीं होता। और ऐसे पुरस्कार या तो उसे बुढ़ापा काटने के लिए दिया जाता है-दुर्दिन काटने के लिए, या फिर नाती-पोतों के लिए। और, हमने ऐसा भी सुना है कि ऐसे पुरस्कार पाने के बाद उसे लेकर बहुओं में पूछ भी बढ़ जाती है।

आपने देखा है?

देखा भी है तो बताएँगे क्या आपको!

अपनी पीढ़ी के लेखकों में आप सबसे ज्यादा होनहार किसको मानते हैं?

मुझे हँसी आ रही है आपके सवाल पर...। हँसी इसलिए कि एक बार निराला जी से किसी ने पूछा...कहीं पढ़ा है या सुना है, मुझे याद नहीं है, कि हिन्दी का सबसे बड़ा कवि कौन है? निराला जी ने कहा था...'देखो जरा इसे! हमीं से यह सवाल पूछ रहा है।' (हँसते हैं।)

इसका मतलब यह कि आप अपने को...?

नहीं! नहीं! मेरा यह मतलब नहीं है। मेरे ख्याल से यह सवाल पाठकों से पूछा जाना चाहिए। पाठक स्वयं निर्णय करेंगे। क्योंकि हमारी पीढ़ी में एक गिरिराज किशोर है, जिसे साहित्य अकादमी का पुरस्कार मिला है। यानी एक तरह से हमारे दौर का सबसे अच्छा कथाकार गिरिराज किशोर को माना गया है। दूसरी ओर कालिया (रवीन्द्र कालिया) पत्रकारिता कर रहा है या सम्पादन कर रहा है। उसकी न कोई कहानी दिखाई पड़ रही है और न उपन्यास। ज्ञानरंजन ने पच्चीस-तीस साल से लिखना बन्द कर रखा है। दूधनाथ ने पिछले दिनों एक नाटक लिखा। उनका एक कहानी संग्रह आया। 'हंस' में उनकी एक कहानी आई है-'धर्मक्षेत्र-कुरुक्षेत्र'। उस कहानी को पढ़ने के बाद मुझे लगा कि हमलोगों में सबसे होनहार लेखक दूधनाथ है। हालाँकि इसके पहले की कहानियाँ हमने देखीं। वह मुझे इतनी अच्छी नहीं लगीं। लेकिन यह कहानी मुझे ऐसी लगी कि वैसी कहानी लिखना मेरे बस में नहीं है।

एक और हमारे मित्र हैं, हमारे दौर के विजय मोहन सिंह। वे इधर लिख रहे हैं और अच्छा लिख रहे हैं। यानी हमारे समय के जो लोग लिख रहे हैं, वे पहले से बेहतर लिख रहे हैं। उनमें बदलाव भी दिखाई पड़ रहा है और विकास भी। यह आपको आश्चर्य लगेगा कि हमारे बाद के ज्यादातर जो लेखक आए हैं, वे प्रायः आरम्भ की चार-पाँच रचनाओं के बाद अपने को दोहराने लगते हैं। उन्हें देखते हुए मुझे ऐसा लगता है कि हमारे दौर के लेखकों में रचनात्मक ऊर्जा को बनाए रखने की क्षमता युवा और युवतर लेखकों से ज्यादा है। उनके उठे हुए पाँव मुझे बराबर नजर आ रहे हैं।

स्त्री लेखन जैसी कोई चीज है? जो स्त्री की अस्मिता और उपस्थिति दोनों रूपों में महत्त्वपूर्ण हो?

स्त्री लेखन जैसी चीज तो है! नारी मन को जितनी अच्छी तरह से स्त्री लेखिका समझती है, उतना पुरुष लेखक नहीं समझता। उसके शोषण को, मानसिक उथल-पुथल को, तनावों को, संघर्ष को महिला लेखक पुरुष से बेहतर समझ सकती है। खासकर महानगर दिल्ली में हिन्दी की लेखिकाओं के अन्दर यह बात है। लेकिन मात्र लिखने से वे महत्त्वपूर्ण लेखिका भी हो जाएँगी, ऐसा नहीं है। जैसे मैंने पिछले दिनों जिन हिन्दी कथा लेखिकाओं की कथाकृति को पढ़ा है, उनके बारे में एक तो

यह कि वह जिस स्त्री या महिला का चित्रण करती हैं उनके बारे में वे सामान्य नहीं हैं। इसलिए उस महिला को समझने में जब मुझे ही कठिनाई आती है तो सामान्य पाठकों की बात क्या करें। दूसरे मैंने इधर तसलीमा नसरीन को पढ़ा है। उसकी कृति 'औरत के हक में'। तसलीमा नसरीन ने मुझे बहुत प्रभावित किया। पुरुषों के प्रति उसके मन में भयानक आक्रोश और एक हद तक घृणा है। महिला लेखन की बात करने वाली लेखिकाएँ अब तक स्वतंत्र अस्तित्व नहीं कायम कर सकीं। मुझे नहीं लगता कि लेखिकाओं में लेखन की अलग से कोई 'आईडेंटीटी' है। इधर नमिता सिंह का एक उपन्यास आया है 'अपनी सलीबें'। नमिता सिंह ने जिन समस्याओं को उठाया है, वे बेहद महत्त्वपूर्ण हैं। एक महिला द्वारा लिखा गया यह एक अच्छा उपन्यास है लेकिन महिला-लेखन का अंग नहीं है। इसलिए तथाकथित महिला लेखन के दायरे में नहीं आता।

क्या आप स्त्री को दलित, शोषित व नौकरी के क्षेत्र में आरक्षण का पात्र मानते हैं?

महिलाएँ शोषित जरूर हैं। उनके साथ परिवार में, दफ्तरों में, समाज में, ज्यादतियाँ होती हैं। प्रायः पुरुषों की दृष्टि में उनके श्रम और मन की तुलना में शरीर पर ध्यान ज्यादा होता है। लेकिन उन्हें उस तरह से आरक्षित नहीं किया जाना चाहिए, जिस तरह से पिछड़े या अनुसूचित जाति या जनजाति को किया जा रहा है। यह उनका अपमान है। यह तो मैं चाहता हूँ कि उन्हें हम सम्मान व महत्त्व दें। किसी भी अर्थ में कहीं भी वे पुरुष से कमतर न समझी जाएँ। उनके हित में आरक्षण भी हो, लेकिन उसका रूप वह नहीं होना चाहिए जो अनुसूचित जाति या अनुसूचित जनजाति के साथ हो रहा है।

भीतर के काशीनाथ को समझने के लिए किसी औरत को कितना समय लगेगा?

मुझे लगता है कि कोई भी आदमी बहुत आसान नहीं होता। उसके भीतर जाने कितने लेयर्स (परतें) होती हैं। दरअसल होता यह है कि कभी-कभी अपने किसी कैरेक्टर को हम समझते हैं, समझने की कोशिश करते हैं। उसका चित्रण करते हैं और अचानक यह पाते हैं कि यह आदमी वह नहीं है, यहाँ तो कोई दूसरा है। सच्चाई तो यह है कि कभी-कभी खुद मैं अपने को ही ठीक से नहीं समझ पाता। इस अर्थ में किसी पुरुष की तुलना में औरत को समझने में कम या ज्यादा समय लगेगा, कहना मेरे लिए मुश्किल है। कभी-कभी ऐसा होता है कि यौवन चला जाता है, तब समझदारी आती है। और, कभी-कभी यौवन भी चला जाता है और समझदारी भी नहीं आती।

आप अपने पहले प्रेम के बारे में कुछ बताएँगे?

गाँव की एक ऐसी लड़की के लिए मेरे मन में प्रेम पैदा हुआ था जो मुझे 'चाचा'

कहती थी। वह कभी समझ पाई या नहीं, यह मैं नहीं जानता। लेकिन मैं शहर आने से पहले तक उसे प्यार करता था। शहर के बाद साल भर तक वह मुझे हांट करती थी। बल्कि कभी-कभी शहर से भागकर मैं उसे देखने के लिए गाँव जाता था।

व्यक्तिगत राग-द्वेष या इसके साथ ही गुटबन्दी जैसी चीज साहित्य में है या नहीं?

इस बारे में मानना है कि इसका स्थान साहित्यिक जीवन में तो है, लेकिन साहित्य में नहीं। कोई किसी के लेखन को 'कूड़ा-करकट' कह सकता है, कौड़ी का कह सकता है। लेकिन किसी के कहने मात्र से वह लेखन न तो कूड़ा-करकट होता है और न कौड़ी का।

मैं इस मायने में मानता रहा हूँ कि साहित्य दूसरों का संस्कार करने से पहले लेखक का संस्कार करता है। लिखने के क्रम में लेखक अपनी मानवीय दुर्बलताओं से ऊपर उठता है। यानी राग-द्वेष से ऊपर उठता है। यदि लिखने के दौरान भी वह उसका शिकार रहता है कि उसका असर उसके लेखन पर पड़ता है तो यह गलत है।

हम दरअसल बीज रोपने से शुरू करते हैं और चाहते हैं कि पूर्ण रचना होने तक वृक्ष की तरह हो। छोटेपन की क्षुद्रता को तोड़कर वह सार्वजनिक या सबकी हो और ऐसी स्थिति में व्यक्तिगत दुर्बलताओं के लिए कोई जगह रचना में नहीं रह जाती। गुटबन्दी या जोड़-तोड़ छोटे स्तर के लेखकों में होती है। जो स्वयं अपनी रचनात्मकता के बारे में शंकालु रहते हैं, जिन्हें अपनी रचनात्मक क्षमता पर सन्देह रहता है, वह जोड़-तोड़ या गुटबन्दी का सहारा लेते हैं। अपनी क्षमता और ऊर्जा पर विश्वास करनेवाला लेखक इस तरह के घटिया चक्कर में कभी नहीं पड़ता। हाँ, हँसी-मजाक में एक-दूसरे पर टीका-टिप्पणी कर लेना अलग बात है।

अपनी नई किताबों के बारे में कुछ बताइए?

मेरे दिमाग में दो-तीन उपन्यास एक साथ काम कर रहे हैं। वे आपस में मेरे दिमाग में टकरा रहे हैं और यही कारण है कि मैं उलझा रहा हूँ। उम्मीद करता हूँ कि जल्दी ही इससे उबर पाऊँगा। इनमें से एक उपन्यास जिसे मैंने कब से मन के अन्तरे में छिपा रखा है, वह गाँव की उस लड़की पर ही है।

अब तक मेरी कहानियों में नारी का जिक्र एक-आध बार ही आया है।

(जनसत्ता सबरंग, 8 अक्तूबर 1995 में प्रकाशित)

चल रहा हूँ, लम्बी नींद के बाद

[नागेन्द्र से बातचीत]

साठोत्तरी पीढ़ी के जिन कथाकारों ने हिन्दी कहानी को नई दिशा देने का काम किया था उन्हीं में से एक हैं काशीनाथ सिंह। हिन्दी कहानी के चार यार के नाम से चर्चित इस पीढ़ी के प्रतिनिधि काशीनाथ सिंह अपनी कहानी को जमीन और कथा चरित्रों के कारण अलग से पहचाने गए। काशीनाथ जी इस पीढ़ी के अकेले कथाकार हैं जो अपनी लम्बी कथायात्रा में अपनी गँवई जमीन और देशज यथार्थ पर अब भी कायम हैं जबकि उन्हीं के साथ के अन्य कथाकारों ने अपनी जमीन भी बदली और सरोकार भी। चार यारों में से एक ज्ञानरंजन ने 25 साल पहले कहानी लिखना ही बन्द कर दिया जबकि रवीन्द्र कालिया व दूधनाथ सिंह सामाजिक सरोकारों की ओर उन्मुख हुए। लेकिन काशीनाथ सिंह की कहानी में ग्रामीण जीवन और देशज यथार्थ आज भी अपने ठेठपन के साथ मौजूद है। वहाँ पर परिवार, गाँव, समाज सभी कुछ है। अपना मोर्चा जैसा उपन्यास हो या लोग बिस्तरों पर, सुबह का डर और नई तारीख जैसे कहानी संग्रह या किस्सा साढ़े चार यार जैसी संस्मरणात्मक पुस्तक। काशीनाथ जी का अंदाज-ए-बयाँ। अलग ही दिखता है। वे कहानियाँ लिखते नहीं, कहते हैं। विचारों से खांटी वामपंथी और कपड़े-लत्ते की तमाम आधुनिकता के बावजूद रहन-सहन और बात-व्यवहार में खांटी गँवई या खांटी बनारसीपन उनके व्यक्तित्व की पहचान है। अपने लगभग चार दशक के कथाजीवन में उन्होंने मुल्क में आए बदलावों को महसूस किया और उनकी कहानियाँ भी इस बदलाव के साथ चलीं। उन्हीं की राय में...इन बदलावों के बीच मेरी कहानियाँ भी बदली हैं लेकिन मेरी समझ से जो चीज बरकरार रही-वह है जिन्दगी में मेरी दिलचस्पी...मेरी कहानियों के आदमी-जिन्हें चरित्र कहा जाता है-अपनी ठेठ देसी जबान और सहजे में बोलते-बतियाते हैं और लोग कहते हैं कि मैंने कहानी के ढांचे में कई 'प्रयोग' किए हैं। इसका कारण केवल यह है कि ये कहानियाँ तमाम उलट-फेर के बावजूद कहीं भी 'कहानीपन' की अपनी जाति नहीं छोड़ सकी हैं।

काशीनाथ सिंह के साथ पिछले दिनों कई टुकड़ों में बातचीत हुई। कुछ आमने-सामने और कुछ फोन पर। थोड़े सम्पादन के साथ प्रस्तुत है यह बातचीत।

कविता और अन्य साहित्यिक विधाओं की अपेक्षा कहानी हमेशा चर्चा के केन्द्र में रही है। आज भी है। इसे आप कहानी की शक्ति मानते हैं या किसी और रूप में व्याख्यायित करेंगे?

कहानी हमेशा तो नहीं, पिछले पैंतालिस वर्षों से चर्चा के केन्द्र में है। देखिए, एक ही समय को हम भी लिख रहे हैं और कवि भी। फर्क बहुत सारी चीजों के साथ औजारों और तरीकों का है। उनके दूसरे हैं, हमारे दूसरे। हालाँकि, अब तो घालमेल हो गया है। फिर भी उनका काम महीन है, हमारा मोटा। उनका कुछ तरल, कुछ कोमल, कुछ बारीक और कुछ ख़ुशबूदार है, हमारा उनके मुकाबले कहीं ज़्यादा खुरदुरा, ज्यादा कड़ियल, ज्यादा धूल-धक्कड़ वाला है। ऐसे काम शिष्ट और भद्र-जनों को नहीं रुचते। इसलिए उनके चिन्तन-मनन और चर्चा में आज भी कविताएँ ही हैं, उनकी दृष्टि में आलोचनाएँ भी कविता पर ही सम्भव हैं। कहानी, लोक की चीज है, उन्हीं की चर्चा में कहानी भी है, धूल-धक्कड़ में सना होना ही कहानी की शक्ति है।

साठोत्तरी पीढ़ी में आपने जिस जमीन-ग्रामीण जीवन, देशज यथार्थ से लिखना शुरू किया था आप आज भी उसी पर कायम हैं। वहाँ घर-परिवार और समाज था। जबकि दूधनाथ सिंह *(रीछ)* और रवीन्द्र कालिया *(नौ साल छोटी पत्नी)* की जमीन काफी बदली है। दोनों सामाजिक सरोकार से जुड़ी कहानियाँ लिख रहे हैं। इसे आप कैसा संकेत मानते हैं?

देखिए, दूधनाथ और कालिया ने जो लिखा-'रीछ' या 'नौ साल छोटी पत्नी' ये इस दौर की उल्लेखनीय कहानियों में से हैं-भले ही सामाजिक सरोकार वाली न हो। हर 'जेनुइन' लेखक हर बार कुछ-न-कुछ नया, कुछ-न-कुछ ताजा-तरीन और अलग लिखने की कोशिश करता है, और यह हर बार की कोशिश ही उसे नई और ताजी स्फूर्ति से भर देती है। वे दोनों पढ़े-लिखे थे, ज्ञानी थे, देश-विदेश की अधुनातन साहित्यिक गतिविधियों से परिचित थे। कालिया चंडीगढ़ और दिल्ली की दुनिया से परिचित था और दूधनाथ इलाहाबाद से कलकत्ता के कॉलेज स्ट्रीट तक से। मेरा मामला थोड़ा दूसरा था। गाँव के खेत-खलिहान से चला तो शहर में भी तुलसीदास के अखाड़े की मिट्टी ही ढूँढ़ी। विश्वविद्यालय छात्रसंघ का चुनाव जीतने तक हर साल कथाकार विद्यासागर नौटियाल 'स्टूडेंट्स फेडरेशन' से चुनाव लड़ते, उनके प्रचार में रहता। '59 में भाई साहब (नामवर सिंह) के लिए दो महीने कम्युनिस्ट पार्टी का चुनाव प्रचार किया। इन कामों ने ज्यादा नहीं तो थोड़ा-बहुत मार्क्सवाद, समाजवाद का बोध कराया ही।...मैं कहना यह चाहता हूँ कि अगर मैं

आधुनिकतावादी, अस्तित्ववादी साहित्यिक मुहावरों से बचा रह गया तो इसका श्रेय मेरी मूर्खता और अज्ञान को है–बनारस के पिछड़ेपन के साथ–साथ मित्रों की देखा–देखी एक–आध बार कोशिश भी की तो चारों खाने चित्त। दूसरे अखाड़े में उतरोगे तो यही होगा।

ज्ञानरंजन ने अन्तिम कहानी 25 साल पहले लिखी थी। लेकिन इनकी कहानी 'घंटा' की चर्चा आज भी होती है। क्या इससे आगे की कहानी आज तक नहीं लिखी गई?

कहानी हमारे–आपके लिए आगे बढ़ी है, 'घंटा' के लिए नहीं। 'घंटा' का मतलब 'पहल' समूह यानी पहल पत्रिका, पहल पुस्तिका, पहल सम्मान, पहल प्रकाशन, पहल आयोजन आदि–आदि। आपके ही प्रश्न को दूसरे ढंग से भी पूछते हैं लोग कि अगर ज्ञानरंजन 'पहल' के सम्पादक न होते तो क्या आज भी कहानीकार रहते? जाहिर है, उनका इशारा घंटा बजाने वालों की ओर होता है। इसमें दो राय नहीं कि 'घंटा' अच्छी कहानी है लेकिन ऐसी नहीं कि पीढ़ी–दर–पीढ़ी गाई जाए।

दूधनाथ सिंह की खासी चर्चित कहानी 'नमो अंधकारम्' के केन्द्र में मार्कण्डेय हैं। क्या कहानी के नाम पर ऐसे प्रयोगों की छूट मिलनी चाहिए? किस सीमा तक?

'नमो अंधकारम्' पर काफी विवाद हुआ है। मैंने कहानी दो बार पढ़ी। पहली बार पढ़ते समय तकलीफ हुई क्योंकि मैं दूधनाथ के भी निजी सम्बन्धों को थोड़ा–बहुत जानता था और गुरु के सम्बन्धों को भी। दूधनाथ के सारे कला–कौशल, प्रतिभा, श्रम और भाषा के नए तेवर और मुहावरे के बावजूद मैं उसे 'कहानी' के रूप में नहीं देख सका। फिर लम्बा अवकाश देकर दूसरी बार पढ़ा–नए सिरे से थोड़ा ऑब्जेक्टिव होकर। लेखक और उसके सारे सम्बन्धों को दरकिनार करके। जैसे मैं किसी को नहीं जानता। ऐसे जैसे जो न गुरु को जानते हैं, न दूसरी घटनाओं को–उन्हें यह कहानी कैसी लगेगी और कहने की जरूरत नहीं कि मुझे वह उल्लेखनीय और महत्त्वपूर्ण कहानी लगी।

...और यह याद रखिए। हर लेखक का अपना अनुभव क्षेत्र होता है, जिसमें बहुत सी अल्लम–गल्लम बातें भी होती हैं वह या तो उसे लिखे या लिखना छोड़ दे। जोखिम तो उठाना पड़ेगा। 'हंस' ने पहले भी कई बार ऐसी चीजें छापी हैं। कई बार तो लगता है कि सब कुछ प्रायोजित है।

राजेन्द्र यादव और 'हंस' की भूमिका पर सवाल नहीं खड़े होते हैं इससे?

औरों की बात मैं नहीं मानता, जब किस्सा 'साढ़े चार यार' छपा था, तब हंगामा मचा था। शायद 'हंस' का पहला बड़ा हंगामा। मेरे यारों ने मुझसे कहा था कि राजेन्द्र यादव पोलेमिक्सबाज है, हम लोगों में तोड़–फोड़ करना चाहता है, वह जान–बूझ कर यह सब करवा रहा है। सावधान हो जाओ और उसके षड्यंत्र के शिकार मत

बनो। कालिया ने तो मेरे–यादव के खिलाफ 'संडे मेल' में मोर्चा खोल दिया जिसके अन्त में चौधरियांव करते हुए ज्ञान भी शामिल हो गए। अब इस नादानी का क्या करें? न तो राजेन्द्र यादव ने मित्रों पर लिखने के लिए मुझसे कहा था और न किसी के कहने पर मैंने लिखा था और मजा यह कि छपने से छपने या के लिए भेजने से कोई दो–ढाई महीने जिन सत्तर लेखकों के बीच इसका पहली बार वाचन किया था, उसकी अध्यक्षता ज्ञानरंजन ने ही की थी। उसके बाद वे भावविह्वल भी हुए थे। अपने लिए भी और मित्रों के लिए भी। तमाशा तो उसके बाद हुआ। जब मैंने बताया कि इसमें किसी का कोई हाथ नहीं तो समझा गया कि पूछ रहा हूँ।...यादव प्रायोजित करते होंगे तो समीक्षाएँ, रिव्यूज कहानीकारों में से कोई नहीं मिला जो कहे कि उन्होंने उससे कहा था कि इस पर लिखो, इस पर न लिखो?

एक बात जरूर है। यादव या किसी साहित्यिक पत्रिका का सम्पादक 'कल्याण' जैसी पत्रिकाओं का सम्पादक नहीं हो सकता। वह चाहता है कि उसका हर अंक उत्तेजक हो, उद्वेलित करे, झकझोरे, तोड़े, गर्मी पैदा करे, यही पत्रिका की सार्थकता होती है। यादव भी चाहते हैं और है तो क्या बुरा करते हैं?

इधर आप कहानी नहीं लिख रहे हैं। संस्मरण लिखते रहे। क्या यह नए यथार्थ से मुठभेड़ की तैयारी है या कहानी के प्रति तृप्ति का अहसास?

इस सवाल को पिछले सात–आठ सालों से झेल रहा हूँ। लोग इस तरह पूछते हैं जैसे मैं गैर रचनात्मक फालतू काम करता रहा हूँ। जिससे मिलिए वही पूछता है–संस्मरण तो ठीक और क्या लिख रहे हो। यह भी कहते हैं कि 'हंस' का वह वाला अंक मैंने आपके संस्मरण के लिए ही खरीदा है। वे ही ऐसे सवाल भी करते हैं। यह तो हद है। कहानियाँ भी तो थीं उसमें। नागानन्द या तन्नी गुरु कौन से महान व्यक्ति हैं कि उन्हें जानने के लिए आपने खरीदे? पढ़ेंगे संस्मरण, तारीफ भी भरपूर करेंगे और पूछेंगे कि यह तो ठीक, कोई कहानी–वहानी भी लिख रहे हैं या नहीं?

ऐसी मानसिकता का मेरे पास जवाब नहीं है। आप उसे ही नए यथार्थ से मुठभेड़ क्यों नहीं मानते? क्या कठिनाई है इसमें? क्या वे इसीलिए संस्मरण है कि न अस्सी चौराहा काल्पनिक है न उसके पात्र। ऐसे तो रेणु की बहुत–सी कहानियाँ हैं जो कहानी की शर्तें नहीं पूरा करतीं। शर्तें अपनी जरूरत के हिसाब से बनाई जाती हैं। कोई जरूरी है क्या कि हम या आप जिसे 'संस्मरण' शीर्षक दे दें वह 'संस्मरण' हो जाए और जिसे 'कहानी' कह दें, वह कहानी?

क्या संस्मरण कहानी लेखन के अन्तराल को भरने के लिए है?

मैंने जाने–अनजाने कहानी की खोज में संस्मरण लिखे हैं, अन्तराल को भरने के लिए नहीं। मैं नहीं जानता कि ढाँचा कहानी का टूटा या संस्मरण का। लेकिन कुछ टूटा जरूर! समूचे गल्प के बीच तथ्य अविकल हैं। तथ्य भी और मनुष्य भी।

मैंने सिर्फ इतना ही किया कि कहानी को सिर के बल खड़ा कर दिया। पहले वास्तविकता की जमीन पर कल्पना के लिए रास्ता निकालना था, यहाँ कल्पना के रास्ते वास्तविकता की जमीन तक पहुँचने की कोशिश करता हूँ। इस अर्थ में मुझसे पूछिए तो 'गरबीली गरीबी वह' को छोड़कर कोई भी संस्मरण नहीं है। मैंने हर बार भागती और उड़ती हुई चिड़िया पकड़ने की कोशिश की है–जिन्दा, उसकी धड़कन और आँखों के साथ। वहाँ आकाश भी है, धरती भी है, उनकी बीच की दूरियाँ भी हैं, मेरी हथेलियाँ भी हैं, पखेरू और उसकी साँसें भी हैं। कितना कामयाब हो सका हूँ। नहीं जानता।

साहित्य में क्षेत्रीयता का सवाल भी इधर उठने लगा है। क्या कारण है कि बिहार या यू.पी. का रचनाकार बाहर उतना नहीं जाना जाता?

आप शायद यह कहना चाहते हैं कि यू.पी. बिहार का कथाकार पाठकों में तो जाना जाता है। स्वीकृति–समारोहों में नहीं जाना जाता, आलोचकों में नहीं पहचाना जाता।...और अनाड़ी सम्पादक आलोचकों को राय से ही संचालित होते हैं।

सच कहिए तो क्षेत्रीय कहानीकार नहीं, आलोचक हैं और एक अर्थ में सम्पादक भी। राजेन्द्र यादव भी इसके अपवाद नहीं हैं। एक पुस्तक की कई–कई रिव्यूज–बल्कि रिव्यूज की धारावाहिक लड़ियाँ और कई अच्छे संग्रहों की या तो कोई रिव्यू नहीं या तो वो यूँ हों सो, इसलिए कि लेखक दिल्ली या लखनऊ या भोपाल का नहीं, इनसे बाहर का है–यह क्या जाहिर करता है? दिल्ली के आलोचक भी आज वैसा ही आचरण कर रहे हैं जैसा कि इलाहाबाद के करते थे। यानी उनके लिए दिल्ली के कथाकार या यादव के कथाकार कथाकार हैं, बाकी के कथाकार घास–भूसा। इन दिनों क्या लिख रहे हैं? आगे की योजना–यह प्रश्न मुझे आत्म–भर्त्सना के लिए उकसा रहा है। देखो, ईमानदारी की बात यह है कि मैं बहुत ही लस्टम–पस्टम, लद्धड़ और बेतरतीब किस्म का जीव हूँ। योजनाएँ बनाकर कुछ करना मुझे कभी नहीं आया। किया भी नहीं। पड़ा हूँ तो पड़ा हूँ, चल रहा हूँ तो चल रहा हूँ। ऐसा भी हो सकता है कि योजना चलने की बनाऊँ और पड़ जाऊँ। फिर सहसा उठ खड़ा होऊँ, चल दूँ और बगैर रात–दिन देखे चलता रहूँ। इतना ही कह सकता हूँ कि इन दिनों चल रहा हूँ-लम्बी नींद के बाद। बिना किसी योजना के।

(हिन्दुस्तान, लखनऊ 10 जून 1998 में प्रकाशित)

कहानी जीवन की जबान है, सिर्फ भाषा नहीं

[कृपाशंकर चौबे से बातचीत]

आपका बचपन किस परिवेश में बीता और उसने आपके शिल्पी के निर्माण में कहाँ तक मदद पहुँचाई?

बचपन गाँव में बीता। पढ़ाई-लिखाई में मन नहीं लगता था। पाठशाला छोड़कर प्राय: या तो भैंस लेकर सिवान में निकल जाता था या ज्वार-बाजरा का खेत अगोरता था। कभी-कभी मास्टर की मार के डर से अरहर या गन्ने के खेतों में समय बिताता था। गणित बिल्कुल नहीं आती थी। यदि हाई स्कूल में गणित की परीक्षा में नकल न कराई गई होती तो न आगे काशी हिन्दू विश्वविद्यालय में अध्यापक हुआ होता, न लेखक होता। यदि फेल हो गया होता तो पिताजी ट्रेनिंग वगैरह दिलाकर किसी प्राइमरी स्कूल में मास्टर बनवा देते। हाई स्कूल तक गाँव में रहने के दौरान खेतीबारी के काम में मेरा उपयोग किया जाता था। एम.ए. करने के बाद रिसर्च के समय तक खेतों से मेरा जीवंत सम्पर्क था। खेतों में बुवाई करवाना, पूले बँधवाना, खलिहानी देखना मैं विश्वविद्यालय में अध्यापक होने तक करता रहा। जब मैं हाई स्कूल में था तो मेरा झुकाव दो कलारूपों की तरफ़ हुआ-बिरहा गाने वालों की तरफ़ और भाँड मंडली की तरफ। मेरे गाँव के पास के एक बिरहिया थे मदन लाल। उनसे मैं बिरहा लिखना सीखता था और भांडों का नाच देखने के लिए सात-आठ कोस दूर तक चला जाता था। गाँव की ज़िन्दगी ने कहीं-न-कहीं मेरे कथाकार के अनुभव को काफी समृद्ध किया और जाने-अनजाने मेरी कहानियों या संस्मरणों में यह व्यक्त होता चला गया।

वे कौन-सी चीज़ें थीं, जिन्होंने आपको लेखक होने के लिए उकसाया?

जिन दिनों मैं बी.ए. का विद्यार्थी था, उन्हीं दिनों भैया (नामवर सिंह) ने इलाहाबाद से प्रकाशित होने वाली 'कहानी' पत्रिका में नई कहानी पर लेख लिखना शुरू किया था। उनकी रचना-प्रक्रिया का हिस्सा था, उन लेखों में चर्चित कहानियों पर बातें करना। कभी-कभी ये बातें मेरी समझ में नहीं भी आती थीं लेकिन वे चाहते

थे कि श्रोता के रूप में कोई उनके विचारों को शेयर करे। वे देश-विदेश के कथाकारों की कहानियों को पढ़ते थे और उनकी बारीकियों पर बातें करते थे। उन दिनों वे इस कदर कहानियों में रम गए थे कि घर ही नहीं, बल्कि नगर (वाराणसी) का माहौल भी लगभग कथामय हो गया था। उन दिनों जहाँ कहीं से कहानी की पत्रिका निकलती थी, घर आती थी। इस माहौल ने धीरे-धीरे मेरी मानसिकता तैयार की। मुझमें कहानी की समझ विकसित हुई। यह एक वज़ह है। दूसरी वज़ह है मेरी माँ। मेरे वयस्क होने के बावजूद वे अन्त तक मुझे बच्चा ही समझती रहीं और गीतों भरी कहानियाँ मेरे नहीं तो अपने सन्तोष के लिए कहती रहीं। उनके कहानी सुनाने का अन्दाज अद्‌भुत था। जातक या पंचतंत्र अथवा प्रेमचन्द से कहानी कहना तो मैंने बाद में सीखा लेकिन कहानी को नैरेट करना मैंने अपनी माँ से सीखा।

आपकी कहानी बनती कैसे है?

जाने क्यों लिखने की शुरुआत से ही मेरे दिमाग में यह बात बैठ गई थी कि कोई भी आदमी परिचित और जानी-पहचानी चीज़ों के बारे में नहीं जानना चाहता। वह, वह देखना चाहता है जिसे न देखा हो। वह सुनना चाहता है जिसे उसने न सुना हो। वह असामान्य या असाधारण भी हो सकता है, और ऐसा सामान्य या साधारण भी जो अदृश्य या अनसुना रह गया हो। यथार्थ का चुनाव करते समय ये बातें बराबर मेरे दिमाग में रहती रही हैं। कभी-कभी ये फ्लैश के रूप में आती हैं और कभी बड़ी मशक्क़त के बाद। इस सन्दर्भ में दूसरी बात मैं यह कहना चाहता हूँ कि छात्र जीवन में मेरी दिलचस्पी का विषय रहा है-भाषा, उसका व्याकरण। गुरु आचार्य हजारी प्रसाद द्विवेदी ने एम.ए. में मुझे विषय दिया 'नाम धातु' और पी-एच.डी. के लिए विषय दिया था 'हिन्दी में संयुक्त क्रियाएँ'। क्रियाओं पर काम करते हुए और व्याकरण पढ़ते हुए मुझे लगने लगा कि संज्ञा, सर्वनाम, विशेषण, क्रियाएँ किसी सचेतन प्राणी की तरह जीवित इकाइयाँ हैं। इनका निरर्थक अथवा अनावश्यक इस्तेमाल इनके साथ नाइन्साफ़ी या इन पर जुर्म है। यानी समूची भाषा यदि सप्राण या जीवंत नहीं है तो उसका प्रयोग करना या लिखना व्यर्थ है। जैसे हिन्दी में एक शब्द के अनेक पर्याय होते हैं, उनमें से सही अर्थ देने वाले शब्दों का चुनाव थोड़ा मुश्किल काम है। लेकिन ऐसे शब्द यदि मिल जाते हैं जिनकी तलाश हमें होती है तो लगता है कि श्रम भी सार्थक हुआ और उनके प्रयोग भी। और लिखने के दौरान मैंने अनुभव किया कि भाषा लेखक की पहचान हुआ करती है। मेरी पहचान की वज़हों में से एक वज़ह यह भाषा भी है।

अपनी भाषा के लिए मिजाज का चुनाव आपने कैसे किया?

मेरे लेखक का सबसे बड़ा दुश्मन मेरा अध्यापक रहा है। जब मैंने लिखना शुरू किया, उन्हीं दिनों मैंने गोर्की की आत्मकथा पढ़ी थी। 'मेरा बचपन', 'मेरे

विश्वविद्यालय' और 'जनता के बीच'–तीन भागों में। इसे पढ़ने के बाद मैंने निष्कर्ष निकाला कि मेरे लेखक का विश्वविद्यालय वह नहीं है जहाँ मेरा अध्यापक पढ़ाता है। मेरे लेखक का विश्वविद्यालय मेरा गाँव है, सड़कें हैं, बाज़ार है और वह प्रकृति है जिसे मैं देखता हूँ। किताबी भाषा से मुझे चिढ़ थी। मैंने भाषा, लहज़ा चारदीवारी के बाहर की सड़कों और बाज़ारों से सीखे।

शिल्प पर ज़्यादा ध्यान देना क्या अनैतिक है? कला और नैतिकता का आपस में क्या सम्बन्ध है?

जो कुछ इस धरती पर है, मनुष्य हो या प्रकृति, कला की वस्तु है। और कला अच्छी या बुरी हो सकती है, अनैतिक नहीं। रही शिल्प की बात तो शिल्प वहाँ नजर आता है जहाँ कंटेंट न हो। जहाँ कंटेंट में गुंथा हुआ शिल्प होता है, वहाँ वह कंटेंट को धारदार, पैना और पुख़्ता बनाता है। शिल्प पर ज़्यादा ध्यान वे देते हैं जिनकी आँखें संसार की ओर से बन्द रहती हैं या जिनके लिए धरती सिर्फ सुन्दर और खुशबूदार है।

लिखने के लिए मुख्यत: आपने कथा विधा को चुना, ऐसा क्यों?

मैंने चुना नहीं, जो लिखा वह कहानी हुई। बाद में लगने लगा कि मैं कहानी ही लिख सकता था। फिर तो कहानी लिखने के पीछे तर्क भी ढूँढ़ लिए कि यह संघर्षों की विधा है, कार्य-कारण की व्याख्या की विधा है, यही विधा है जिसमें समूचा आदमी अंट सकता है। लेकिन ये सारी बाद की बातें हैं, शुरू की नहीं। सच्चाई सिर्फ यह है कि मैं अपने बड़े भाई को किताबों के जंगल में रात-दिन बौंड़ियाते हुए-भटकते हुए देखा करता था और देखते-देखते ऊब चुका था। इतनी मशक्कत मेरे बस की नहीं थी। मैंने निश्चय किया कि मैं किताबें नहीं, आदमी पढ़ूँगा। यह आसान काम है। लेकिन जब शुरू किया तो लगा, यह उससे कम मुश्किल काम नहीं है। आज हालत यह है कि मैं आलोचना भी लिखता हूँ तो कहानी हो जाती है, संस्मरण की तो बात ही छोड़ो। असल में कहानी मेरे लिए सिर्फ भाषा नहीं, जीवन की जबान है। कहने की ज़रूरत नहीं कि जिन्हें संस्मरण कहा जाता है, उनमें कुछ ही संस्मरण हैं। शेष को मैं संस्मरण नहीं मानता। वे कहानी के बदले हुए रूप हैं। चाहे उन्हें जो कहा जाए। फ़र्क इतना ही है कि कहानी में मैं यथार्थ से कल्पना की ओर जाता था और इन रचनाओं में कल्पना की आँखों से यथार्थ को देखता हूँ। उनमें से कुछ को राजेन्द्र यादव ने कथा रिपोर्ताज़ मान लिया है, बाकी को उन्होंने क्या नाम दिया है, नहीं जानता।

मार्क्सवाद से अपने जुड़ाव के बारे में बताएँ?

मैंने मार्क्स को विधिवत पढ़ा नहीं है। मार्क्सवाद की मेरी जो भी जानकारी है, वह गाँव की ज़िन्दगी और समाज के वर्गों को देखकर है। शोषण के अनुभव और

दर्शन ने मार्क्सवाद की ओर मुझे आकृष्ट किया था। मार्क्सवाद का कोई विकल्प नहीं है आज भी। पर मैं चाहता यह रहा हूँ कि किसी भी रचना में मार्क्सवाद या मार्क्सवादी विचारधारा पानी में तैरते हुए तेल की तरह नज़र न आएँ। पानी ही नज़र आए, मार्क्सवाद अदृश्य रहें।

इन दिनों क्या लिख रहे हैं?

इन दिनों मैं अपने इकलौते दोस्त भाषाविद् डाक्टर रामाधार सिंह की जीवन-लीला लिख रहा हूँ जो बहुत कुछ बचपन के संग-साथ, उनके विषय में जानकारी और समय पर लिखी जाने वाली चिट्ठियों पर आधारित है।

सृजन के पूर्व, सृजन के समय और सृजन के बाद आपकी मन:स्थिति क्या होती है?

मैंने देखा है कि लिखने के पहले बड़ा अकेलापन और खोयापन सा रहता है। काम कुछ करते हैं, दिमाग कहीं और होता है। और का मतलब कुछ ढूँढ़ता हुआ-सा खोजता हुआ-सा। और सहसा किसी दिन वह सूत्र मिल जाता है, जो मुझे कागज कलम के साथ बिठा देता है-तनावरहित और बड़े ही उल्लासमय क्षण होते हैं वे, जिस दिन मैं लिखता हूँ। इस मन:स्थिति में जो लिखा जाता है उससे सन्तोष होता है मुझे। उदाहरण के लिए 'कविता की नई तारीख' इसी मस्ती में मैंने लिखी थी जिसमें मेरे भीतर तनाव का नामोनिशान नहीं था। इस तरह 'संतो घर में झगरा भारी' का ज़्यादातर हिस्सा गोवा में लिखा गया था, जब मैं घर-परिवार की चिन्ताओं से दूर था। ज़्यादातर संस्मरण लगभग इसी उल्लास और तनावमुक्त माहौल में लिखे गए।

स्थानिकता आपकी कहानियों में आसानी से ढूँढ़ी जा सकती है। बनारस और आसपास के जनजीवन में इधर आए परिवर्तनों को किस रूप में देखते हैं? एक लेखक के रूप में अपने ऊपर किस तरह का दबाव महसूस करते हैं?

बनारस के साहित्यिक इतिहास को देखा जाए तो दो तरह के रचनाकार हुए हैं। एक तो वे हैं जिन्होंने बनारस के वर्तमान से निरन्तर मुठभेड़ की। दूसरे वे जिन्होंने बनारस के इतिहास या उसकी जीवन-पद्धति के आगे समर्पण किया। वर्तमान से मुठभेड़ करने वालों में कबीर, भारतेंदु, प्रेमचन्द और आचार्य हजारी प्रसाद द्विवेदी को देखता हूँ। बनारस के इतिहास और जीवन-पद्धति के आगे समर्पण करने वालों में चाहें तो तुलसीदास, जयशंकर प्रसाद और शिव प्रसाद सिंह को भी ले सकते हैं आप। प्रसाद और शिवप्रसाद जी ने इतिहास के गड़े मुर्दे उखाड़े हैं। कहीं-न-कहीं बनारस का दबाव ही रहा है जिसके चलते तुलसीदास को वर्ण व्यवस्था स्वीकार करनी पड़ी है। आचार्य द्विवेदी के निबन्धों की बात छोड़ दीजिए तो उनके ऐतिहासिक से लगने वाले उपन्यासों में भी बनारस का वर्तमान ही है। मेरी नज़र

बराबर इस नगर के वर्तमान पर रही है। मेरी कहानियों में आने वाले ज़्यादातर पात्र ऐसे हैं जिनकी पृष्ठभूमि ही गाँव की नहीं है, बल्कि जो शहर में भी गाँव की ही ज़िन्दगी जी रहे हैं। और जब मुझे लगा कि बात नहीं बन रही है तो मैंने सीधे-सीधे 'देख तमाशा लकड़ी का' और 'संतो घर में झगरा भारी' जैसे कथा रिपोर्ताज़ लिखे।

('कहन' 2000 में प्रकाशित)

सम्बन्धों को बनाने-बिगाड़ने की नीयत से नहीं लिखता

[मनीष दुबे से बातचीत]

(यह बातचीत 1 जनवरी, 2000 को काशीनाथ सिंह के आवास पर हुई। बातचीत में सहयोग के लिए हम शैलेन्द्र कुमार सिंह के आभारी हैं-मनीष दुबे)

नामवर जी आपके बड़े भाई हैं। वे हिन्दी आलोचना के शिखर पुरुष हैं। एक बड़े आलोचक के भाई होने से आपके फायदा हुआ या नुकसान?

देखिए, साहित्य कोई बनिए की दुकान नहीं है कि फ़ायदा-नुकसान के बारे में सोचा जाए। मुझे लगता है कि मेरे और नामवर के सम्बन्धों के बारे में या तो लोग जानते नहीं या आधा-अधूरा जानते हैं। नामवर जी मेरे सिर्फ भाई नहीं रहे हैं। हमने उनके साथ सम्बन्धों के कई स्तर जिए हैं। वे मेरे पिता की भूमिका में भी रहे हैं। मुझे उन्होंने बी.ए., एम.ए. में पढ़ाया भी है। इस अर्थ में वे मेरे गुरु भी रहे हैं। अनेक अवसरों पर वे मेरे दोस्त भी रहे हैं। भाई तो हैं ही। किसी भी व्यक्ति के लिए उनसे किसी एक सम्बन्ध का होना ही अपने आप में गर्व की बात है। रही बात फ़ायदा-नुकसान की तो एक बात मुझे याद आती है कि पिछले 20-25 वर्षों से यह प्रश्न जब-तब मुझसे किया जा रहा है। मुझे याद है, 1975 के आस-पास की बात है। नामवर जी ने एन.सी.ई.आर.टी. के लिए एक कथा-संकलन सम्पादित किया था। 'प्लस टू' के छात्रों को ध्यान में रखते हुए उन्होंने उसमें हिन्दी की चुनी हुई कहानियाँ रखी थीं। चूँकि उन्हें उस संकलन को अद्यतन बनाना था, इसलिए सातवें दशक के दो कथाकारों को उसमें शामिल करना उन्होंने अपना फ़र्ज़ समझा। उस दशक के दो कहानीकार-ज्ञानरंजन और काशीनाथ उस संकलन में शामिल किए गए थे। जब संकलन छपकर आया तो उस समय बड़ा हो-हल्ला मचाया-राजेन्द्र अवस्थी से लेकर राजेन्द्र यादव तक ने। शोर मचाने वालों में धर्मवीर भारती, कमलेश्वर और अमृत राय भी शामिल थे। उसी समय से शुरू हुआ कि नामवर आलोचना में भाई-भतीजावाद कर रहे हैं। जबकि अपनी तरफ़ से उन्होंने पूरी ईमानदारी बरतने की

कोशिश की थी।

बाद में मैंने देखा कि उन्हीं में ऐसे लोग हैं जो कह रहे हैं कि नामवर के भाई होने से तुम्हारा बड़ा नुकसान हो रहा है। उन्होंने ही विरोध किया था और आज वे ही शुभचिन्तक बनकर इस तरह की बातें करते हैं। मैं नामवर जी को जानता हूँ। सम्बन्ध और साहित्य–इन दोनों के बीच किसी भी तरह का घालमेल करना या घपला करना उनके स्वभाव में ही नहीं है। वे दोनों चीज़ों को हमेशा अलग रखते हैं। जहाँ तक मेरे लाभ का सवाल था, मैं इतना कह सकता हूँ कि मुझसे प्रत्यक्षतः उन्होंने कभी कहा नहीं, लेकिन उनकी आलोचना दृष्टि या कहानी की आलोचना लिख रहे हों तो, या किसी भी विधा पर लिख रहे हों तो; जो मैंने अपने अनुभव से सीखा है कि उन्होंने मेरे सामने चुनौतियाँ रखी हैं। चुनौतियाँ केवल हिन्दी–कथा की नहीं, भारतीय कथा–साहित्य के लेखकों की और उससे भी ज़्यादा विश्वकथा–साहित्य का परिदृश्य उन्होंने सामने रखा। मैंने जब भी लिखना शुरू किया या अच्छे–से–अच्छा लिखना चाहा, मेरे सामने प्रायः वे कथाकार रहे हैं। अगर लोगों की मुराद ये हो कि मैंने कुछ अच्छा लिखा है जिसका उल्लेख नामवर जी को करना चाहिए था और नहीं किया उन्होंने, तो हो सकता है मैंने कुछ उल्लेखनीय या महत्त्वपूर्ण नहीं किया है जिसकी तरफ़ उनकी नज़र आए। अगर किया होता तो उनकी नज़र ज़रूर गई होती। शायद उस हालत में न वे मेरी परवाह करते, न हिन्दी के किसी लेखक या पाठक की। उन्हें जो कहना होता, वे डंके की चोट पर कहते। मैं पिछले 40 वर्षों से इसी प्रयास में आज तक लगा हुआ हूँ कि ऐसा कुछ लिखूँ जिस पर उनकी नज़र जाए और उन्हें लगे कि यह काम महत्त्वपूर्ण या उल्लेखनीय है। ये बातें हैं जो मुझे लेखन में निरन्तर सक्रिय बनाए रहती हैं। यह मेरे लिए उनका बहुत बड़ा योगदान है।

आपकी रचनाओं पर काफी प्रतिक्रियाएँ आई हैं। एक ओर प्रबल समर्थन में तो दूसरी ओर काफी तीखी प्रतिक्रियाएँ–विरोध में। विशेष रूप से आपके संस्मरण *(कथित)* लेखन से करीबी दोस्त–मित्र आहत हुए हैं। रचना से यदि ऐसे सम्बन्धों पर आँच आती है तो आप क्या महसूस करते हैं? क्या इसे रचना की सार्थकता मानते हैं?

ऐसा है, 1990 के आसपास या उसके बाद से जितना मैंने लिखा है, वे सारे–के–सारे संस्मरण नहीं हैं–मेरी दृष्टि में। एक–दो–तीन ऐसे हो सकते हैं, लेकिन वे संस्मरण नहीं हैं। उन्हें क्या कहा जाए, मैं नहीं कह सकता। मैं ख़ुद नहीं जानता कि वे क्या हैं?

मैं सम्बन्धों को बनाने–बिगाड़ने की नीयत से नहीं लिखता। वे बनते हैं या बिगड़ते हैं, मैं इसकी परवाह भी नहीं करता। लिखते समय मेरे सामने वे नहीं होते

जिनके बारे में लिख रहा होता हूँ। मेरे सामने समय होता है मेरा वह पूरा परिदृश्य होता है जिसके वे तो एक हिस्सा रहे हैं। सच कहिए तो मुझे कभी-कभी लगा है कि मैं उनके बहाने बहुत सारी बातें उस काल के बारे में कह रहा हूँ। उस समय के संघर्ष के बारे में, ज़द्दोज़हद के बारे में, उस दौर के पूरे इतिहास के बारे में, उस इतिहास को बनाने, विकसित करने तोड़ने-बिगाड़ने या रचने में उनकी क्या भूमिका रही है-वे उसके हिस्सा होते हैं। अद्भुत बात यह है कि जिनके बारे में या जिनके बहाने से मैं यह सब काम करता हूँ, उन्हें अटपटा लगता है। लेकिन सामान्य पाठक जो हिन्दी के लेखक नहीं हैं, उन्हें बेहद पसन्द करते हैं। वे तथाकथित संस्मरण जब छपे तो मैंने देखा कि उन पर आने वाली प्रतिक्रियाएँ अभूतपूर्व रही हैं। मैंने सोचा नहीं था कि वे इतने पसन्द किए जाएँगे। इस अर्थ में मेरे लिए यह कतई महत्त्वपूर्ण नहीं है कि कौन नाराज होता है, कौन दुखी होता है? कहीं मैंने पढ़ा था कि मैं जिनके बारे में लिख रहा हूँ, मैं उनके प्रति ज़वाबदेह नहीं बल्कि ज़वाबदेह हूँ प्रेमचन्द या उन लेखकों के प्रति, जिन्होंने अपने दौर के बारे में या सामान्य आदमियों के बारे में लिखा है। मुझे उन्हें ज़वाब देना है जिनके बाद मैं लिख रहा हूँ। मेरे लिए महत्त्वपूर्ण वह ईमानदारी है।

परसाई ने आलोचकों के लिए यह चुनौती खड़ी की थी कि वे उनकी रचनाओं को किस खाते में डालें-कहानी कहें, निबन्ध कहें, क्या कहें? आपने भी कहानी के फार्म को तोड़ा है। इस बारे में आप क्या कहेंगे? क्या जीवित पात्रों और जीवन्त घटनाओं की कहानी नहीं होती? क्योंकि लोग इन्हें कथा-रिपोर्ताज़, संस्मरण वगैरह नाम देते हैं।

मैंने कहानी को उसके सिर के बल खड़ा कर दिया, उलट दिया। मैं कहानियों में यथार्थ से कल्पना की ओर जाता था। मैंने इन संस्मरणों में कल्पना की आँखों से यथार्थ देखने की कोशिश की। बहुतों का ख़्याल है कि जिन्हें संस्मरण कहा जा रहा है, उन्हें कहानी कहना चाहिए। कुछ लोगों ने कहा कि ये फैंटेसी है, संस्मरण नहीं हैं। इस तरह की दुविधा मैंने ख़ुद नामवर जी के भीतर भी देखी है क्योंकि वे इन्हें संस्मरण नहीं मानते। इतना तो हुआ है कि जिन पात्रों के बारे में मैं लिखता रहा हूँ, उनमें से ज़्यादातर जीवित हैं। कुछ महत्त्वपूर्ण हैं, कुछ सड़क के या चाय की दुकान के लोग हैं। परेशानियाँ मुझे झेलनी पड़ती हैं, जैसे अस्सी के लोगों के बारे में लिखा। जब-जब छपा, लगभग महीने-भर उनकी गालियाँ और धमकियाँ सुनता रहा-हाथ तोड़ देंगे, पाँव तोड़ देंगे, अँगूठा काट लेंगे वगैरह...। मैं उनके सामने जाने का साहस नहीं जुटा पाया। बाद में मैंने पाया कि धीरे-धीरे उनके भीतर भी परिवर्तन हुआ है। यही नहीं, इसके बाद मैंने उन्हें ख़ुद को बदलते हुए देखा। पहले ख़ुद अपने जीवन के बारे में वे जितना सचेत या जागरूक नहीं थे, मैंने उनके बारे में जो कुछ लिखा

था, उसे पढ़ने या परिचित होने के बाद उन्हें ऐसा लगा कि ख़ुद उन्हें बदलना चाहिए। मुझे लगा कि यदि साहित्य आदमी को बदलने में अपनी भूमिका निभा लेता है तो यह एक बड़ी क़ामयाबी है।

यदि इसे लिखने में फार्म टूटता है या एक ही फार्म में कितने फार्म चले आते हैं–रेखाचित्र के, रिपोर्ताज़ के, कहानी के, आलोचना के या निबन्ध के, और सबका मिलकर एक कोलाज तैयार होता है तो उस कोलाज को क्या नाम दिया जाए, न इसके बारे में सोचता हूँ और न उसके प्रति सचेत हूँ। मैं बच्चे पैदा कर रहा हूँ, नामकरण चाहे जिन्हें करना हो, करें, न करना हो न करें।

क्या यह आलोचना के लिए चुनौती नहीं है?

मैं इसे इस रूप में क्यों लूँ? यह सोचना मेरा काम नहीं है। चुनौती दे रहा हूँ–ऐसा सोचकर मैं लिख भी नहीं रहा हूँ। मैं सिर्फ इतना जानता हूँ कि मैंने जो लिखा है–कम-से-कम दो के बारे में तो कह ही सकता हूँ। 'देख तमाशा लकड़ी का' और 'संतो घर में झगरा भारी' के बारे में कि हिन्दी लेखकों के अभिजात तबके के भीतर इन्हें पढ़ने के बाद भयानक रिएक्शंस हुए हैं। जबकि वह तबका जो साधारण या सामान्य है, साहित्यिक क्रिया-कर्म से बाहर का है–जिसमें मेडिकल, आई.आई.टी., हिन्दी से अलग दूसरे विषयों के लोग हैं या जो दुकानों में काम करने वाले, चाय घर में बैठने वाले, सड़क पर रहने वाले हैं–ऐसे लोगों ने उन्हें बेहद पसन्द किया। उन्हें लगा कि यह हमारी जबान थी जो साहित्यिक हल्के से बाहर थी और अब यह आ रही है। एक तिरस्कृत या छूटी हुई दुनिया अगर साहित्य में आ रही है तो मुझे इससे सन्तोष है।

प्रेमचन्द के यथार्थ को आपने किस तरह तोड़ा?

मेरे दिमाग में तोड़ने जैसी बात नहीं है। मुझे लगता है कि दूसरे ढेर सारे लोग उसका विकास कर रहे हैं। मैं भी कर रहा हूँ। लेकिन इसमें दो राय नहीं–कि प्रेमचन्द की जमीन अनुर्वर हो चुकी लगती है। उसमें चाहे जितना खाद-पानी दिया जाए, जोता जाए, बोया जाए–जो फसल तैयार होती है उसमें अब वह लहलहापन नहीं है। हो सकता है, वह ज़्यादा चौड़ी, बड़ी हो गई हो, ज़्यादा हरी-भरी हो गई हो लेकिन जो दाने निकलते हैं उनमें पहले जैसा स्वाद नहीं जैसा प्रेमचन्द के ज़माने में था। इसलिए मेरे सामने एक चीज़ ज़रूर थी। मैं कहानियाँ लगातार लिखता आ रहा था। 1980 के आस-पास 'सदी का सबसे बड़ा आदमी' कहानी-संग्रह आया था। हमारे दौर के और हमारे बाद के ढेर सारे लोग लिख रहे थे। एक समस्या सबके सामने आ रही थी कि पाठक कम हो रहे हैं। कहानियाँ लिखी जा रही हैं और पढ़ी नहीं जा रही हैं। 'पाठकों का संकट'–इस विषय पर अनेक आयोजनों में बातें भी होती थीं। लोग इसका दोष दूसरों को दिया करते थे। मसलन–मीडिया, संचार तंत्र या इनके

बढ़ते हुए प्रभाव को, कि अब लोग देखने लगे हैं देखना चाहते हैं, पढ़ना कोई नहीं चाहता। इस तरह की बातें हो रही थीं। मैं नहीं जानता कि मेरे दिमाग में यह था या नहीं, लेकिन इतना ज़रूर था कि हम लिखते रहें और पढ़ने वाले न हों तो उस लिखने का मतलब क्या है? क्या ऐसा नहीं हो सकता कि लिखा जाए और लोग पढ़ने के लिए बाध्य हों? मेरा ध्यान अपनी ख़ुद की रचनाओं की तरफ़ गया और लगा कि अगर पढ़ने में लोगों की रुचि ख़त्म हो रही है तो इसके लिए बहुत कुछ लेखक भी जिम्मेदार हैं। हम जिस तरह यांत्रिक ढंग से चीज़ों को देख रहे हैं, लिख रहे हैं, जिस ज़िन्दगी के बारे में लिख रहे हैं–उस ज़िन्दगी में बदलाव आया है। इसलिए मैंने यह भी कहा था कि वस्तुतः मैं कहानी की खोज में संस्मरण की तरफ़ गया था और मैंने देखा कि उसकी जबर्दस्त प्रतिक्रियाएँ पाठकों के बीच हुईं मैं इसके बारे में सोचता था कि क्या वज़ह है कि एक ही अंक में ढेर सारी कहानियाँ निकल रही हैं और उसी में एक संस्मरण है। जिन्हें हम पाठक कहते हैं, वे पाठक संस्मरण के लिए पत्रिका खरीद रहे हैं। कहानियाँ पढ़ भले लें लेकिन कहानियाँ ध्यान आकृष्ट नहीं कर रही हैं, आकृष्ट कर रहा है तो संस्मरण। पाठकों में मैंने एक तरह की उत्तेजना या हरकत या उत्साह देखा है–संस्मरणों में। वे संस्मरण पाठकों के लिए ठंडी और ताजी हवा के झोंके की तरह थे। 'पाठकों' से मेरा आशय है कि साहित्येत्तर पाठक जिन्हें हम सामान्य पाठक कहते हैं। ताज़ुब तो यह है कि उनमें से ज़्यादातर साहित्यिक व्यक्तियों पर केन्द्रित हैं। किसी की क्यों दिलचस्पी होगी साहित्यकार के बारे में? तब मुझे लगा कि वह फार्म जिसमें हम लिखते रहे हैं, शायद आज की ज़िन्दगी को व्यक्त करने के लिए नाकाफ़ी हो रहा है। फार्म में बँधकर सुविधाजनक तरीके से लिखना अपने को भी बचाना है और समय को भी छोड़ना है। इन्हीं बातों को ध्यान में रखते हुए मैंने जो लिखा है उसे मैं तो कहानी कहता हूँ। कहानी के रूप में उसे सम्पादक ने छापा ही नहीं। उनमें से कुछ ऐसे हैं जिन्हें मैंने चाहा था कि कहानी के रूप में छापा जाए। स्वीकार नहीं हुआ सम्पादक को और उसने उसका दूसरा नाम दिया। तो कहीं–न–कहीं मेरा अवश या विवश होना रहा है जिसके चलते मैं भी उन्हें संस्मरण कहता रहा हूँ।

आप काफी लम्बे समय से कहानियाँ लिख रहे हैं। 1960 के आस–पास से। एक लेखक के रूप में अपनी कथा–यात्रा को किस रूप में देखते हैं, कितना सफल मानते हैं? ऐसा क्या था जो नहीं कर पाए, छूट गया?

'नई कहानी' की आलोचना के दौर में ही नामवर जी ने सफल और सार्थक लेखन की चर्चा शुरू कर दी थी। सफल होना एक बात है, सार्थक होना दूसरी बात है। मैंने सफलता के बारे में कभी नहीं सोचा। जब भी सोचा, सार्थकता के बारे में सोचा कि जो मैं लिख रहा हूँ वह सार्थक है या नहीं? इसी सोचने का परिणाम है

कि मेरी पूरी कथा-यात्रा में अनेक बदलाव आए हैं। सन् 1970 के आस-पास नक्सलवादी आन्दोलन से जुड़कर मैं ख़ुद एक पॉलिटिकल एक्टिविस्ट के रूप में काम कर रहा था। जब जीवन में बदलाव महसूस किया तो उसका असर साहित्य पर पड़ा। यानी मैं यह कहूँ कि '60 के दशक में अगर प्रतिनिधि के रूप में 'भोला बाबू' को चुना जाए तो '70 के दशक यानी आठवें दशक के प्रतिनिधि के रूप में 'सुधीर घोषाल' और 'ज्वान' को चुना जा सकता है। 'मुसइचा' को लिया जा सकता है। यह परिवर्तन मेरे भीतर ख़ुद-ब-ख़ुद आता गया। सायास मुझे नहीं करना पड़ा। परिवर्तन मुझमें आया इसलिए मेरी कहानियों में आया। कथा की विषय-वस्तु और पात्रों में आया। उस जीवन में आया जो हमारे कथा-साहित्य में है। इमरजेंसी के बाद मुझे लगा कि हमारे चरित्र इतने क्रान्तिकारी हैं, समाज को बदल देना चाहते हैं, सारा कुछ तोड़फोड़ देना चाहते हैं लेकिन जीवन आगे जाने के बजाय या तो अपनी जगह है या पीछे लौट गया है। जिन क्रान्तिकारी परिस्थितियों की कल्पना हम लोग किया करते थे, वे क्रान्तिकारी परिस्थितियाँ स्तब्ध हो गई हैं, ठहर गई हैं और राजनीति वह रूप नहीं ले रही जैसा हम चाहते थे। मुझे लगा, समाज को समझने में कहीं-न-कहीं गलती हुई है। 1978 के आसपास मैंने 'कविता की नई तारीख़' लिखी जिसमें अपनी उस विचारधारा का अवशेष भले हो, शायद अन्त में दिखाई पड़ता है लेकिन वह मध्य वर्ग जिससे क्रान्तिकारी होने की उम्मीद कर रहे थे, उस मध्यवर्ग, निम्न मध्य वर्ग के प्रतिनिधि के रूप में आता है उस कहानी का साढू भाई। काफी सुविधाभोगी और अपने ही आदमियों, अपने ही वर्ग, अपने ही रिश्ते-सम्बन्धों को वह बहुत ही उपेक्षा, तिरस्कार की नज़र से देखता है। मैं कह सकता हूँ कि मध्यवर्ग, निम्न मध्यवर्ग के जीवन पर लिखी गई बेहतरीन कहानियों में उस कहानी को होना चाहिए। यह एक चेंज था मेरे भीतर। 'कविता की नई तारीख' के बाद एक और चेंज आया जिसके चलते मैंने 'अपना रास्ता लो बाबा', 'कहानी सरायमोहन की' जैसी कहानियाँ लिखीं यानी वह जीवन जिसके भीतर से आग गायब हो गई है और तड़प रहा है, टूट-फूट रहा है, समाज बदल रहा है। बल्कि बिना कुछ सोचे हुए यह कहूँ कि मैं कोई ऐसा काम कर रहा हूँ जो नहीं हुआ है और होना चाहिए। मैं समझता हूँ कि सन् 1980 के आसपास वे कहानियाँ आईं जिनमें जातियाँ अपने आप आ गई हैं। 'कहानी सरायमोहन की' में ठाकुर है, ब्राह्मण है, एक हरिजन है। 'वे तीन घर' कहानी में एक हरिजन है जो अपनी ही कौम के लोगों को हिकारत से देखता है। उस हरिजन की औरत ख़ुद कहती है कि उनसे बात न की जाए जो उसी की जाति के हैं। तो 1980 के आसपास मेरी कहानियों में समाज को उपेक्षित तबका आना शुरू हुआ। हालाँकि यह भी सहसा नहीं था। मैंने 71-72 में 'चोट' जैसी कहानी लिखी थी जिसमें बनिया, ठाकुर और गड़रिया है। प्रेमचन्द के बाद-एक लम्बे अन्तराल के

बाद जाति-केन्द्रित शायद पहली कहानी थी वह। लेकिन जैसा मैंने बताया कि कहानियाँ तो निकल रही हैं, पाठक नहीं मिल रहे हैं। पाठक हैं तो अपने दोस्त, मित्र या लेखक समुदाय के लोग हैं। साथ ही मैं यह भी महसूस कर रहा था कि 30 वर्षों तक लगातार लिखते रहने के बावजूद मैं कहानियों में नहीं आ पा रहा हूँ। मेरी नज़र भले कहानियों में आती हो, लेखक छूटा जा रहा है। वह व्यक्त नहीं हो रहा है। मेरे अपने जीवन में जो उमंग, उल्लास, उत्साह, जीने का सलीका था या ज़िन्दगी के बारे में जो मैं सोचा करता था, जब कहानी लिखने बैठता तो कहानियाँ एकदम दूसरी हो जाती थीं। मैं अपनी जगह रह जाता था। वह लिखा जाना चाहिए जिसमें मैं भी हूँ। मेरा पूरा व्यक्तित्व, पूरा जीवन, जीवन-दर्शन-सारा कुछ आना चाहिए और साथ ही मेरे सामने, अगल-बगल, आसपास के ढेर सारे चरित्र जो कहानी के पात्रों की तुलना में ज़्यादा दिलचस्प हैं। दिलचस्प ही नहीं, ज़्यादा संघर्षशील हैं। उनकी अपनी समस्याएँ हैं। वे लेखक भी हो सकते हैं। तो कहानीकार होते ही मैं वह नहीं रहता था जो हूँ और मुझे लगा कि हमारे जीवन में जो पात्र हैं, हम उनके बारे में न लिखकर उन जैसे पात्रों की कल्पना करके दूसरा नाम देते हैं। वे जैसे हैं, अगर उन्हें ज्यों-का-त्यों लिखा जाए? मतलब कल्पना की आँख से यथार्थ को देखना। वे यथार्थ हैं। उन्हें मैं रिमॉडल करूँ तो कैसा हो? यह मैं उनके साथ तो नहीं कर सकता था जिनकी छवि बन गई थी। मसलन धूमिल, नागानंद, ज्ञानरंजन, कालिया, दूधनाथ, हजारी प्रसाद द्विवेदी। लेकिन वे जिन्हें मैं रात-दिन देख रहा था, जिनके बीच रह रहा था, जिन्हें सुन रहा था, और जिन्हें मैं देखता था कि जीवन के साथ-साथ उनकी राजनैतिक समझ भी है। किसी भी तथाकथित राष्ट्रीय नेता से कहीं ज़्यादा मारू और जुझारू हैं। उनकी बातें आएँ तो कैसा हो? इसी सोचने की क्रिया में मैंने 'देख तमाशा लकड़ी का' और 'सन्तो घर में झगरा भारी' जैसी रचनाएँ लिखीं।

दूधनाथ जी की कहानी 'नमो अंधकारम' पर काफी तीखी प्रतिक्रियाएँ आईं। ऐसी ही प्रतिक्रियाएँ आपकी रचनाओं पर आईं लेकिन 'नमो अंधकारम' पर आपकी प्रतिक्रिया नहीं आई। दूधनाथ जी की इस कहानी पर आपकी स्वयं की प्रतिक्रिया क्या है?

(काशीनाथ जी की पत्नी कुसुम सिंह का हस्तक्षेप-'जरा ध्यान रखिए। दूधनाथ जी समधी हैं।')

'प्रतिक्रिया' को 'जेनरलाइज' मत करो। 'नमो अंधकारम' पर प्रतिक्रियाएँ आईं लेखकों, साहित्यकारों की और 'देख तमाशा लकड़ी का' और 'संतो घर में' पर प्रतिक्रियाएँ आईं सामान्य पाठकों की-क्योंकि दूधनाथ और मेरे कथा-रिपोर्ताज़ों की भूमि अलग-अलग थी। मेरे यहाँ 'लोकतंत्र' था, चुनाव था, साम्प्रदायिकता थी, जातिवाद था, चाय की दुकान के बैठकबाज थे, दूधनाथ के यहाँ लेखक हैं, उनकी पोलेमिक्स है, पियक्कड़ी है। इस तरह जमीन छोटी और सीमित है। बाकी जहाँ तक

उस पर मेरी अपनी प्रतिक्रिया का सवाल है, मैं यही कह सकता हूँ कि दूधनाथ सिद्ध कथाकार हैं, भाषा के जादूगर हैं, सब हैं लेकिन इसकी अपील की सीमा है। इससे कहीं ज़्यादा समर्थ और प्रभावशाली 'धर्मक्षेत्रे-कुरुक्षेत्रे' है।

'अपना मोर्चा' अपने किस्म का उपन्यास था जिसे हिन्दी का नया उपन्यास भी कहा गया। आकार की दृष्टि से यह उपन्यास छोटा था। आप किसी बड़े उपन्यास को सरअंजाम क्यों नहीं दे पाए?

एक सार्थक या महत्त्वपूर्ण लेखक होने के लिए उपन्यास लिखना कोई बहुत आवश्यक नहीं लगता मुझे। चेख़व ने तो कोई उपन्यास नहीं लिखा। लू शुन ने भी कोई उपन्यास नहीं लिखा। लेकिन वे सार्थक हैं। दूसरी बात कि उपन्यास लिखने के लिए बहुत कुछ फालतू लिखना पड़ता है और मैं फालतू लिखने से बचना चाहता हूँ। अभी अपने को तैयार नहीं कर पा रहा हूँ कि मैं कोई बड़ी रचना लिखूँ जिसमें ढेर सारा मुझे फालतू लिखना पड़े। भर्ती का भी बहुत हुआ करता है उपन्यास में। यही वज़ह थी कि जब मैंने 'अपना मोर्चा' उपन्यास लिखा था तो लिखते समय मेरा पूरा ध्यान इस बात की तरफ़ था कि पढ़ने वाला कोई पैराग्राफ़ मिस न करे या उसे फालतू न लगे। छोटा भले हो लेकिन भर्ती का उसमें न हो।

ऐसे, सोचता ज़रूर रहा हूँ। मैंने लिखा भी है, जैसे लगभग आधा-तिहाई लिखे हुए दो उपन्यास पड़े हुए हैं जिन्हें मैं ख़ारिज़ कर चुका हूँ। लिखा, कोशिश की, एक-दो ड्राफ्ट भी उनके तैयार किए लेकिन फिर मुझे लगा कि बेकार हैं ये। मेरे दिमाग में है तो कि उपन्यास लिखूँगा। फिलहाल मैं जिस ज़िन्दगी के बारे में लिखना चाहता हूँ, अस्सी के बारे में, उसके दो लम्बे-लम्बे अनुष्ठ प्रकाशित हो चुके हैं। 'देख तमाशा लकड़ी का' और 'संतो घर में झगरा भारी'। उसी को आगे बढ़ाने की बात फिलहाल मेरे मन में है। दो मुझे और लिखने हैं। कई बार लिखे जा चुके हैं लेकिन मुझे सन्तोष नहीं है। सैकड़ों पेज मैंने बर्बाद किए हैं लेकिन मैं उन्हीं पर अभी काम कर रहा हूँ। पूर्ण होने के बाद मैं उपन्यास पर सोचूँगा ज़रूर।

लेकिन मैं उपन्यास को इतिहास के रूप में नहीं लिखना चाहता, चाहे वह 'पहला गिरमिटिया' हो, चाहे 'काल-कथा'। मैं अभी तक अपने को इस बात के लिए भी तैयार नहीं कर पाया हूँ कि झोपड़पट्टी या आदिवासियों की ज़िन्दगी या साहित्य में जो फैशन हुआ करता है कि जैसे दलित आन्दोलन चल रहा है तो दलितों के बारे में लिखा जाए या लिखना चाहिए। मैं इसके लिए अपने को कन्विन्स नहीं कर पा रहा हूँ क्योंकि जिन दलितों की बात कर रहे हैं, वे भी उसी मध्यवर्ग की तरफ विकसित हो रहे हैं जिनसे हम गुजर चुके हैं और जिनके अन्तर्विरोधों, अन्तर्संघर्षों और खोखलेपन को देखा है। जैसा मैंने कहा कि मैं इतिहास को नहीं, अपने वर्तमान को ही लिखना चाहता हूँ जो जी रहा हूँ।

'अपना मोर्चा' जब प्रकाशित हुआ था तबसे आज की परिस्थितियाँ और अधिक जटिल हुई हैं। तो ऐसी परिस्थितियों में, उपभोक्तावादी-बाजारवादी माहौल में 'ज्वान' की भूमिका को आप किस रूप में देखते हैं?

'ज्वान', नक्सल आन्दोलन और मार्क्सवादी-लेनिनवादी पार्टी जब बन रही थी, उसकी उपज था वह चरित्र। आज वह 'ज्वान' बिहार के जाति-युद्ध में लगा हुआ है। उसकी स्थिति बड़ी विचित्र हो गई है। अगर वह 'ज्वान' ही है तो 5-10 एकड़ के काश्तकार को जमींदार समझ रहा है और उनकी हत्या कर रहा है। हत्या करते समय वह यह भी देख रहा है कि वह किस जाति का है। यानी उसकी पूरी सोच क्रान्तिकारी दर्शन से हट चुकी है। जब वह उस ज़माने में क्रान्ति की बात करता था तो उसके सामने बड़े-बड़े सामन्त और जमींदार हुआ करते थे। आज वह उन्हें जमींदार या सामन्त कह रहा है जो मामूली काश्तकार रह गए हैं। 'ज्वान' की एक जाति भी हो गई है जो उस समय नहीं थी। मैं संक्षेप में इतना ही कह सकता हूँ कि जिसके सामने उन दिनों आदर्श हुआ करता था, एक वैचारिक आदर्श, वह वैचारिक आदर्श समाप्त हो चुका है। वह ख़ुद बहुत ही उलझा हुआ, अस्पष्ट और दिशाहीन जैसा हो चुका है। ऐसी स्थिति में वह जिस समाज का प्रतिनिधित्व करता था, वह उस समाज़ से कटकर किस तरह के लोगों को गोलबन्द करने में लगा हुआ है, इसको आप बिहार में होने वाले नरसंहार को देखकर समझ सकते हैं।

दुखद तो यह है कि उपभोक्तावादी, बाज़ारवादी माहौल में 'ज्वान' उन्हीं का एक मोहरा बन चुका है। उसे इसी रूप में हम-आप देख रहे हैं। जैसे बिहार का ही उदाहरण अगर आप लें तो बिहार का रहने वाला आम आदमी बार-बार सोचता है कि जमींदार और सामन्त कहकर वह मामूली आदमियों की हत्या तो कर रहा है। लेकिन उसी बिहार में टाटा भी हैं। उसकी छत पर एक भी पत्थर नहीं फेंका जाता। उसी बिहार में ढेर सारी कोयला खदानें हैं, उनके मालिक हैं, प्राइवेट खदानें आज रह गई हैं या नहीं, नहीं कह सकते, लेकिन इतने वर्षों से बिहार में चली आ रही हत्याओं में से एक भी ऐसी हत्या नहीं है जो किसी पूँजीपति की या सचमुच किसी जमींदार की हुई हो। सारी हत्याएँ सामान्य आदमियों की हो रही हैं। फिलहाल 'ज्वान' मुझे उन्हीं लोगों के भीतर कहीं दिखाई पड़ रहा है जिन्हें हम हत्यारा कहते हैं।

कुछ चुके हुए लोगों द्वारा पिछले वर्षों में 'न लिखने के कारण' खोजे जा रहे थे। इस बारे में आपका क्या मत है?

आप ख़ुद ही कह रहे हैं कि यह चुके हुए लोगों का शगल है। मुझे कभी नहीं लगा कि मैं चुक गया हूँ। इसलिए यह समस्या मेरे सामने कभी रही ही नहीं। अगर रही है तो बस इतनी कि मैं जो चाहता था उसे नहीं लिख पा रहा था। बस इतनी सी

बात थी। मेरी समस्या यह कभी नहीं थी कि मैं न लिखने का कारण खोजूँ। इसलिए न लिखने या लिख पाने की समस्या उनके सामने हो सकता है जो जीवन और समाज से कट गए हैं। जो उससे जुड़े हुए हैं, उनकी समस्याएँ भिन्न किस्म की होती हैं। लिखना चाहते हैं, लिखने के लिए बहुत कुछ है लेकिन नहीं लिख पा रहे हैं। इसमें बाधा खड़ी करने वाली चीज़ होती है या तो भाषा की या फार्म की। हमें वह फार्म नहीं मिल पा रहा है जिसमें, जिस भाषा में हम लिखना चाहते हैं। जैसे मैं अपना अनुभव बताऊँ। कहानियों और संस्मरणों के बीच कुछ वर्षों का गैप था। मेरे पास लिखने के लिए था लेकिन कहानियाँ या कहानी का फार्म नाकाफ़ी था। 2-3 साल परेशानियाँ रही थीं क्योंकि मैं फिर कहानी लिखना नहीं चाहता था और नए फार्म की तलाश में था। वह फार्म जैसे ही मुझे मिला, मैंने शुरू कर दिया।

हिन्दुस्तान में जिस तरह के हालात हैं, उसमें लेखक का नौकरीपेशा होना क्या ज़रूरी है और यह लेखन में बाधक है या सहायक?

ज़रूरी तो नहीं। लेकिन फ्रीलांसर होकर रहना मौजूदा समाज में थोड़ा मुश्किल काम है। आप जानते हैं कि फ्रीलांसर लेखक भी कहीं-न-कहीं अपनी जीविका के लिए मीडिया की तरफ़ जा रहे हैं। खेतीबाड़ी खत्म हो रही है और वह लेखक के बस की बात नहीं है। तो हम जैसे निम्न मध्यवर्गीय आदमी या तो खेतीबाड़ी करें या नौकरी या व्यवसाय करें। व्यवसाय के लिए पैसा चाहिए जो उसके पास नहीं है। इन स्थितियों में वह कहीं-न-कहीं नौकरी करने के लिए बाध्य होता है। मैं सामान्य बातें न कर अपने अनुभव के आधार पर कुछ कहना चाहता हूँ। मैंने भी नौकरी की काशी हिन्दू विश्वविद्यालय में। वहाँ 30 वर्षों तक अध्यापक था। मुझे लेखक भी होना था और नौकरी भी करनी थी। मैंने अपने लिए एक निर्णय लिया कि जैसे ही विश्वविद्यालय की चारदीवारी के बाहर आऊँगा, मैं अध्यापक नहीं रह जाऊँगा। अध्यापक मुझे रहना ही नहीं है। मुझे उन लोगों के बीच जाना है जिनके जीवन के बारे में मुझे लिखना है-सड़क है, बाज़ार है, चायघर है। बल्कि समाज को बदलने के लिए जो छोटे-मोटे संघर्ष चल रहे हैं उनमें हिस्सा भी लेना है और यह मैंने किया। अध्यापक की जिम्मेदारी विश्वविद्यालय तक। उसकी नैतिकता, शालीनता, मर्यादाएँ वहीं तक! चरित्र-निर्माण की बातें सिर्फ कक्षा के भीतर! उसके बाहर मैंने ये सारी चीज़ें छोड़ दीं-नैतिकता भी, शालीनता भी, मर्यादाएँ भी। ये आवरण हैं इस शाल की तरह जो इस समय मैं ओढ़े हूँ। शाल ओढ़ लिया सो शालीन! मैंने देखा कि अधिकारी लोगों को तो यह अटपटा लगता था लेकिन विद्यार्थियों या सामान्य लोगों के भीतर मेरे इन कामों के प्रति सम्मान का भाव था। इसी सन्दर्भ में मैं बताना चाहता हूँ कि अश्लीलता और गाली-गलौज से भरा हुआ कथा-रिपोर्ताज़ कहे जाने वाले 'संतो घर में झगरा भारी' हमारे विश्वविद्यालय बी.एच.यू. के निन्यानवे प्रतिशत

अध्यापक या प्रशासक वर्ग से जुड़े लोगों को तो वह बड़ा अश्लील अभद्र लगा लेकिन मैंने देखा कि उसी विश्वविद्यालय के छोटे-मोटे कर्मचारी, सेन्ट्रल ऑफिस में काम करने वाले छोटे-मोटे क्लर्क फोटोस्टेट करवाकर उसे पढ़ रहे हैं, पसन्द कर रहे हैं।

तो नौकरी करते हुए भी अपने 'रचनाकार' को जिन्दा रखा जा सकता है और इसका सबूत पेश कर रहे हैं आज़ के वे लोग जो अध्यापक के सिवा भिन्न नौकरियों में हैं-पुलिस व प्रशासन से जुड़े लोग, इंजीनियर और डॉक्टर। सबसे अच्छी बात यह हुई है कि आज साहित्य केवल हिन्दी पढ़ने-पढ़ाने वाले अध्यापकों की चीज़ नहीं रह गया है। लिखने वालों की तादाद बढ़ी है और उसमें ढेर सारे इंजीनियर्स, डॉक्टर्स, पुलिस प्रशासन, आई.ए.एस. अधिकारी या छोटी-मोटी नौकरी करने वाले लोग आए हैं जिनका साहित्य से कोई ताल्लुक़ नहीं था। इस अर्थ में देखा जाए तो हिन्दी का रचनात्मक साहित्य पहले की तुलना में काफी चौड़ा और विस्तृत हुआ है। वह जीवन जो कहीं-न-कहीं छूट गया था, आज सारा-का-सारा भरपूर दिखाई पड़ने लगा है। मुझे नहीं लगता कि नौकरी बाधक हो सकती है क्योंकि मेरे लिए कभी नहीं रही। मैंने जो कुछ किया है, उन बाधाओं से लड़ते हुए ही किया।

आपके पसन्दीदा लेखक कौन-कौन-से रहे हैं-देशी और विदेशी, जिन्होंने आपको प्रभावित किया?

हिन्दी लेखकों में तीन लेखक-प्रेमचन्द, फणीश्वर नाथ रेणु और हरिशंकर परसाई। विदेशी लेखकों में चेखव, तुर्गेनेव और इन दोनों से ज़्यादा टालस्टाय और अमेरिकी लेखक अर्नेस्ट हेमिंग्वे। ये मेरी पसन्द के लेखक रहे हैं। इनसे मैंने बहुत कुछ सीखा है।

('कहन' 2000 में प्रकाशित)

साहित्य में क्रान्ति कर रहे हैं, जीवन जहाँ का तहाँ है

[कृष्ण प्रताप सिंह से बातचीत]

'काशी का अस्सी' से ही बात शुरू की जाए, कई लोग इसकी भाषा को लेकर सवाल खड़े करते हैं।

'काशी का अस्सी' की भाषा उन्हें ही नागवार लगी है, जो गाँव में रहने वालों को गँवार और देहाती भुच्चड़ कहते हैं, जो अपने ड्राइंग रूम और लॉन को छोड़कर महज अपने दफ़्तर जाते हैं, सड़कों और फुटपाथों से कोई वास्ता नहीं रखते। 'काशी का अस्सी' में प्रयुक्त शब्द, मैं कई बार बता चुका हूँ, गालियाँ नहीं हैं, वे वहाँ के लोगों की जुबान की टेक हैं, ये 'गालियाँ' किसी को सम्बोधित नहीं हैं और पात्रों की झुँझलाहट या भड़ास भर हैं। कई कथाकार ऐसे शब्दों के प्रयोग से बचने के लिए डॉट-डॉट या डैश-डैश का प्रयोग करते हैं। मेरी नजर में, ऐसा करना इन शब्दों का ही नहीं जनवाणी/जनभाषा का भी अपमान है, धोखाधड़ी है। मैं कहता हूँ कि या तो इन्हें लिखो मत और लिखो तो शरमाओ मत। ये गालियाँ नहीं लोक प्रचलित मुहावरे हैं, जिनके बनने में सदियाँ लगी हैं। ऐसा एक मुहावरा जो अर्थ देता है, उसे कई पृष्ठों में भी नहीं कहा जा सकता।

आपका नक्सलवादी आन्दोलन से सीधा और खासा गहरा ताल्लुक रहा है, क्या सोचकर इस आन्दोलन के साथ हुए थे? क्या वे अपेक्षाएँ पूरी हुईं? नहीं हुई तो क्यों? कैसी बाधाएँ आईं?

सोचा था समाज को बदलेंगे, भ्रष्ट और निकम्मी होकर लुटेरों के संगठन में बदल गई सत्ता के शिकंजे से साधारण आदमी को मुक्त करेंगे, परिवर्तनकारी शक्तियों से सम्पर्क कर साहित्य को समृद्ध करनेवाले अनुभवों को स्थापित करेंगे। सच पूछिए तो यह एक रोमैंटिक किस्म का रुझान था। इसका असर मेरे लेखन पर भी पड़ा। तभी मैं 'आदमीनामा', 'सुधीर घोषाल', 'मुसइचा' और 'लाल किले के बाज' जैसी कहानियाँ लिख सका, तब मानता था कि हम साहित्य से भी समाज को बदल सकते हैं। पर ऐसा नहीं हुआ। आज हम साहित्य में तो क्रान्ति कर रहे हैं मगर

जीवन जहाँ का तहाँ है। उसमें कोई परिवर्तन नहीं हो रहा। दूसरी आजादी की लड़ाई कहें या आन्दोलन, एक टर्निंग प्वाइंट है, जिसके बाद परिवर्तनों का रुख दक्षिणपंथ की ओर हो गया...दरअसल, नक्सलवादी विचारधारा के अपने खोट और अन्तर्विरोध थे। कॉमरेडों के सिद्धान्त और जीवन में, एक गहरी चौड़ी फाँक दिखती थी। व्यक्तिगत हिंसा और एनीहिलेशन (शत्रुओं के सफाए) पर जोर था। संसदीय प्रजातंत्र में विश्वास नहीं था, लेकिन विश्वास होता तो भी बात नहीं ही बनती, क्योंकि अकेला चना भाड़ नहीं फोड़ सकता, नक्सलवादी ग्रुप भी एक नहीं थे और उनमें आपस में ही वैर चलता रहता था। अभी भी यह जारी है।

हाँ, वामपंथी ताकतों में यह अलगाव तो आज भी है। इसीलिए सत्ता परिवर्तनों में उनकी भूमिका पुछल्लों से ज्यादा की नहीं है।

देखिए, इस सबको व्यापक परिप्रेक्ष्य में देखना चाहिए, सोवियत संघ के विघटन के बाद दुनिया का नक्शा ही बदल गया है। अमेरिका ने, जिसे हम नवसाम्राज्यवादी कहते हैं, अपने हित में भूमंडलीकरण का सिद्धान्त बना लिया है तो हमने उदारीकरण के नाम पर उसके समक्ष आत्मसमर्पण कर रखा है, सो अपने देश में हो यह रहा है कि सरकार चुनते भले हम हैं मगर वह सुनती अमेरिका की है या फिर भूमंडलीकरण के ताबेदारों विश्व बैंक, अन्तर्राष्ट्रीय मुद्राकोष और विश्व व्यापार संगठन की। ब्रिटिश साम्राज्यवाद और अमेरिकी नवसाम्राज्यवाद में एक बड़ा फर्क यह है कि ब्रिटिश लोग अपने उपनिवेशों में रहते थे, जबकि नवसाम्राज्यवाद हमारे देश में हमारे ही लोगों की मार्फत जो चाहता है, कर रहा है। सोवियत संघ के विघटन के बाद से यह प्रक्रिया बहुत तेज हो गई है और इसका असर मार्क्सवाद में विश्वास जताने वाली सारी वामपंथी पार्टियों पर पड़ा है। मुझे लगता है कि इस सारी स्थिति पर नए सिरे से विचार किया जाना चाहिए, कई लेखक और बुद्धिजीवी कर भी रहे हैं।

ऐसे में हिन्दी साहित्य में जो कुछ रचा जा रहा है, उस पर आपकी राय? क्या सन्तुष्ट होने लायक स्थिति है?

हाँ, हमारे समय की सबसे बड़ी चुनौती यह भूमंडलीकरण ही है और हिन्दी के लेखक अपने स्तर पर उससे जैसी मुठभेड़ करनी चाहिए, कर रहे हैं। जब से 'विश्व ग्राम' बना है, क्षेत्रीय अस्मिताएँ अपनी पहचान के लिए परेशान हैं। हमारे बचपन का एक गीत है–यह दुनिया इतनी बड़ी मगर संसार हमारा छोटा सा। सब चढ़ें जहाजों, रेलों पर, इक्के ताँगों और ठेलों पर, चाबी से चलने वाला मोटर कार हमारा छोटा–सा। आज का संकट यही है कि यह हमारा 'छोटा सा' भी कुछ बचेगा या नहीं और हिन्दी के लेखक इसे बचाने की जद्दोजहद में लगे हैं, 'अपनी' अस्मिताओं को शब्द दे रहे हैं। मेवात के मुसलमानों पर भगवान दास मोरवाल का उपन्यास

'काला पहाड़' पढ़ लीजिए, चाहे सरगुजा की धर्मान्तरित जनजातियों के जीवन पर तेजिन्दर का 'काला पादरी'। उराँव आदिवासियों के जीवन पर एक कथाकार मनमोहन पाठक का 'गगन घटा घहरानी' हो, संजीव का 'जंगल जहाँ से शुरू होता है' या फिर एस.आर. हरनोट 'हिडिम्ब', उनमें भूमंडलीकरण के विरोध के चित्रण के साथ अपनी पहचान की, हाशिये के लोगों की चिन्ता है, जिसे साहित्य आवाज दे रहा है। भूमंडलीकरण के ही हिस्से बाजारीकरण के विरुद्ध भी हिन्दी संसार मुखर है, क्योंकि उसे पता है कि और कोई रास्ता नहीं है, मुक्ति का मार्ग इधर से ही होकर गुजरता है।

जब सामान्य देशवासियों का जीवन दुखों के हाट में बदल गया है, साहित्यिकों का पुरस्कारों को लेकर लड़ना-झगड़ना क्या आपको विचलित नहीं करता? कथाकार के तौर पर सर्वाधिक दुखी किस बात से होते हैं?

इन्सानियत को लगातार मरती देखना अपने निकट सबसे बड़ा दुख है। अब तो हादसों के वक्त भी लोग नहीं जुटते, न दूसरों के दुख से दुखी होते हैं। बाजारवाद ने मानवीय रिश्तों को बुरी तरह से झिंझोड़ डाला है। आपको बता दूँ जहाँ मैं रहता हूँ, यहाँ पहले कुंजड़िनें आती थीं जो अपने द्वारा उगाई हुई सब्जियाँ बेचती थीं। अब वे सब्जियाँ उगाकर नहीं बाजार से खरीद कर बेचती हैं। बाजार पर भूमंडलीकरण का असर यह है कि उत्पादन घटा है और उपभोग पर जोर बढ़ा है। नवसाम्राज्यवाद का अभीष्ट भी यही है कि उत्पादक श्रम घट जाए, खत्म हो जाए और उसकी जगह उपभोग व्याप जाए। भारत जैसा देश भी बाजार में बदल जाए। निर्मम बाजार में जहाँ संवेदनशीलता के लिए कोई जगह न रह जाए। कैलाश बनवासी की एक कहानी है 'बाजार में रामधन'। रामधन खेतिहर किसान है, जिसका बी.ए. पास बेरोजगार बेटा हर तरफ से हार जा चुका है तो रामधन से कहता है कि वह अपने दो जोड़ी बैल बेच दे और जो पैसे मिलें, उनसे उसे कोई धंधा शुरू करा दे। रही खेत की जुताई की बात तो उन्हें ट्रैक्टर से करा लिया जाएगा। रामधन अपने बैलों को लेकर संवेदनशील है और उन्हें बेचना नहीं चाहता। मजबूरी में वह उन्हें बाजार में ले जाता है तो भी जान-बूझकर उनकी कीमत इतनी ज्यादा रखता है कि वे बिक न पाएँ। मेरा सबसे बड़ा दुख यही रामधन का दुख है, बेटे को बाजार के शिकंजे में जकड़ते देखना और अपनी संवेदनशीलता पर नए-नए दंश व आशंका झेलना। हम अपना आदमी होना ही सिद्ध करने में विफल हो रहे हों तो दुख तो सालेगा ही।

ऐसे में आपको अभीष्ट सबसे बड़ा सुख कौन-सा है?

यथार्थ के आधार पर निर्मित वह कल्पना लोक, जिसमें कथाकार के रूप में जाता हूँ तो सुकून मिलता है।

(लोकमत, नागपुर 19 जून 2005 में प्रकाशित)

हँसी और मस्ती खो रहा है बनारस

[पाणिनी आनन्द से बातचीत]

बनारस के लोगों और उनके जिस चरित्र और स्वच्छंदता की चर्चा आपने अपने चर्चित उपन्यास 'काशी का अस्सी' में की है, उस स्वच्छंदतावाद को आज कहाँ पा रहे हैं?

जब 'काशी का अस्सी' लिखा था तो दो राजनीतिक घटनाएँ हुई थीं। एक तो मंडल आयोग लागू हुआ था और दूसरा उसके एक साल बाद बाबरी मस्जिद का विध्वंस। मेरी नजर इस बात पर थी कि बनारस के जनजीवन को ये घटनाएँ किस तरह से प्रभावित कर रही थीं।

मैंने पाया कि लोगों के सामने समस्याएँ विकट थीं पर बनारस की मस्ती पर इन घटनाओं का कोई फ़र्क नहीं पड़ा था। अधिकांश लोग मंडल आयोग के समर्थक थे और बाबरी विध्वंस के विरोधी।

हाँ, एक परिवर्तन हुआ और वो हुआ बड़े पैमाने पर विदेशियों के आगमन के चलते 90 के बाद कोई सितार, तबला तो कोई संस्कृत सीखने यहाँ आ रहे थे और इसका पहला असर यह हुआ कि घाटों के तमाम घर लॉजों में बदलने लगे। सारी चीजें जिस दिशा में जाती हुई दिखाई दीं, उसके केन्द्र में बाज़ारवाद था। इस बाज़ारवाद ने बनारस के जीवन को धीरे-धीरे अपनी गिरफ़्त में लेना शुरू किया और यह पाया जाने लगा कि हर आदमी धीरे-धीरे परेशान होने लगा। परिवर्तन सीधे-सीधे इस नगर में दिखाई देने लगा और मैंने इसी बात की ओर 'काशी का अस्सी' में संकेत दिया है कि वो हँसी इस शहर से धीरे-धीरे जा रही है।

पर बनारस ने विदेशियों को तो हमेशा ही आकर्षित किया है। दो-तीन दशकों पहले भी तमाम विदेशी पर्यटक आए। हिप्पी कल्चर के चलते भी कई लोग आए। ये असर तब क्यों नहीं पड़ा?

60 के दशक में गिन्सबर्ग आया था अपने कुछ दोस्तों के साथ। वो यहाँ के लेखकों से मिलते थे और या फिर भिखमंगों और जादू दिखानेवालों में उनकी

दिलचस्पी होती थी। और भी लोग आए पर अब तो विदेशी बहुत बड़ी तादाद में आते हैं। वो यहाँ विश्वविद्यालय में दाखिला लेते हैं और फिर साल-दो साल के समय में यहाँ के जीवन का अध्ययन करते हैं।

अस्सी के दशक में ध्रुपद मेले से यहाँ संगीत समारोहों का आयोजन बढ़ा और उसने भी इन्हें बड़ी तादाद में इस नगर की ओर आकर्षित किया।

लम्बे समय तक यहाँ के पाँच सितारा होटलों में रहने के बजाय वे घाटों पर बने लॉजों और होटलों में रहना पसन्द करते हैं क्योंकि यहाँ का मुख्य आकर्षण गंगा और उसके घाट हैं।

पिछले कुछ सालों में जिन एक-दो कमरों का किराया आसपास के ज़िलों से आए लोग महीने में तीन सौ रुपए तक देते थे उसी के लिए विदेशियों ने पाँच सौ रुपए प्रतिदिन की दर से देना शुरू कर दिया। विदेशियों की सुविधा को देखते हुए घरों के मन्दिर शौचालयों में बदलने लगे।

पर क्या ख़त्म होता स्वच्छन्दतावाद केवल बनारस के लिए ही चिन्ता का विषय है या फिर बनारस के बाहर अन्य देशों और शहरों में भी ऐसा परिवर्तन हो रहा है। अगर हाँ तो आप इसे क़िस रूप में देख रहे हैं?

ये नगर मर रहा है और इसकी जगह पर एक दूसरा नगर पैदा हो रहा है। मैं समझता हूँ कि ऐसा केवल यहाँ ही नहीं है। बाकी महानगरों में भी ऐसा ही होता होगा।

मैंने बनारस में एक घर बनवाया है। आप दिल्ली में हैं। पता नहीं आपको ऐसा लगता है या नहीं पर मुझे कभी-कभी लगता है कि मैं एक विस्थापित हूँ। मैंने अपना गाँव पचास साल पहले छोड़ा था। इस कॉलोनी में जितने लोग रहते हैं, उनके अपने-अपने गाँव हैं। आज सबसे उनके गाँव छूट गए हैं। लोगों को यह नहीं मालूम कि जहाँ वो आकर बसे हैं, वहाँ कौन-सा गाँव होता था।

लोग अपनी जड़ों की बातें तो ख़ूब करते हैं पर सबने स्वेच्छा और सुविधा के साथ अपनी जड़ें छोड़ी हैं, जो थोड़ा बहुत बचा है, वो इन जड़ों का संस्कार है आनेवाली पीढ़ी को इससे कोई मतलब नहीं है।

हिन्दी में आज का जो लेखन है, उसकी जड़ों को आप कहाँ पाते हैं। कहाँ हैं आज वो जड़ें, वो क्या खा रही हैं और उन पर क्या फल रहा है?

साहित्य में पढ़नेवालों का विस्तार हुआ है और लिखनेवालों का भी इसके क्षेत्र भी काफी विकसित हुए हैं। आज वे भी लिख रहे हैं जिनके बारे में हम लिखा करते थे या जो पढ़ना-लिखना नहीं जानते थे। एक खुलापन तो आया है।

ज्यादातर लिखनेवाले सवर्ण होते थे लेकिन जिन्हें हम दलित या स्त्रियाँ या आदिवासी कहते हैं आज उनमें भी लिखनेवालों की तादाद बढ़ रही है। ये लोग

अपने जीवन के बीच से विषयों को उठा रहे हैं और लिख रहे हैं। जड़ों से कटे हुए तमाम लोग भी हैं जो महानगरों में बैठकर लिख रहे हैं, जो एयरकंडीशनर में रह रहे हैं। अपने ड्राइंगरूम में बैठकर किताबें पढ़ते हैं, चिन्तन करते हैं और तफ़रीहन अपने लेखन की लोकेशन देख आते हैं, जिसके बारे में लिखते हैं। उनके पास सधी हुई ज़बान और भाषा है और वो लिख रहे हैं।

जिनके पास ताज़गी है, उनसे आशाएँ की जा सकती हैं और मुझे सम्भावनाएँ अनन्त दिखाई दे रही हैं। जहाँ तक पाठकों का सवाल है, लोग रोना रोते हैं कि पाठक नहीं हैं पर जिन लोगों के पाठक कम हैं, उसके लिए दोषी केवल प्रकाशन नहीं है, वे ख़ुद भी हैं।

अंग्रेज़ी में लिखनेवालों को विदेशों में प्रकाशकों से अच्छा पैसा मिल रहा है पर क्या हिन्दी के लेखकों को उतना मिल रहा है, जितना उन्हें मिलना चाहिए?

इस बात को कुछ इस तरह देखना चाहिए कि अचानक विश्वसुन्दरियों के समारोहों के आयोजकों को भारत या अन्य अल्पविकसित या अर्धविकसित देशों में सुन्दरता क्यों नज़र आने लगी है।

ये बाज़ारवाद के प्रभाव के चलते है, जिस दिन हमारे लिए बाज़ार महत्त्वपूर्ण होगा, शायद हमारे लेखन का तेवर बदल जाए। हम अपनी परम्परा की रोशनी में लिखते हैं और कलम उठाते हैं तो यह ध्यान रहता है कि सतुआ खाकर लिखनेवाले नागार्जुन और त्रिलोचन जैसे लोग हमारे पुरखे रहे हैं।

हमें मालूम है कि प्रकाशक हमारे लेखन के लिए सही अर्थों में कुछ नहीं देता लेकिन लिखने को हम एक दायित्व समझकर लिखते हैं।

पर यह दायित्वबोध कितने लेखकों में देखने को मिल रहा है?

देखिए, हिन्दी का पाठक, निम्न-मध्यवर्ग का है। तमाम लिखनेवाले इसे ध्यान में नहीं रखते और अपना पाठकवर्ग लिखनेवाले के दिमाग में बहुत कम होता है। इसे ध्यान में रखकर लिखनेवाले आज कम हैं।

ऐसा लिखनेवालों में एक नाम हरिशंकर परसाई का है। इनके पाठकों की तादाद बहुत ज़्यादा थी। वो दो-दो पेज के अद्भुत व्यंग्य लिखते थे। सवाल तो है पर मैं निराश नहीं हूँ।

हिन्दी साहित्य में आजकल विषयों का चयन और आलोचना, दोनों को आप कहाँ पा रहे हैं?

पहले तो नहीं पर अब विषयों के चयन पर खासा ध्यान दिया जा रहा है। उन विषयों पर लिखा जा रहा है जो छूटे-छिटके हैं और जिनपर पहले बहुत ध्यान नहीं दिया गया है।

जहाँ तक आलोचना का सवाल है, जो स्थिति मैं देख रहा हूँ उसके हिसाब से

शायद नामवर सिंह आलोचना के आख़िरी आचार्य हैं। इसके बाद आलोचक हैं पर आलोचना सर्वमान्य नहीं रही जो आचार्य हजारीप्रसाद द्विवेदी और आचार्य रामचन्द्र शुक्ल जैसे आलोचकों ने दी थी।

आज आलोचना का मतलब पुस्तक समीक्षा है। इनकी भाषा एक जैसी है। कहानी की किताब का शीर्षक हटा दें तो दो किताबों के लिए समझना मुश्किल हो जाता है कि कहना क्या चाहते हैं।

सन्तोष बस यह सोचकर होता है कि छायावाद में निराला, पंत, प्रसाद, महादेवी जैसे लोग लिख रहे थे। उस समय भी आलोचना छायावाद से पीछे थी। आलोचना, रचना के पीछे ही चलती है।

मैं आलोचना के विकास से सन्तुष्ट नहीं हूँ पर रचनाओं के विकास से सन्तुष्ट हूँ।

(बीबीसी हिंदी डॉट कॉम, 6 जुलाई 2005 में प्रकाशित)

कहानी की जरूरत बनी हुई है

[कंचन पांडेय से बातचीत]

आज के व्यस्ततम समय में कहानी की अर्थवत्ता क्या है?

देखिए, जीवन जीना एक अलग बात होती है। कुछ लोग जैसे-तैसे उम्र काटने के लिए जीवन जीते हैं परन्तु जो लोग जीवन जीने के लिए जीते हैं, वे ही रचनाएँ करते हैं। रचनाएँ इस समाज को कुछ देने के उद्देश्य से की जाती हैं। अपनी बातों को सामान्य जनता तक पहुँचाने के लिए की जाती हैं। अत: आज भी इन कहानियों की जरूरत बनी हुई है।

कहानी का पूरा प्लाट पहले से आपको स्पष्ट होता है या फिर अपने को कथा की स्वाभाविक गति के हवाले कर देते हैं?

कहानीकार जो है, वह इस समाज में ही जीता है और वह अपने आसपास होने वाली घटनाओं में से ही कहानीयोग्य घटना को चुन लेता है और फिर अपनी कल्पना और अनुभव की मदद से कहानी लिखता है।

क्या आपने भी अधिकांश रचनाकारों की तरह महाविद्यालय में पढ़ने के दौरान ही लिखना शुरू कर दिया था?

नहीं, मैं जब आप लोगों की तरह महाविद्यालय में था, तब मात्र पढ़ता था। उस समय मैं छोटी-मोटी बातों को आधार बनाकर ही कुछ टिप्पणियाँ कर देता था। सही अर्थों में लेखन तो मैंने बहुत बाद में शुरू किया।

लेखन के शुरुआती दौर में रचनाकारों को काफी संघर्ष करना पड़ता है। निराला का उदाहरण सामने है। क्या आपको भी मुश्किलें उठानी पड़ीं?

हाँ, नवोदित लेखकों को साधना की शुरुआत में ही मान-सम्मान या प्रतिष्ठा नहीं मिल जाती। उन्हें संघर्ष करना पड़ता है। कभी-कभी तो दस-पन्द्रह वर्षों के लम्बे संघर्ष के बाद उन्हें प्रतिष्ठा मिलती है। मुझे भी आरम्भ में अपनी रचनाओं को प्रतिष्ठा दिलवाने के लिए बहुत संघर्ष करना पड़ा और यह सिलसिला तो कई वर्षों तक चला।

आजकल की कहानियाँ अधिकतर जटिल और दो संस्तरों को समाहित किए हुई होती हैं, जिन्हें सामान्य पाठक नहीं समझ सकता। ऐसी कहानियों के बारे में आपको क्या कहना है?

(मुस्कराते हुए) मेरी कहानियाँ तो सामान्य जनता से जुड़ी होती हैं। उनके समझने लायक होती हैं। हाँ, ये अपने सहज-सरल लघु कलेवर में भी मनन करने योग्य अनेक बातें रखती हैं।

कहानियाँ प्रायः सामान्य जनता के लिए लिखी जाती हैं परन्तु पुस्तकें उनकी पहुँच के बाहर होती हैं। इस मसले का हल कैसे किया जा सकता है?

हाँ, यह समस्या तो है परन्तु मात्र ऐसा सोच कर ही लिखना नहीं छोड़ा जा सकता। आज दलितों में भी जागरूकता आ रही है। आरक्षण की सुविधा मिलने के कारण धीरे-धीरे ही सही उनमें पढ़ाई-लिखाई के प्रति रुझान बढ़ रहा है। इन दलितों में कुछ लोग रचनाकार भी हैं। इससे परिदृश्य में बदलाव की उम्मीद जगती है। हम यह आशा करते हैं कि वंचितों तक भी रचनाएँ पहुँचेंगी।

सृजन के पहले, सृजन के दौरान और इसके बाद एक रचनाकार के रूप में आपकी मनःस्थिति क्या होती है?

सबसे पहले तो मैं सृजन शब्द का इस्तेमाल नहीं करना चाहता हूँ क्योंकि यह अपने आप में आभिजात्यबोधक शब्द है। कला की दुनिया के नफासत पसन्द लोग इस शब्द का प्रयोग करते हैं। सृजन शब्द विशेष प्रकार के संस्कृतिकर्मियों के लिए प्रयुक्त किया जाता है। अपने बारे में यही कहूँगा कि मैं लिखता हूँ। जब मुझे लिखना होता है तब लगभग मैं शान्त हो जाता हूँ। किसी से मिलना-जुलना नहीं चाहता, बस अकेले रहना चाहता हूँ। मेरा ध्यान तब रचना की तरफ होता है, जिसके बारे में मुझे लिखना है। वे क्षण एक प्रकार से गहन तनाव के क्षण हुआ करते हैं। औरत जब किसी भी नायाब चीज को जन्म देती है, उस समय वह जो तनाव झेल रही होती है, कुछ उसी तरह के तनाव से एक लेखक भी रचना के दौरान गुजरता है। अलबत्ता यह तनाव एक सुन्दर तनाव होता है। लिखने के दौरान सबसे प्यार से बातें होती हैं। रचना करते समय एक लेखक वस्तुतः सर्वोत्तम मनुष्य के रूप में होता है। यह वह समय होता है जब लेखक पूरे तनाव की प्रक्रिया में होता है और वह अन्ततः एक रचना को जन्म देता है। लिखने के बाद मुझे सिर्फ नींद आती है और चैन की साँस लेता हूँ।

आपको अपनी कौन सी कृति रचने में सर्वाधिक समय लगा?

जिस रचना में मुझे सबसे ज्यादा समय लगा वह सबसे बेकार साबित हुई है। एक रचना को लिखने में मुझे ज्यादा वक्त नहीं लगता।

आज की हिन्दी कहानी पहले से कितनी आगे और अलग है?

यह सवाल बहुत छोटा है लेकिन इसका उत्तर बहुत बड़ा है। कहानी इस समय

बड़े विवाद में है। समय के साथ कहानी का स्वरूप बदल रहा है। आज की कहानी पर भूमंडलीकरण और निजीकरण की छाया है।

आपकी कहानी 'पांडे कौन कुमति तोहें लागी' को लेकर ऊषा गांगुली ने 'काशीनामा' नाटक लिखा है। यह नाटक मूल कहानी पर ही पूरी तरह आधारित है या इसमें कुछ परिवर्तन किया गया है? आप इस प्रस्तुति से सन्तुष्ट हैं?

देखिए, 'काशीनामा' एक नाटक है और नाटक की आवश्यकता के अनुसार ही कहानी में थोड़ा-बहुत परिवर्तन किया गया है उदाहरणस्वरूप नाटक के अन्त में जो शिव-विसर्जन की घटना दिखाई गई है, वह एक ऐसा क्षण है जो दर्शकों की भावनाओं को पकड़ कर रखता है। ऐसी ही कुछ बातों में अन्तर किया गया है।

(राष्ट्रीय सहारा, लखनऊ 29 जनवरी 2006 में प्रकाशित)

मैं नामवर जी का भाई हूँ इसलिए

[अरुण आदित्य से बातचीत]

'काशी का अस्सी' के बाद काशीनाथ सिंह फिर एक चर्चित कृति के साथ पाठकों के सामने हैं। 'रेहन पर रग्घू' उनका नया उपन्यास है, जिसमें उन्होंने दाँव पर लगे गाँव को केन्द्र में रखा है और भूमंडलीकरण से उपजी विसंगतियों और खतरों पर ध्यान आकर्षित किया है। 'रेहन पर रग्घू' के बहाने काशीनाथ सिंह से उनके सृजन और सरोकारों को लेकर हुई बातचीत के सम्पादित अंश–

'काशीनामा' के बाद 'रेहन पर रग्घू', इस बीच पाँच साल का अन्तराल?

दरअसल इतना समय इसलिए लग गया कि मैं सोच नहीं पा रहा था कि क्या लिखूँ। मैं उन दिनों लिखे जा रहे उपन्यासों से कुछ अलग लिखना चाहता था। लोग इतिहास में स्वाधीनता संग्राम के किसी दौर को लिख रहे थे, जबकि मैं आज को लिखना चाहता था।

आपका इशारा अमरकांत की ओर तो नहीं है? वैसे दूसरे लोग अन्य विषयों पर भी तो लिख रहे थे...

अमरकांत ही क्यों, गिरिराज किशोर का 'पहला गिरमिटिया' भी तो था। इतिहास के किसी कालखंड के अलावा लोग या तो आत्मकथाएँ लिख रहे थे या स्त्री-विमर्श, दलित-विमर्श, साम्प्रदायिकता-विमर्श में उलझे हुए थे। मैं किसी विमर्श के फॉर्मूले पर नहीं लिखना चाहता था। फिर फार्म के स्तर पर भी मैं कुछ अलग करना चाहता था। जब 'काशी का अस्सी' आया तो लोगों ने कहा कि यह उपन्यास के फॉर्म में नहीं है। आलोचकों में से किसी ने उपन्यास कहा तो किसी ने रिपोर्ताज कह दिया।

तो एक तरह से यह लिखकर आप ने आलोचकों को जवाब दिया है?

ऐसा कह सकते हैं। पर मैं आलोचकों की ज्यादा परवाह नहीं करता। दरअसल मैं कंटेंट और फॉर्म के स्तर पर कुछ नया करना चाहता था। इसलिए मैंने गाँव को अपने केन्द्र में रखा। प्रेमचन्द के 'गोदान' के लम्बे अन्तराल के बाद गाँव पर

आधारित बड़ी कृति 'मैला आँचल' आती है, फिर 'आधा गाँव' और 'राग दरबारी' और 'धरती धन न अपना'। उँगलियों पर गिना जा सकता है ऐसी रचनाओं को। आप देखिए कि बदलता गाँव, परिवार हमारे कथा-परिदृश्य से गायब है। 'रेहन पर रग्घू' के केन्द्र में गाँव-परिवार है। भूमंडलीकरण ने गाँव और परिवार को किस तरह तहस-नहस किया है, इसकी एक वृहद तस्वीर खींचने की कोशिश मैंने की है।

'काशी का अस्सी' में भदेस भाषा और गालियों के प्रयोग को लेकर कुछ लोगों ने आपत्ति उठाई थी। इस बार भाषा बदली हुई है...

जैसा परिवेश लेते हैं, वैसी भाषा रखनी पड़ती है। दोनों दो तरह के उपन्यास हैं। 'काशी का अस्सी' जब हंस में छप रहा था तो राजेन्द्र यादव ने कहा था, 'सच्ची पीड़ा के साथ लिखा है और डूब कर लिखा है।' वह उपन्यास तो था लेकिन उपन्यस्त नहीं था। मैं लीक से हटकर लिखना चाहता था, इसलिए वह फॉर्म चुना था। 'रेहन पर रग्घू' के लिए दूसरा फॉर्म चुना। इसमें एक धागा है जो पूरी कहानी को बाँध के रखता है।

आप आलोचकों से नाराज या बेपरवाह नजर आते हैं, लेकिन हिन्दी में सबसे बड़े आलोचक तो आपके बड़े भाई नामवर सिंह हैं। नामवर जी का भाई होने से आपको फायदा हुआ है या नुकसान?

नामवर का भाई होने से मेरे कथाकार को तो फायदा हुआ, साहित्यिक समझ विकसित हुई, लेकिन मेरे कथा-साहित्य को नुकसान हुआ। रचनाओं का सही मूल्यांकन नहीं हो पाया। नामवर जी के दुश्मनों की कमी नहीं है। वे लोग नामवर जी का तो कुछ बिगाड़ नहीं पाते, मुझसे और मेरी रचनाओं से दुश्मनी निकालते हैं।

और दूसरा बड़ा नुकसान शायद यह हुआ कि हिन्दी का सबसे बड़ा आलोचक आपका जिक्र करने में संकोच का अनुभव करता है?

बिलकुल। संकोच तो होता ही है।

नामवर सिंह को दीक्षित करने में कांता प्रसाद विद्यार्थी और मति उल्ला खाँ हेडमास्टर की बड़ी भूमिका रही। आपको दीक्षित करने में किन लोगों का योगदान रहा?

मुझे दीक्षित करने वाले विद्वान लोग नहीं थे। मुझे कथा-साहित्य की ओर आकर्षित करने में माँ द्वारा सुनाई गई कहानियों की बड़ी भूमिका है। माँ बहुत अच्छी-अच्छी कहानियाँ सुनाती थी। गाँव में पुआल पर सोते थे। बहंगी लेकर कहार आते थे। रात-रात भर कहानियाँ सुनाते थे। भांड़ों का नाच होता था। इन सारी चीजों ने मन में कहानी के बीज बोए। मेरी नजर विचारधारा पर नहीं रही, जिन्दगी पर ही रही। मैंने अमेरिका को अखबारों से नहीं पढ़ा, बल्कि उन लोगों की धड़कनों में पढ़ा जिनकी जिन्दगी पर अमेरिकी नीतियों का असर पड़ा है। मैंने ग्लोबलाइजेशन के

खिलाफ कोई नारा लगाने के बजाय यह दिखाने की कोशिश की कि यह किस तरह हमारे गाँव-परिवार को तबाह कर रहा है।

तो यह तो हुई आपके मन में कहानी के बीज पड़ने की बात। जब आपने लिखना शुरू किया तो पहली कहानी का पहला आलोचक कौन था?

मैं विद्वानों और साहित्यिकों के बजाय आम लोगों की राय को ज्यादा महत्त्व देता हूँ। वैसे पहली कहानी त्रिलोचन जी को सुनाई थी। नामवर जी भी थे, लेकिन जिनकी राय मेरे लिए सबसे महत्त्वपूर्ण थी वे एक गैर साहित्यिक व्यक्ति थे-नगेंद्र प्रसाद सिंह, जो पेशे से वकील थे और नामवर जी के मित्र थे। मेरे लिए साहित्य से बाहर के पाठक ज्यादा मायने रखते हैं क्योंकि उनकी राय विशुद्ध पाठक की राय होती है। साहित्यिक लोग रसास्वाद का एक तरीका विकसित कर लेते हैं और हर रचना को एक आग्रह के साथ पढ़ते हैं। एक पाठक का किस्सा बताऊँ। वे आजकल जो लिखा जा रहा है, उसके घोर खिलाफ हैं। उन्हें 'देख तमाशा लकड़ी का' पढ़ने के लिए दिया तो फेंक दिया। बोले, कूड़ा मत पढ़वाइए। उनकी राय मेरे लिए ज्यादा महत्त्वपूर्ण है, हालाँकि मैंने बाद में साबित कर दिया कि वे गलत हैं।

इस उपन्यास में आप लिखते हैं-

कितने दिन हो गए बारिश में भीगे?

कितने दिन हो गए लू के थपेड़े खाए?

यह सारे सवाल कहीं आप अपने बारे में ही तो नहीं कह रहे हैं?

इसे व्यक्तिगत स्तर पर मत देखो। यह आज के मनुष्य के बारे में लिखा है। मनुष्य प्रकृति से दूर होता जा रहा है। प्रकृति से मेरा गहरा सम्बन्ध रहा है। 1963 में मैंने एक कहानी लिखी थी, जिसमें आदमी डूबते हुए सूरज को देखकर चकित रह जाता है। हर तरफ लालिमा, आसमान लाल, उसका कुर्ता लाल, गाय लाल। यह सब उसे आश्चर्य से भर देता है। अब इसमें निजी कुछ नहीं है।

लेकिन भाषा पर ये जो काव्यात्मक प्रभाव है, लोग इसकी तारीफ करते हैं, लेकिन कई आलोचक इसे कहानी में एक अवांछित चीज मानते हैं...

हिन्दी में तरह-तरह के आलोचक हैं। साहित्यकार बुद्धिजीवी जैसा देखते हैं, आम आदमी वैसे नहीं देखता। मैं आम आदमी की बात लिखता हूँ और इस तरह लिखने की कोशिश करता हूँ कि आम आदमी उसमें अपने को आइडेंटिफाई कर सके कि अरे यह रघुनाथ के परिवार की नहीं मेरे अपने परिवार की गाथा है।

(अमर उजाला, 12 अक्टूबर, 2008 में प्रकाशित)

साहित्य जीवन के लिए जरूरी तो है लेकिन...

[बलराम से बातचीत]

आप समकालीन हिन्दी साहित्य के सबसे ज्यादा चर्चित कथाकारों में से एक हैं। हम यहाँ जानना यह चाहते हैं कि एक लेखक के रूप में आपका जीवन कथा से ही आरम्भ हुआ या साहित्य की किसी अन्य विधा से?

कुछ तुकबंदियाँ की थीं इन्टर, बी.ए. में। ज्यादा नहीं, दस-पाँच। स्वागत-विदाई वाली। उन्हें ही आरम्भ मानिए! न कहीं छपीं, न भेजा।

आपकी पहली रचना क्या थी : कविता, कहानी या आलोचना? वह कब लिखी गई और उसे किसने किस पत्र-पत्रिका में प्रकाशित किया? उसके छपने पर सुधी पाठकों और परिचित-अपरिचित लेखकों से कैसी प्रतिक्रियाएँ मिलीं और प्रतिक्रियाएँ पाकर आपको कैसा लगा?

दो कहानियाँ 'समस्या' और 'संकट'। दोनों छपीं 1960 में श्रीकान्त वर्मा द्वारा सम्पादित 'कृति' में। एक अगस्त अंक में, दूसरी सितम्बर में। सम्पादक की टिप्पणी 'आपकी दोनों कहानियाँ बहुत अच्छी हैं। 'संकट' पसन्द की गई, 'समस्या' नहीं।' यहीं से कहानी-लेखन में आया।

आपकी पहली प्रकाशित पुस्तक कौन-सी है, वह कब और किस प्रकाशक से प्रकाशित हुई! उसे हिन्दी के पाठक-लेखक संसार ने किस रूप में लिया?

पहली पुस्तक 'लोग बिस्तरों पर'। दस कहानियों का संग्रह छापा था 'अभिव्यक्ति प्रकाशन' इलाहाबाद ने, 1968 में। कई पत्रिकाओं में रिव्यू छपी, आलोचना' में भी। 'आखिरी रात' निर्मल वर्मा को पसन्द थी, 'चायघर में मृत्यु' देवीशंकर अवस्थी को, 'लोग बिस्तरों पर' राजकमल चौधरी को, 'अपने लोग' अश्क को, 'तीन काल-कथा' कइयों को। सुरेन्द्र चौधरी, चन्द्रभूषण तिवारी, विमल वर्मा ने तो 'सुख' पर टिप्पणियाँ लिखीं-अलग-अलग पत्रिकाओं में। 'सुख' से ही मेरी पहचान बनी। विजय मोहन सिंह ने तो रिव्यू ही की थी संकलन की।

आप बहुत अच्छे गुरुओं में गिने जाते हैं। हमारी जिज्ञासा यह है कि अध्यापन

के पेशे में आप क्यों और कैसे आए? आपके दौर में युवा लोग किस तरह और किस आधार पर पेशों का चुनाव किया करते थे?

पिता भी मास्टर, बड़ा भाई भी मास्टर–इससे आगे और इसके सिवा और कुछ सोच ही नहीं सकता था। निरापद पेशा! दूसरे काम लायक योग्यता भी नहीं थी! कभी कोशिश भी नहीं की। उन दिनों अध्यापन के सिवा हमारे जैसे लोगों के लिए दूसरा क्षेत्र था पत्रकारिता।

राजकमल प्रकाशन समूह यानी राधाकृष्ण, राजकमल और लोकभारती से आपका पहला जुड़ाव कब हुआ! बहैसियत लेखक इनके साथ आपके अनुभव किस तरह के रहे?

पहली बार 1978 ई. में। तब वह 'प्रकाशन समूह' नहीं था, सिर्फ राजकमल प्रा. लि. था। वहाँ से 'नई तारीख' छपा, फिर पेपरबैक में 'अपना मोर्चा' और 'प्रतिनिधि कहानियाँ', फिर 'सदी का सबसे बड़ा आदमी' और 'याद हो कि न याद हो' संस्मरण-संग्रह। इसके बाद राजकमल 'प्रकाशन समूह' हुआ और वहाँ से 'काशी का अस्सी' और बाद की सभी किताबें आईं, जिनमें 'कहनी उपखान', 'घर का जोगी जोगड़ा' और 'काशी के नाम' मुख्य हैं। जाहिर है, अगर 'राजकमल प्रकाशन समूह' और इसके प्रबन्ध निदेशक अशोक महेश्वरी के साथ मेरे अनुभव अच्छे न रहे होते तो ये पुस्तकें वहाँ से न आई होतीं।

हिन्दी समाज में लेखक और प्रकाशक सम्बन्ध अक्सर तनावपूर्ण रहते हैं। माना जाता है कि यह अनिवार्य स्थिति है। इस सम्बन्ध में आपके अनुभव कैसे रहे और इस स्थिति के बारे में आप क्या सोचते हैं?

हाँ, यह सही है। जब तक प्रकाशन की कार्यप्रणाली में पारदर्शिता न आएगी, तब तक ऐसी स्थितियाँ आती रहेंगी, लेकिन मेरे अनुभव कभी तनाव के नहीं रहे राजकमल के साथ।

एक लेखक के रूप में सबसे ज्यादा सन्तोष आपको किस पुस्तक ने दिया और सबसे ज्यादा पाठक किस किताब को मिले? उसे प्रकाशित किसने किया?

निःसन्देह 'काशी का अस्सी' ने। इसे राजकमल ने ही छापा था 2002 में। तब से लेकर आज तक चर्चा और बहस में है यह पुस्तक। इसे पाठक भी मिले और दर्शक भी। इसने मेरे लिए 'पाठक' को नए ढंग से परिभाषित किया। इसने ऐसे पाठकों को अपनी ओर खींचा जो या तो साहित्य से बाहर के थे या जो कथा–कहानी की गम्भीर एकरसता से ऊब चुके थे। इसकी एक कहानी को तीन नाट्य संस्थाओं ने संचित किया–पटना और दूसरी जगहों पर 'हिरावल' ने सुमन कुमार ने दिल्ली और रायपुर-रायगढ़ में, और राष्ट्रीय नाट्य विद्यालय ने पूर्व निदेशक कीर्ति जैन के निर्देशन में दिल्ली और बनारस में। दूसरी कहानी को 'काशीनामा' के नाम से देश

के कई नगरों-महानगरों में मंचित किया प्रसिद्ध रंगकर्मी उषा गांगुली ने। यही नहीं, वे जर्मनी तक गईं 'काशीनामा' के साथ। उसके अब तक निन्यानवे मंचन हो चुके हैं।

इन दिनों क्या कर रहे हैं?

अभी-अभी तो 'रेहन पर रग्घू' नाम से उपन्यास आया है राजकमल से ही! इससे बहुत उम्मीदें हैं मुझे। फिर भी बता दूँ कि लगातार लिखते रहना दिनचर्या नहीं है मेरी। बल्कि दिनचर्या है यह बेचैनी कि क्या लिखना है, कैसे लिखना है, यही क्यों लिखना है जैसे सवाल! यानी कुछ लिख पाने की यह बेचैनी भी कुछ-न-कुछ करते रहने व लिखते रहने का हिस्सा है। और इस बेचैनी को मैं किसी से 'शेयर' नहीं करता।

वर्तमान कथा परिदृश्य को आप किस रूप में लेते हैं? कहा जा रहा है कि कथा साहित्य की स्थिति बहुत अच्छी है और कहानी फिर से केन्द्र में आ गई है। क्या आपको ऐसा ही लगता है?

कथा-साहित्य की स्थिति बेशक अच्छी है-इतनी जितनी पहले कभी नहीं थी, लेकिन यह कहना कि कहानी का केन्द्र है, ठीक नहीं। आज यह निरर्थक भी है और आवश्यक भी। देखिए, यह बहस छेड़ी थी पचास के दशक में नई कहानी के पैरोकारों ने आलोचना का ध्यान अपनी ओर खींचने के लिए, कविता के विरोध में; लेकिन बहस की कोई जरूरत नहीं है अब! कविता में कहानी और कहानी में कविता की तासीर आम बात हो गई है। कविता का 'वर्तमान' ऐसा है कि हर विधा चरमरा गई है और सही भाषा पाने के लिए खुद को खँगालने में लगी है। हाँ, इतना जरूर कहूँगा कि अन्य विधाओं के मुकाबले कथा-साहित्य पर जिम्मेदारियाँ ज्यादा हैं, क्योंकि इसके पाठक ज्यादा हैं।

नई पीढ़ी में दिखाई देनेवाले ऐसे कितने नाम आपकी निगाह में हैं, जिन पर हिन्दी कहानी भरोसा कर सके?

फिलहाल जो नाम सूझ रहे हैं-नीलाक्षी सिंह, कुणाल सिंह, प्रभात रंजन, शशिभूषण द्विवेदी, चन्दन पांडेय, राकेश मिश्र, मनोज कुमार पांडेय, अल्पना मिश्र आदि; बशर्ते ये लगातार छपते रहने की हड़बड़ी न दिखाएँ।

हिन्दी का ज्यादातर लेखन-प्रकाशन साहित्य केन्द्रित होता है। कुछ लोग यह भी कहते हैं कि इसी वजह से आज के हिन्दी पाठक की सारी पाठकीय जरूरतें पूरा नहीं हो पातीं। क्या अब हमें साहित्य के अलावा स्वास्थ्य, कानून और प्रबन्धन आदि विषयों पर भी ध्यान नहीं देना चाहिए?

सही कहते हैं। साहित्य जीवन के लिए जरूरी है, लेकिन इससे भी अधिक जरूरी चीजें दूसरी हैं। उसकी भी पूर्ति प्रकाशनों को ही करनी है और करनी चाहिए।

पाठकों की कमी की शिकायत आज सभी प्रकाशक करते हैं। आप इस समस्या को कैसे देखते हैं और इसका क्या समाधान हो सकता है? आज के बाजारवादी दौर में हिन्दी प्रकाशन के सामने क्या चुनौतियाँ देख रहे हैं और इससे निपटने के लिए क्या करना चाहिए?

पाठकों की कमी है लेकिन यह समस्या अकेले प्रकाशक की नहीं, हमारी भी है। प्रकाशक की प्रकाशक जाने, लेकिन हमें अपने भीतर झाँक कर देखना चाहिए और पूछना चाहिए खुद से कि हमें लोग क्यों नहीं पढ़ना चाहते? क्या हमारा गद्य अपाठ्य, दुर्बोध और बेस्वाद है? क्या हम उनकी बातें उनकी नहीं, अपनी जबान और अपने लहजे में कर रहे हैं? क्या हम जिस 'यथार्थ' को लिख रहे हैं, उसे वे हमसे ज्यादा जानते हैं और भुगत रहे हैं? क्या हम उनसे जो कुछ कह रहे हैं, वह उनके काम का या दिलचस्पी का नहीं है? ऐसे ही प्रश्नों के उत्तर हमें 'पाठक' में दिखेंगे।

राजकमल प्रकाशन अब एक समूह के रूप में सक्रिय हुआ है। भारतीय प्रकाशन के इतिहास में यह पहली ऐसी घटना है जब तीन बड़े प्रकाशन संस्थान–राजकमल, राधाकृष्ण और लोकभारती एक छतरी के नीचे काम कर रहे हैं। आप इसे किस रूप में देखते हैं?

देख तो अशोक जी रहे हैं, जिनमें विवेक है, सामर्थ्य है, श्रम है। मैं तो सिर्फ इतना जानता हूँ कि दतरी की ताकत कमानियाँ होती हैं, अगर वे मजबूत बनी रहें तो क्या कहने? और इसे मजबूत बनाए रखने का हुनर है उनके पास।

आज के भूमंडलीकृत बाजारीकरण के दौर में नई पीढ़ी के रचनाकर्मियों को कोई सन्देश देना चाहेंगे?

बाजारू न बनो मगर बाजार की अनदेखी भी न करो।

बिक्री के लिहाज से देखें तो नए लेखकों की तुलना में अभी भी भगवतीचरण वर्मा, यशपाल, रेणु, श्रीलाल शुक्ल, हजारीप्रसाद द्विवेदी तथा नामवर सिंह ही ज्यादा बिकते हैं। नए लोग अपनी कोई खास पहचान नहीं बना पा रहे हैं? इसकी क्या वजह नजर आती है आपको?

पहचान तो बनने या बनाने में समय लगता है। जिनके आपने नाम गिनाए, क्या समझते हैं वे आनन–फानन में बन गए? उन्हें पढ़ कर हमने लिखना सीखा है। उनसे हमारी कोई स्पर्द्धा नहीं। वे विश्वविद्यालयों–महाविद्यालयों के पाठ्यक्रमों में हैं, इसलिए भी बिकते हैं।

'काशी का अस्सी' और 'घर का जोगी जोगड़ा' जैसे आपके कृतित्व की खूब चर्चा रही, जिन्होंने विधाओं के ढाँचे चरमरा दिए और भाषा को जनता के और करीब ले गए। इन्हें लेकर आपका कोई खास अनुभव, जो किताब में नहीं है?

जो भी अनुभव हैं, 'काशी का अस्सी' के साथ के हैं। क्या आप विश्वास करेंगे कि जब 'देख तमाशा लकड़ी का' छपा था तो उसके फोटोस्टेट अस्सी के फुटपाथों पर सब्जी बेचनेवालों, ठेला और खोमचा लगानेवालों, चायवालों और उन परचूनियों के पास भी थे जो लिखना-पढ़ना नहीं जानते थे। आज हाल यह है कि बाबा तुलसीदास का मुहल्ला अस्सी जो गुमनामी का अँधेरे में खो गया है, हिन्दी पाठकों, शोधार्थियों, पत्रकारों और मीडिया कर्मियों के आकर्षण का केन्द्र है नगर में-'काशी का अस्सी' के प्रकाशन के बाद।

(प्रकाशन समाचार, मार्च 2008 में प्रकाशित)

काशीनाथ नहीं हैं रघुनाथ

[रोहित पांडे से बातचीत]

'काशी का अस्सी' के बाद 'रेहन पर रग्घू' पर कैसे पहुँचे?

'अपना मोर्चा' और 'काशी का अस्सी' के बाद चार-पाँच साल तक मुझे यह सोचने में लग गए कि अब क्या किया जाए? मैं गाँव का हूँ और गाँव के बारे में सोचना सहज ही होता है। काशी से 40-50 कि.मी. दूरी पर स्थित अपने गाँव से लगातार मेरा सम्पर्क बना हुआ है। गोदान, मैला आँचल, राग दरबारी के बाद पूरे कथा परिदृश्य से गाँव गायब है। गाँव का परिवेश पूरी तरह से बदला है। मैं ऐसा महसूस कर रहा था कि भूमंडलीकरण, उदारीकरण आदि का जितना प्रभाव गाँव पर पड़ा है उतना शहर पर नहीं। गाँव ज्यादा बदल रहे हैं। 'काशी का अस्सी' में इसे हम थोड़ा-सा देख सके थे। गाँव का रिश्ता मानवीय रिश्ता होता है। सहजता का रिश्ता होता है। परस्पर सहयोग का रिश्ता होता है। आत्म निर्भरता गाँव की विरासत है। गाँव एक जैविक समाज होता है। उस गाँव को भूमंडलीकरण ने देखते-देखते क्षत-विक्षत कर डाला। पूरा ग्राम समाज तहस-नहस हो गया है। पहले के उपन्यासों में मैंने लिखा तो जरूर फिर भी पूरी तरह गाँव को पकड़ने की कोशिश की मैंने इस उपन्यास में। यह सिर्फ अकेले काशीनाथ सिंह की परेशानी नहीं। आज गाँव से शहर गए लोगों से गाँव पूरी तरह छूटता नहीं और वे शहर के पूरी तरह हो ही नहीं पाते। एक रचनाकार के नाते समाज को पढ़ने की लत लग गई है। उसी लत के नाते गाँव-समाज में हो रहे परिवर्तनों को पढ़ने की कोशिश की। जो पढ़ पाया उसे लिख दिया। मैं कितना कम पढ़ पाया। यह तय करना पाठकों और खुद उन पात्रों का काम है जो इस उपन्यास में समाज के साथ आ गए हैं।

इस उपन्यास में आपने कोई खलनायक नहीं रखा जबकि उपन्यास की परम्परा में एक खलनायक की आवश्यकता महसूस होती है? कहीं आप अपने उस कथन की पुष्टि तो नहीं करना चाहते थे जिसमें आपने कहा था कि 'मैंने कहानी को सिर के बल खड़ा कर दिया है?'

बिल्कुल सही है कि मेरे इस उपन्यास में कोई खलनायक नहीं। उपन्यास की माँग होती है या नहीं यह मैं नहीं जानता। मैं बस इतना जानता हूँ कि जिसके लिए लिख रहा हूँ वे बातें उनसे बतियाता चलूँ जो मुझे बेचैन करती हैं। राय-शुमारी करने को प्रेरित करती हैं। असल में पाठक कथा का स्वाद लेना चाहता है। उसमें उसकी माँग किस्सागोई की होती है न कि नायक या खलनायक की। कहानी को नए सिरे से लिखने का मैंने कोई प्रयास नहीं किया। जो दिखा, महसूस हुआ उसे लिख दिया। हिन्दी में ऐसे कम उपन्यास मिलेंगे जिसमें विलेन न हो। असल में यह अवधारणा कायम है कि एक पक्ष होना चाहिए और एक विपक्ष। मैंने इसे जान-बूझकर तोड़ा नहीं। बस लिखते समय टूट गया। लेकिन आप गहराई से देखें तो इसमें खलनायक के रूप में भूमंडलीकरण आपको मिलेगा। आप इसे मेरी कहानी का अनकहा भी मान सकते हैं।

कुछ आलोचकों का कहना है कि आपका उपन्यास 'रेहन पर रग्घू' एक लम्बी कहानी ही है?

अगर आलोचक ऐसा मानते हैं कि 'रेहन पर रग्घू' एक लम्बी कहानी है उन्हें नोबेल पुरस्कार विजेता अर्नेस्ट हेमिंग्वे के उपन्यास 'ओल्ड मैन एंड द सी' पढ़ना चाहिए। इसी पर उन्हें नोबेल पुरस्कार मिला और यह मात्र सौ पेज का उपन्यास है। मैं चाहता तो 'रेहन पर रग्घू' को 400-500 पेज तक लिख सकता था मगर मुझे ऐसा करना शब्दों की फिजूलखर्ची और पाठकों के समय की फिजूलखर्ची लग रहा था।

आपकी खिलंदड़ी भाषा लोगों को चमत्कृत करती है तो आलोचकों को परेशानी में डालती है। आप हिन्दी साहित्य में हर विधा में एक ही तरह की भाषा का इस्तेमाल क्यों करते हैं? जरूरी नहीं कि जहाँ बैठकर आप लिख रहे हैं वहाँ की भाषा से पूरा हिन्दी समाज या पाठक समाज परिचित ही हो?

एक तो फिर दोहरा रहा हूँ कि मैं पाठकों के लिए ही लिखता हूँ। पाठक तभी चमत्कृत होता है जब उसे लगता है कि वह जो पढ़ रहा है उसे वह भलीभाँति मानता है। सहज ही वह बोल उठता है कि अरे यह तो फलाने हैं। यह तो अपना चौराहा है। अपना घर-गाँव है। आलोचकगण मुझे क्षमा करें। मैं जब लिखता हूँ तो वे मेरे सिर पर सवार नहीं रहते। लिखते समय मैं उन की तरफ देखते हुए नहीं लिखता। वे देख रहे होंगे कि लिखने के बाद भी उनकी ओर नहीं देख रहा हूँ। जहाँ तक भाषा की बात है तो ऐसी भाषा में नहीं लिखना चाहता कि पढ़ने वाले की नानी मरने लगे। पानी पी-पीकर पढ़ना पढ़े। पैराग्राफ छोड़कर पढ़ना पढ़े। मैं ऐसा नहीं लिखना चाहता कि जिसे पढ़ाना पड़े। जिसे पढ़ता चला जाए पाठक और शुरू से अन्त तक पढ़े ऐसा ही लिखना चाहता हूँ। ऐसा पाठक ही पढ़ता है, आलोचक नहीं। आलोचक प्रकाशक, मूल्य और लेखक का नाम पढ़कर बहुत कुछ समझ लेने का दावा करता

है और यहीं वह गच्चा खा जाता है। ऐसे सवालों में मुझे प्रेमचन्द याद आते हैं। अपनी जबान में लिखकर मैं सन्तुष्ट हूँ। आलोचक भाइयो, कहानी तो अपनी बोली-बानी में ही कही जाएगी न।

कुछ लोगों को लगता है कि आपके घर की कहानी है? रघुनाथ के रूप में काशीनाथ सिंह या उनके ही सहोदर मौजूद हैं। कहीं घर के बिखराव ने रग्घू को रेहन पर रखने पर मजबूर तो नहीं कर दिया? ऐसा कहने वालों की नजर में आपके भाई रामजी सिंह की गाँव में मौजूदगी भी रहती है।

ऐसा सोचने वाले कहीं मिलें उन्हें बताना कि मेरा एक बेटा विश्वविद्यालय में रीडर है तो दूसरा नोएडा में एक संस्थान का निदेशक है। रघुनाथ काशीनाथ कतई नहीं है। हमारे भाई बाबू रामजी सिंह गाँव में रहते हैं। सवालियों को मेरे घर, परिवार के बारे में शायद मुझसे ज्यादा जानकारी होगी, तभी ऐसा सोचते हैं। उतनी जानकारी होती जितना-जैसा है तो ऐसा नहीं कहते। काशीनाथ सिंह रघुनाथ कतई नहीं है। इस उपन्यास में मैं नहीं भारतीय समाज का वह बुढ़ापा है जो इसका शिकार है। उपन्यास पूरा पढ़ने के बाद ऐसा नहीं लगेगा कि कहीं इसमें आत्म दया का प्रतिबिम्ब है। अपना रोना है। दरअसल, ऐसा कहने वाले इसे समझ नहीं पा रहे हैं। रघुनाथ के बेटे के पेश॥ब करने की कीमत एक लाख रुपए है। जिस तरह से रघुनाथ को यह आभास है कि उसे तीर्थाटन के लिए ले जाया जा रहा है, जबकि उनका अपहरण हो चुका है। ऐसे में उपन्यास में यह बात बताने की कोशिश की गई है कि एक लाख, दो लाख पाकर किसी की हत्या करने वाले नौजवान सुपारी देने वालों की हत्या उससे ज्यादा कीमत पाने पर कर सकते हैं। इस उपन्यास में लालच की प्रवृत्ति पर एक हमला है। लालच की कोई सीमा नहीं रह गई है। रघुनाथ की ही नहीं लगभग बुढ़ा रहे लोगों को यह चिन्ता है कि बेटे कब धन मुक्त होंगे?

आपने बेटी-बेटे की बजाय बहू से उम्मीद जताई है। आज की बहू अपने सास-ससुर के प्रति कितना भावनात्मक रूप से समर्पित हो सकती है?

आज की तारीख में बहुओं से ही उम्मीद की जा सकती है। बेटियाँ अपना घर बसाकर दूसरी दुनिया में चली जाती हैं। उस दुनिया में खुद को फिट रखने और वहीं के होने का सबूत देने में उनका जीवन बीत रहा है, उन्हें लौटकर अपने बाप के पास आने की फुरसत कहाँ है। बेटे अपने कार्य-व्यापार में व्यस्त हैं, ऐसे में घर में बहू ही तो है, जिस पर निर्भर हो सकते हैं या हैं।

अस्सी सिर्फ एक जगह नहीं है

[प्रतिभा कटियार से बातचीत]

काशी का अस्सी अनायास लिखा गया उपन्यास है। आपने तो कथा रिपोर्ताज लिखे थे, क्या तब आपने यह सोचा था कि कभी ये कथा रिपोर्ताज उपन्यास का रूप ले लेंगे? कथा रिपोर्ताजों की उपन्यास तक की यात्रा कैसे हुई और कैसी रही?

असल में पूरे उपन्यास में पाँच कहानियाँ हैं। शुरुआत में जो दो हैं 'देख तमाशा लकड़ी का' और 'संतों घर में झगड़ा भारी' ये दोनों कथा रिपोर्ताज हैं। तीसरा 'संतों और घोंघा बसंतों का अस्सी' संस्मरण के रूप में छपा था। चौथा व पाँचवाँ खंड 'पांडे कौन कुमति तोहें लागी' और 'कौन ठगवा नगरिया लूटल हो' कहानी के रूप में छपा था। जब इसका पहला खंड छपा था, तब इसके प्रारूप को लेकर मेरे और संपादक राजेन्द्र यादव दोनों के बीच मतभेद था। राजेन्द्र जी को लग रहा था कि यह रिपोर्ताज है, जबकि मैं इसे कहानी मानता था। आखिर काफी सोच-विचार के बाद उन्होंने इसे कथा रिपोर्ताज का नाम दिया। जब मैंने लिखना शुरू किया था तब मैंने यह नहीं सोचा था कि जो मैं लिख रहा हूँ इसका स्वरूप क्या होगा। मेरे सामने जो काशी के अस्सी का लोकेल था, मैं उस लोकेल को अपने पाठकों तक पहुँचाना चाहता था। मैं यह लोकेल उन्हें पढ़ाना नहीं, दिखाना चाहता था। अस्सी सिर्फ एक जगह नहीं है, यह नगर भी है गाँव भी, कस्बा भी है। यहाँ जो चाय की दुकान है वहाँ रिक्शेवाले, दूधवाले, विद्यार्थी, गायक, कवि, पत्रकार, प्रोफेसर सब इकट्ठे होते हैं। यह ऐसी जगह है जहाँ ढेर सारी विविधताएँ एकत्र होती हैं। प्रजातंत्र का असली चेहरा भी यहीं नजर आता है। एक रिक्शेवाला भी अपनी बात को प्रोफेसर साहब को समझाते हुए नजर आता है, तो एक विद्यार्थी बिना किसी डर के अपने विचार व्यक्त कर रहा होता है। कहीं कोई डर नहीं, घबराहट नहीं। सच्चा लोकतंत्र यही है। इसीलिए उपन्यास में मैंने इसे संसद का नाम भी कई जगह दिया है। लोकेल एक है चाय की दुकान। पात्र भी एक ही है जो पाँचों लंबी कहानियों में फैला हुआ है।

'काशी का अस्सी' ने शिल्प के स्तर पर नए प्रयोग किए हैं और यह पाठकों ने पसंद भी किये हैं। क्या पारंपरिक शिल्प में यह नहीं लिखा जा सकता था?

कई बार जब हम लिखने बैठते हैं तो प्रचलित प्रारूपों की सीमाओं के पार जाना पड़ता है। यूँ भी जिस दौर में काशी का अस्सी लिखा गया था तब विधाओं की एक-दूसरे में आवाजाही शुरू हो गई थी। कविता कहानी में, कहानी कविता में, वैचारिक बहसें कहानियों में चहल-कदमी करने लगी थीं। शायद इसीलिए इसमें भी विधाओं के टूटने या किसी नयी विधा या शिल्प के जन्म लेने की गुंजाइश बन पाई। यूँ मेरा उद्देश्य कतई नहीं था कि इसे उपन्यास ही माना जाए। जैसा कि मैंने पहले ही कहा कि मैंने यह तय करके लिखा ही नहीं था कि यह किस विधा की कौन सी चीज होगी। मेरे हिसाब से विधाओं का प्रारूप रचनाओं के आधार पर तय होना चाहिए न कि रचनाएँ विधा के प्रारूप पर लिखी जानी चाहिए। मेरे लिए महत्त्वपूर्ण था उस लोकेल को दिखाया जाना। जो मैंने दिखाया भी है। इसलिए अगर इसमें उपन्यास का ढाँचा टूटा है तो उसे लेकर मुझे कोई गुरेज नहीं है।

'काशी का अस्सी' से पहले 'बहती गंगा' जैसा क्लासिक नॉवेल लिखा जा चुका है, उसके साथ तुलना करें तो आपका पक्ष क्या होगा?

मैंने 'बहती गंगा' पढ़ा जरूर था, लेकिन लिखते समय वह मेरे जेहन में कहीं नहीं था। बहती गंगा में पुराना और पूरा काशी है। यह उन्नीसवीं सदी का काशी है। जबकि मेरे यहाँ बीसवीं सदी के आखिरी दशक का काशी नजर आता है। मेरे यहाँ पूरा काशी नहीं काशी का एक मोहल्ला भर दिखता है। इस मोहल्ले को तुलसीदास के कारण जाना जाता है। नामवर सिंह, केदारनाथ सिंह, विद्यासागर नौटियाल, विजयमोहन सिंह, त्रिलोचन, विष्णुचंद्र शर्मा, चंद्रबली सिंह, शिवप्रसाद सिंह, हजारी प्रसाद द्विवेदी, धूमिल आदि के कारण जाना जाता रहा है। यहाँ इन लोगों का आना-जाना रहा है। आजादी के इतिहास की कई कड़ियाँ यहाँ मिलती हैं। 'काशी का अस्सी' का समय बीसवीं सदी का आखिरी दशक था। उस समय सोवियत रूस का विघटन हो चुका था। उदारीकरण पाँव पसार रहा था। बाबरी मस्जिद, राम मंदिर विवाद जोरों पर था, मंडल की आग में देश जल रहा था। कांग्रेस की सत्ता खंडित हो रही थी। अस्सी घाट पर विदेशियों का आना बढ़ने लगा था। ग्लोबलाइजेशन का आमजन पर क्या असर पड़ रहा है और उसकी प्रतिक्रिया क्या उसे बताने के लिए मैंने इसे लिखा।

'बहती गंगा' और 'काशी का अस्सी' में समानता बस इतनी है कि दोनों की संरचना औपन्यासिक नहीं है। 'बहती गंगा' में भी अलग-अलग कहानियाँ हैं। गुंडों की कहानियाँ, पंडों की कहानियाँ, गायकों की, कोठों की कहानियाँ वगैरह। 'बहती

गंगा' में लोकतंत्र नहीं है। ग्लोबलाइजेशन नहीं है। बदलाव नहीं है। इसमें और 'काशी का अस्सी' में काफी अंतर है।

काशी का अस्सी पर आरोप है कि वह राजनीति का मखौल उड़ाता है। लेकिन क्या परिवर्तन कभी राजनीति के बिना हो सकता है?

नहीं, परिवर्तन राजनीति के बिना तो नहीं हो सकता। मैंने 'काशी का अस्सी' में राजनीति का मखौल उड़ाया भी नहीं है। मैंने राजनैतिक पार्टियों का मखौल उड़ाया है। इसमें राजनीतिक महत्त्व पर टिप्पणियाँ जरूर हैं लेकिन मेरी दृष्टि सामाजिक जीवन पर है। 'कौन ठगवा नगरिया लूटल हो' में जरूरी भौतिक सुविधाएँ हैं फिर भी उल्लास, हँसी, खुशी सब दुर्लभ होती जा रही है। यह अस्सी का हमारा लोकेल है। यह एक तरह से म्यूजियम होता जा रहा है। यहाँ की सारी चीजें हँसी, खुशी, उल्लास, लोकतंत्र, उन्मुक्तता सब धीरे-धीरे लुप्त होता जा रहा है। हम असामाजिक और अलोकतांत्रिक होते जा रहे हैं।

दूधनाथ जी कहते हैं कि 'काशी का अस्सी' को नामवरजी ने इसलिए आगे बढ़ाया, ताकि उनके 'आखिरी कलाम' को वह महत्त्व न मिल सके जिसका वह हकदार है। इस बारे में आपकी क्या राय है?

दूधनाथ सिंह महत्त्वपूर्ण कथाकार हैं। इस मामले में वे नामवर सिंह को बेवजह घसीट रहे हैं। अगर वे मेरे कहने से संतुष्ट हों तो मैं कहे देता हूँ कि 'काशी का अस्सी' 'आखिरी कलाम' के आगे कौड़ी का तीन है। वैसे मैं अपनी रचनाएँ आलोचकों के लिए नहीं पाठकों के लिए लिखता हूँ। और पाठकों ने इसे बेहद सराहा है। इसलिए बाकी टिप्पणियों से मुझे कोई खास फर्क नहीं पड़ता।

'काशी का अस्सी' को लेकर कोई अलग सा अनुभव जो आप शेयर कर सकें?

अनुभव तो बहुत सारे हैं। जब ये छपता था तो उस चाय की दुकान पर कई दिनों तक इसकी चर्चा होती रहती थी। दूधवाले, रिक्शेवाले, सब्जीवाले सब आकर यहाँ जमा होते थे। 'हंस' की प्रतियाँ सुरक्षित रखी जाती थीं। उनका पाठ होता था। जो लोग पढ़ना नहीं जानते थे, वो दूसरों से पढ़वाया करते थे। इसे लेकर मुझे काफी धमकियाँ वगैरह भी मिलीं। कुछ लोगों ने तो कुलपति को पत्र लिखकर यह तक कहा कि मैं विश्वविद्यालय में पढ़ाने लायक ही नहीं हूँ। लेकिन यहाँ चाय की दुकान पर हमेशा मुझे सम्मान मिला। साहित्य की दुनिया में तो इसे स्वीकृति काफी बाद में मिली लेकिन अस्सी पर इसे शुरू से ही अपनाया गया।

एक घटना जरूर बताना चाहूँगा। जब 'काशी का अस्सी' का शायद दूसरा एपिसोड आया था, तब की बात है। यहाँ एक संस्कृत पाठशाला हुआ करती थी। यहाँ ब्राह्मणों के बच्चे पढ़ते थे। उनकी उम्र यही कोई 13-14 साल की रही होगी।

वे रोज गंगा स्नान करके निकलते थे। यह बताना जरूरी है कि वह भाजपा का दौर था। तो एक दिन वे बच्चे जनेऊ वगैरह चढ़ाए हुए नहा-धोकर उधर से निकले और उन्होंने पत्थर उठाकर पप्पू चायवाले की दुकान पर उठाकर फेंकने शुरू कर दिये। यह प्रतिक्रिया थी मेरे लिखने को लेकर। पप्पू को काफी चोटें आई थीं। उसे प्लास्टर वगैरह चढ़वाना पड़ा था। राजेन्द्र यादव ने कहा कि इस मुद्दे को मीडिया में लाना चाहिए। इस पर बहस चलाई जानी चाहिए। हमने पप्पू से बात की कि तुम हिम्मत से पूरे मामले का सामना करो और अपनी बात रखो। लेकिन वो बेचारा डर गया। उसने हाथ जोड़ दिये कि भैया, हम इलाज करा लेंगे लेकिन अब और इस मामले को आगे नहीं बढ़ा पाएँगे। दुकान बंद न करवाइये। फिर यह पूरा मामला शान्त हो गया।

'काशी का अस्सी' की भाषा को लेकर काफी नकारात्मक प्रतिक्रियाएँ भी सामने आईं। खासकर इसमें हुए गालियों के प्रयोग को लेकर। महिला पाठकों की प्रतिक्रिया कैसी रही?

महिला पाठकों की प्रतिक्रिया तो बहुत अच्छी रही। उन्हें इसकी भाषा से कोई आपत्ति नहीं हुई। कइयों ने तो यह तक कहा कि जिस तरह की गालियाँ इसमें हैं उससे ज्यादा फूहड़ गालियाँ तो हमें व्यवहारिक जिंदगी में सुननी पड़ती हैं। महिला पाठकों से काफी सराहना मिली 'काशी का अस्सी' को।

(बनास, 'गल्पेतर गल्प का ठाठ' विशेषांक 2010 में प्रकाशित)

हम वही लिखें, जो हैं

[पल्लव से बातचीत]

'कहनी उपखान' को कुल जमा पूँजी कहा है आपने। आपके पाठक कम नहीं रहे हैं। कहानीकार काशीनाथ सिंह को 1960 से 2003 की यह यात्रा कैसी लगी। (2003 इसलिए कि भले आप 1984 तक सीमित करें लेकिन 'हवेली' भी आई थी 1990 में और 'कहनी उपखान' 2003 में आया था, मतलब यहीं आकर पारी घोषित करते हैं।)

कुल जमा पूँजी लिखने के पीछे कहीं आत्मग्लानि भी है और अपराध-बोध भी कि अवधि इतनी लंबी और कहानियाँ इतनी कम? कि घर-दुआर, नौकरी और फालतू कामों में समय बर्बाद करता रहा और जो करना था, नहीं किया।... वैसे कहानियाँ और भी थीं, आठ-दस लेकिन आरंभिक दिनों की। कल्पना, ज्ञानोदय, कृति, रचना में छपी लेकिन कच्ची इसलिए इसमें शामिल नहीं किया। कोई चेखव के असर में, तो कोई रेणु के प्रभाव में।

'कहनी उपखान' नाम तुलसीदास के एक दोहे का टुकड़ा है- 'साखी, सबदी, दोहरा, कहि कहनी उपखान'। इसमें उनका संकेत या व्यंग्य कबीर की ओर है- कि वे साखी, सबद, दोहे में कहानी उपाख्यान कह कर वेद-पुराण की निन्दा करते हैं। यानी साखी-सबद-दोहे से ज्यादा की तो हैसियत नहीं उनकी और निन्दा करते हैं वेद पुरान की।

देखो, यात्रा तो 84 के बाद भी होती रही है कभी-कभार, लेकिन भीतरी दबाव के चलते नहीं, संपादक मित्रों के हठ के चलते। जैसे 'एक लुप्त होती हुई नस्ल' लिखी कालिया (वर्तमान साहित्य) के लिए, 'बाँस' लिखी कमला प्रसाद (वसुधा) के लिए, 'विलेन' लिखी प्रभाकर श्रोत्रिय (वागर्थ) के लिए। और जिस 'हवेली' कहानी का जिक्र किया तुमने, उसका दूसरा किस्सा है। वह कहानी आधी-अधूरी पड़ी हुई थी। उस पर मेहनत करनी थी और लंबी लिखना था कि अचानक राँची से एक युवक आया-इलाहाबाद का पढ़ा हुआ। बोला-अमुक अखबार के संपादक

ने कहा है कि अगर मैं आपसे कहानी ले आऊँ तो वह मुझे रख लेगा। भारी मुसीबत। अखबार में लिखना नहीं। पास में कोई लिखी कहानी नहीं। हफ्ते दस दिन से पहले कोई लिख नहीं सकता और यह जाएगा तो साथ में लेकर जाएगा। मना कर नहीं सकता क्योंकि एक अजाने-अपरिचित युवक की नौकरी का सवाल। मैंने उसे सुबह बुलाया और ढूँढ़-ढाँढ़ कर वह कहानी निकाली और जहाँ तक थी, वहीं खत्म की और शीर्षक दिया 'हवेली'। 'हवेली' वाला वही युवक आज का पत्रकार मेरा दोस्त है जिसे मैंने 'रेहन पर रग्घू' समर्पित किया है।

तो आज संक्षेप में यही कह सकता हूँ कि इस यात्रा पर मैं गर्व भले न करूँ, दुखी नहीं हूँ। शायद इससे बेहतर नहीं हो सकता था, मुझसे।

'पांडे कौन कुमति तोहें लागी' को कहानी क्यों न मानें?

कहानी मानो ही नहीं, कहानी है भी। 'देख तमाशा लकड़ी का' और 'संतों घर में झगड़ा भारी' की तरह रिपोर्ताज नहीं है वह। 'काशी का अस्सी' में दो कहानियाँ हैं- 'पांडे कौन कुमति तोहें लागी' की तरह 'कौन ठगवा नगरिया लूटल हो' भी। यह कहानी 'कौन ठगवा नगरिया लूटल हो' लिखते समय कौंधी थी। मुझे लगा कि मैं अस्सी चौराहे और पप्पू की दुकान पर ही रह गया, मुहल्ला तो छूट ही गया है। विदेशी यात्रियों के आने से मुहल्ले का जीवन भी तो बदला है। तो 'कौन ठगवा नगरिया लूटल हो' रोक कर पहले यह कहानी पूरी की। तो नेशनल बुक ट्रस्ट की संकलित कहानियाँ में यह कहानी की हैसियत से शामिल है। ऐसे तो मैं रिपोर्ताज ही क्यों, कुछ संस्मरणों तक को कहानी मानने का हिमायती रहा हूँ लेकिन लोग पहले से साँचा लेकर बैठे हों तो मैं क्या कर सकता हूँ?... मानना यह है कि फार्म रहे या जाए, बने या बिगड़े-देखना यह चाहिए कि हमें जो कहना है वह कह सकते हैं या नहीं। फार्म हमारी चिंता नहीं होनी चाहिए।

काशीनाथजी अकेले कथाकार हैं जो सामंतवाद से लड़ते हुए जाति को भी ध्यान में रखते हैं। जाति और वर्ग के द्वन्द्वात्मक संबंधों पर क्या कहेंगे?

अकेला हूँ या दुकेला, यह तो नहीं जानता पल्लव! सिर्फ इतना जानता हूँ कि सिद्धान्त की भूमिका जीवन में उँगली पकड़ कर खड़ा कर देने और चला देने की रही है, बस। अब मैं खड़ा रहूँ या चलता जाऊँ या लड़खड़ा कर गिर पड़ूँ भटक जाऊँ, यह मेरी जिम्मेदारी है। वह अंधे के हाथ की छड़ी नहीं रहा है।... मैंने चोट कहानी 70 के आसपास लिखी थी। यह वह समय था जब हिन्दी कहानी साठवाद की खुमारी से मुक्त होने के लिए छटपटा रही थी और जनवाद के रास्ते पर चलने का मन बना रही थी। उस समय जाति-विमर्श और दलित विमर्श का दूर-दूर तक पता नहीं था। नगर के रेस्त्रां में मिलते हैं एक ही गाँव के दो लड़के- एक गाहक और दूसरा नौकर। दोनों की माली हालत एक जैसी। लेकिन यहाँ भी वे दोनों

अपने मालिक परजा और ठाकुर-दलित होने को भूल नहीं पाते। वर्ग एक और जातियाँ दो। अपने यहाँ अब भी यह कहावत चल रही है कुत्ते के संदर्भ में- जात सुभाव न छूटै, टाँग उठा के मूतै। यानी कुत्ते की जाति है, स्वभाव है टाँग उठा कर मूतना। तो बड़ा पेचीदा है अपना समाज। सैकड़ों-हजारों सालों से यह वर्ण-व्यवस्था है, जातियाँ हैं- टूटते-टूटते टूटेंगी। जिन दिनों हम डी क्लास होने की बातें करते थे उन्हीं दिनों समाजवादी जाति तोड़ों की बातें कर रहे थे। आन्दोलन चलाया था। अपने नामों के आगे से सिंह, राय, पांडे, दुबे, यादव, राम सब हटा दिया था। पाया गया कि इससे जातिवाद करने में और भी सहूलियत मिल गई। वैसे ही जैसे हमसे न क्लास छूटा न कास्ट।

'चोट' कहानी में संचा सिंह बनिए को घूँसा मारकर निकल गए थे, अब संचा सिंह के संस्कार कितने टूट पाए हैं?

'चोट' कहानी का जिक्र तुमने किया है, अच्छा लग रहा है क्योंकि अनदेखी की गई है इस कहानी की। जातियों पर दो और भी कहानियाँ हैं दलित विमर्श की चर्चा से बहुत पहले- 'वे तीन घर' में विपतराम कामरेड हैं और दलित हैं। वे दलितों को ही नापसन्द करते हैं और सवर्णों के बीच उठते-बैठते हैं। वे आज की भाषा में नव-ब्राह्मण हो चुके हैं। वे नई कालोनी में इसलिए आ गए हैं कि उनकी बीवी को और उनको घसियारी टोला की गन्दगी और बच्चों से घिन आती है। वे उन तीन घरों को हिकारत से देखते हैं जो दलितों के हैं। तीसरी 'कहानी सराय मोहन की' में पंडीजी मोहनराम की बाटियाँ ही नहीं हजम करते, अपने तांबे की नन्हीं लुटिया से जो उनके पूजा-पाठ और धर्म-कर्म के भी काम आती थी-उसकी पीतल की बड़ी बाल्टी बदल कर चुपके से खिसक लेते हैं।

रहे संचा सिंह के संस्कार? तो उनका विकास धनुर्धारी सिंह के रूप में हुआ जिनसे खेत छूटे, घर छूटा, गाँव छूटा लेकिन मुर्चड़ी तलवार नहीं छूटी जिससे कभी सिर काटते थे और अब प्याज की गाँठ काट रहे हैं।

1984 में आई थी 'कहानी सरायमोहन की'। मोहन को शिकारियों के समक्ष खूँखार गुर्राता जानवर कहते हैं आप, थोड़ा खोलें। मुझे तो बेहद प्रिय है कहानी। पर पंडीजी की हँसी पर ही कहानी खत्म हो जाती तो...?

तो भी ठीक था। कहानी का कुछ भी नुकसान न होता। उस समय मैंने क्या समझ कर वैसा अन्त किया, याद नहीं।... रहा खूँखार गुर्राते जानवर का प्रसंग तो वह खुला हुआ है। उसे खूब समझते हो तुम। हाँ, लिखने के दौरान चीजें कैसे काम करती हैं, इस प्रश्न ने याद दिला दिया। रचना-प्रक्रिया समझी जा सकती है एक लेखक की। कहानी 84 में आई, वाकया 63 का है- मेरी शादी का। बरात गई थी मिर्जापुर के एक कस्बे में। कस्बा जंगलों और पहाड़ियों से घिरा था। अफवाह उड़

गई थी कि बस्ती के अंदर अक्सर शेर और बाघ चले आते हैं। शादी की शाम कवि-सम्मेलन का आयोजन था बरातियों-घरातियों के लिए। मंच पर माइक और भोंपू लगे थे। जब रात में बारह-एक बजे खा-पीकर सो गए लोग। तो एक सज्जन थे, घनघोर खर्राटे वाले जीव। जैसे ही, उन्होंने खर्राटे भरने शुरू किये, किसी ने शरारतन चुपके से उनके नाक के पास माइक लगा दिया। थोड़ी देर बाद तो सारे बराती चीखते-चिल्लाते अपने बिस्तरों से कूद कर भागने लगे..., तो मोहन के सोने का यही दृश्य मेरे आगे था।

इन कहानियों में दो कहानीकार काशीनाथ मिलते हैं एक जो सूत्रों, प्रतीकों, बिम्बों में कहानी बुनते हैं, दूसरे वे जो कहानी सुनाते हैं मजे मजे में। यहाँ से वहाँ की यात्रा कैसे तय हुई?

इसे यात्रा मत कहो। मेरी समझ कहानी के बारे में जरूर बदलती गई है लेकिन कहानी की अवधारणा में कोई खास फर्क नहीं आया। शुरू से ही मेरे दिमाग में रहा है कि वह कहानी क्या, जिसे पढ़ना पड़े? पड़े का मतलब जबर्दस्ती, मजबूरी, विवशता-मन न करता हो लेकिन और कुछ करें तो क्या करें जैसे भाव। यानी कहानी ऐसी हो कि आप शुरू करें तो बीच में छोड़ना न चाहें। और यह तब होगा जब लिखने वाला यह बात हमेशा दिमाग में रखे कि वह अपने लिए (ही) नहीं, दूसरों के लिए लिख रहा है। और ऐसे दूसरों के लिए जो मुझे नहीं पढ़ना चाहता। मैं तो यहाँ तक कहता हूँ कि आप उससे कहानी सिर्फ पढ़वाइए मत, उसे सुनाइए भी, दिखाइए भी। वह आप का न सिर्फ पाठक हो, श्रोता भी हो और दर्शक भी।

इसलिए कहानीकार तो एक ही है लेकिन एकरस होने से बचने के लिए भागता रहा है।

कहानीकार को कहानी लिखते समय 'डी क्लास' होना पड़ता है। यह कितना जरूरी है?

यह तुमसे किसने कहा? डी क्लास होगा तो लिखेगा किस क्लास के बारे में? सर्वहारा के बारे में? लिखते समय सर्वहारा के बारे में लिखे और लिखने के बाद फिर लौट जाएगा अपने उसी क्लास में जिसमें था? चूतिया बनाएगा पाठकों को? और यह भी याद रखो कि जिस तरह शातिर से शातिर चोर या हत्यारा स्थल पर अनचाहे अपना सुराग छोड़ जाता है उसी तरह कहानीकार भी ऐसी कहानी में अपने मूल क्लास का सूराग छोड़ जाएगा। पाठक को पकड़ने में कोई कठिनाई न होगी। कहानी भी बेदम और बेजान होगी। जब चोट कहानी छपी थी तो उस पर यही आरोप लगाया था जनवादी मित्रों ने कि यह सवर्ण दृष्टि की कहानी है। यानी मैंने दलित दृष्टि से इसे क्यों नहीं लिखा। सहानुभूति गड़रिया निकाम के प्रति क्यों नहीं है, संचा के प्रति क्यों है? होना यही चाहिए था लेकिन यह मेरा दिखावा और झूठ

होता? सिद्धान्तों के आधार पर ऐसा झूठा और नकली सहानुभूति का लेखन बहुत हुआ है प्रगतिवादी जमाने में। मानता हूँ कि लिखते समय डी क्लास होने का पाखंड छोड़ कर हम वही लिखें जो हैं।

'काशी का अस्सी' में सांस्कृतिक साम्राज्यवाद के प्रतिरोध में स्थानीयता को खड़ा किया है आपने, क्या यह प्रतिरोध का ठीक मार्ग है?

अगर पर्सनल इज़ पॉलिटिकल तो लोकल इज़ ग्लोबल क्यों नहीं। हर प्रतिरोध छोटे और कभी-कभी, अजाने स्थान से ही शुरू होता है चाहे वह मोतीहारी हो, चाहे दाँडी, चाहे नक्सलबाड़ी, चाहे नन्दीग्राम। मशाल जलाने से पहले माचिस की तीली जलानी पड़ती है। ठीक होगा या नहीं, यह सोच कर तो कोई शुरू नहीं करता। अस्सी पर मेरा ध्यान सिर्फ इसलिए गया कि वह प्राचीनतम, मध्यकालीन, आधुनिकतम का कोलाज़ होने के साथ-साथ विदेशियों के कारण ग्लोबल हो रहा था और ऐसे ज़मीनी बुद्धिजीवी रोजाना उठ-बैठ रहे थे जिनकी आँखों में अमरीका के व्हाइट हाउस को अपना सुलभ शौचालय बनाने का सपना था।

लेकिन बनारस बम काण्ड के बाद *CNN IBN* ने बनारस की विशिष्ट स्थानीय संस्कृति को जिस तरह महिमा मंडित किया, उससे लगता है साम्राज्यवाद स्थानिकता से गठजोड़ करने के तरीके जानता है। अब कैसे मुकाबला करें?

ये ही क्यों, सारे चैनल। मंदिर में बम क्या फूटे कि उनके मन की मुराद पूरी हुई। काशी से बढ़ कर धार्मिक दृश्य और कहाँ? गंगा, मंदिर, घाट, नावें, पंडे, ज्योतिष, साधु, संन्यासी, महंत, मेले, त्योहार-यही उनकी जीविका है। यह सब तो है लेकिन देखो, हर चीज को संदेह से देखना अच्छी बात नहीं। बनारस में मंदिर-परिसर, में होने वाले हादसे ने देश के आगे एक मिसाल कायम की। जिसकी दाद देनी चाहिए क्योंकि इसकी आतंकियों ने ही नहीं, किसी ने भी कल्पना नहीं की थी। घायलों और मृतकों को जिन रिक्शों-टेम्पो वालों ने अस्पताल पहुँचाया उनमें हिन्दू ही नहीं मुसलमान भी थे। नगर के मुफ्ती और मंदिर के महंत एक साथ मंच पर आए और शान्ति की अपील की। विहिप, सिंघल, कटियार वगैरह अस्सी से लंका के बीच टहलते रह गये और कोई इनके साथ नहीं गया जबकि यह क्षेत्र मंदिर के आसपास का है। इसे महिमा मंडन कैसे कहोगे? पहली बार बुर्का में रहने वाली औरतें घर से बाहर निकलीं और जुलूस निकाला।... यह सब मुकाबले का ही एक रूप है।

क्या कहानी छोटी विधा है? जहाँ ज्यादा कुछ हो नहीं सकता और इसीलिए काशीनाथ को अस्सी, जाना पड़ता है। काशीनाथ की ही क्यों तमाम नये पुराने कहानीकार उपन्यास की ओर सरक रहे/सरकते जाते हैं!

कहानी छोटी जरूर है मगर सिर्फ आकार में। मिथक की भाषा में कहूँ तो मेरी

नजर में कहानी यशोदा की आँखों के आगे बाल कृष्ण के खुले हुए उस छोटे-से मुँह के समान है जिसमें देखो तो पूरा ब्रह्मांड दिखाई पड़े।... और ऐसी कहानियाँ लिखी गई हैं जिसमें दर्द या संघर्ष तो एक का है लेकिन उस एक में भी जाने कितने और कहाँ-कहाँ के इंसान हैं।... इसलिए बात यह नहीं दूसरी थी। मुझे लग रहा था कि मैं एक ही जगह पर पच्चीस साल से खड़ा हूँ और 'मार्कटाइम' यानी बाएँ-दाएँ कर रहा हूँ, न आगे बढ़ रहा हूँ न पीछे हट रहा हूँ। पढ़ने वाले वही-कहानीकार या आलोचक। जिन पाठकों की तलाश में निकला था, उन्हें खबर तक नहीं। इसलिए कहूँगा कि कहानी से ऊब और पाठक से सीधे संवाद की चाहत मुझे ऐसे ठौर ले गई जहाँ मैं ज्यादा सहज था-हंसता, मुसकराता और हर तरह के तनावों-बंधनों से मुक्त। सबसे पहले मैंने अपने चेहरे से भाषा का वह बुर्का उतार फेंका जो कहानी ने डाल रखा था।

यह मैं अपनी बात कर रहा हूँ, दूसरों की बातें दूसरे जानें।

मीडिया के विस्फोट से कहानी पर क्या असर पड़े?

मीडिया के विस्फोट से शुरू में डर पैदा हुआ था सभी लिखने-पढ़ने वालों के भीतर, लेकिन जल्दी ही यह गलत साबित हुआ। आज पत्रिकाएँ अधिक हैं, कहानीकारों की तादाद ज्यादा है, कहानियों में विविधता आई है, मीडिया ने कहानी की तकनीक और शिल्प को समृद्ध किया है, खुद मीडिया में हर वाक़या स्टोरी होकर आ रहा है।

'विचारों की लड़ाई रचनाओं के माध्यम से सचेत होकर लड़ी जाती है तो रचनात्मकता का क्षरण होता है।' कहानी और विचारधारा के द्वन्द्व को कैसे समझूँ?

हाँ, यह मेरा ही कथन है। दूसरे इससे इत्तेफ़ाक करें-न-करें, मेरा अनुभव यही रहा है। मैं एक तरफ 70-75 के दिनों की कहानियाँ देखता हूँ और दूसरी तरफ उसके पहले और बाद की तो यही लगता है। मैं उन दिनों एम.एल. से जुड़ा था। कहानी जो हो, जैसी हो, उसका अन्त शत्रु या शोषक पक्ष के सफाये में अथवा संघर्ष की विजय में होना है-इतना तय था। हम जीवन की वास्तविकता में नहीं, सिद्धान्तों और विश्वासों में जी रहे थे। यह कहानी का रास्ता नहीं था, कहानी का रास्ता जीवन और उसके अनुभव के बीच से जाता है और पहुँचता है संवेदना तक, विचार तक नहीं। सोचो जरा, 'सुख' और 'अपना रास्ता लो बाबा' ही क्यों छूती हैं पाठकों को, 'सुधीर घोषाल' और 'मुसइचा' जैसी कहानियाँ क्यों नहीं?

'स्त्री विमर्श की छाया नहीं है।' केवल बाँटा ही है स्त्री विमर्श ने साहित्य को?

नहीं, न यह विभाजन है, न बुरा है। यह साहित्य में भी सच्चे जनतंत्र का उदय है, उसकी उपलब्धि है। गलत है तो उनका यह कहना कि स्त्री के बारे में सिर्फ स्त्री या दलित के बारे में दलित ही प्रामाणिक और विश्वसनीय या श्रेष्ठ लिख सकता

है। वही अपनी पहचान का संकट। वरना इनसे साहित्य समृद्ध हुआ है, उनमें जीवन और अनुभव और शिल्प की विविधता आई है। समस्या हमारे सामने नहीं, आलोचना के सामने आ सकती है कि एक समय के संपूर्ण साहित्य परिदृश्य के लिए एक ही प्रतिमान हो या उसके लिए लिंग-आधारित या जाति-आधारित भी हो।

आपने कहानियों के बाद संस्मरण, रिपोर्ताज लिखे। क्या नॉन फिक्शन पढ़ने की चाह पाठकों में बढ़ रही है? हाँ, तो क्या वह ठीक है? फिर आप 'हंस' को विमर्श की पत्रिका कहकर कोस क्यों रहे हैं?

हाँ, मैंने संस्मरण लिखे- द्विवेदी जी पर, धूमिल पर, त्रिलोचन पर, नागानंद पर। कहानी से मुक्ति की चाहत में दूसरी तरह की कहानी। मुझे क्या पता कि कहानी मेरी प्रकृति में है, उससे मैं कभी छूट नहीं सकता। ये मेरे सामने व्यक्ति नहीं थे, साहित्य की ऐतिहासिक परिघटना के पात्र थे। मैं इन पर संस्मरण लिख रहा था। और लिख नहीं रहा था, लिखने से ज्यादा सुना रहा था सामने बैठे पाठकों को- और देख रहा था कि तथ्य अगर गप्प जैसा लगे तो कैसा हो?... और कहने की जरूरत नहीं कि अबकी वे पाठक सामने आए जो मेरी ही नहीं, दूसरों की भी कहानियों से थक चुके थे या बोर हो चुके थे। मेरी यह दबी-छुपी धारणा पुष्ट हुई कि कोई भी श्मशान पर बैठ कर मातमपुर्सी नहीं करना चाहता, वह जीवन देखना चाहता है, जीना चाहता है और उसमें रस लेना चाहता है। यह समझ और यही रास्ता मुझे अस्सी ले गया था। हाँ, एक बात और बता दें- रिपोर्ताज क्या होता है इसे न मैं लिखने से पहले जानता था, न ठीक-ठीक अब जानता हूँ। मैंने तो कहानी जैसा समझ कर लिखा था, इन्हें रिपोर्ताज दूसरों ने कहा तो रिपोर्ताज हो, संस्मरण हो, रेखाचित्र हो, यात्रा-वृत्तांत हो, और भी ऐसी विधाएँ एक ही गोत्र की जातियाँ-उपजातियाँ हैं। पाठक को लगे कि आप आत्मालाप या प्रलाप नहीं कर रहे हैं, उसकी उपस्थिति का अहसास भी है आपको।

रही बात हंस की तो उस पर टिप्पणी, मैंने यह सब छापने या बहसें चलाने के लिए नहीं की थी, की थी रचनाकार के अधिकार-क्षेत्र में दखल देने के लिए। हर लेखक की अपनी पृष्ठभूमि होती है, इतिहास और भूगोल होता है, जमीन होती है, प्रकृति-पसन्द-नापसन्द होती है, उसी के अनुसार वह अपना विषय और थीम चुनता है, समस्या तब खड़ी होती है जब वह इसके बाहर कदम रखता है। समझ रहे हैं न आप?

कहानी समीक्षा का संकट क्या है?

संकट तो है और जबर्दस्त है। ज्यादातर अगर सभी नहीं तो मायोपिक हैं- मायोपिया के मरीज़। वे अपने आसपास के दोस्त-मित्र और भाई-बंद को तो देख लेते हैं, दूर-दराज के लंबे-चौड़े भारी भरकम लोग भी उन्हें नहीं नजर आते। दूसरा

है उनकी सदाशयता और उदारता। उन्होंने रामविलास शर्मा और नामवर की दुर्गति देख ली है इसलिए भरसक किसी को अप्रसन्न नहीं करना चाहते, करते भी हैं तो उसे जिससे उनका राह-रस्म नहीं है।

आपकी कसौटियाँ क्या है कहानी समीक्षा की?

यही जानता तो कहानी क्यों लिखता? हाँ, अपनी पसन्द के बारे में बता सकता हूँ। वह कहानी मुझे अच्छी लगती है जिसमें सामान्य हृदय को छूने का सामर्थ्य हो।

आपने जनवादी कहानी पर लेख लिखा है। थोड़ा बताएँ कि जनवादी कहानी का परिप्रेक्ष्य क्या है? यह प्रगतिशील कहानी से कैसे अलग है? कहानी की पहचान के वे कौन से उपकरण हैं जो कहानी को जनवादी या प्रगतिशील बनाते हैं?

जनवादी लेख में मैंने क्या लिखा है, यह याद नहीं। इतना याद है कि उससे पहले कहानी की वर्णमाला और मैं लिख चुका था यानी 78 के आसपास। ये 'सुधीर घोषाल', 'मुसइचा' और 'आदमीनामा' संग्रह के कहानियों के दिन थे। इन कहानियों को जनवादी कहानी कहा जा रहा था उन दिनों। साहित्य में क्रान्ति करने के दिन थे मेरे। मैं एक अतिवाद पर था। मेरे आदर्श चेखव और टालस्टाय नहीं, मैक्सिम गोर्की, आस्त्रोवस्की और लू शुन थे। उन दिनों कोई लेखक संगठन वजूद में नहीं था-न प्रलेस, न जलेस। जसम का तो सवाल ही नहीं था। हाँ, वामपंथी लेखक गया और बाँदा में मिल चुके थे और संगठन खड़ा करने के लिए बेचैन थे। बुलाया जरूर गया था लेकिन मैं किसी में नहीं गया था। मैं सामान्य पाठक के लिए नहीं, शायद पाठकों के हिरावल दस्ते के लिए लिख रहा था। इस समय और मानसिकता से मुक्ति पाने की पहली कोशिश 'लाल किले के बाज' थी और सफल कोशिश 'कविता की नई तारीख'। तो संक्षेप में यह मेरे कहानीकार के रचना-संघर्ष का वृत्तांत है 70 से 80 के बीच का।

रही बात उपकरणों के पहचान की तो यह समीक्षकों से पूछो, मैं केवल यही कह सकता हूँ कि कविता-कहानी के स्तर पर संगठनों से जुड़े लेखकों में कोई फर्क नहीं है। सभी जनतांत्रिक मूल्यों और जनसामान्य की बेहतरी के लिए लिख रहे हैं।

नये कहानीकार को क्या ख़ूराक लेनी चाहिए?

अभी मैं इतना आदरणीय और दयनीय नहीं हुआ हूँ कि सलाह दूँ और वे पीठ पीछे हँसी उड़ाएँ।

नए कहानीकारों में आपके प्रिय कौन-कौन हैं? उनकी खास बात!

किसी का नाम नहीं लूँगा क्योंकि मैंने देखा है कि जिन-जिन के नाम लिए हैं, वे अगले ही महीने खराब कहानी लिखकर-छपकर मुझे गलत साबित कर देते हैं।

कैसा लग रहा है कहानी का समूचा परिदृश्य?

बहुत सुहावना। परिदृश्य भी, पर्यावरण भी। कोई पत्रिका नहीं जिसने नवलेखन

विशेषांक न निकाला हो अपना। जमाने बाद कहानी में बहार आई है।

लेखक संगठनों *(प्रलेस, जलेस, जसम)* से क्यों जुड़ें नये रचनाकार?

जुड़ना जरूरी नहीं था लेकिन आज है। आने वाले दिनों में दक्षिणपंथी ताकतें संस्कृति और कला-क्षेत्रों पर अपने हमले और तेज करेंगी- नाटक पर, फिल्म पर, पेंटिंग्स पर, किताबों पर-इनका प्रतिरोध केवल संगठन ही कर सकते हैं, व्यक्ति नहीं। संगठन आपको लेखक नहीं बनाते लेकिन सामाजिक मनुष्य के रूप में विकसित और गठित जरूर करते हैं।

काशीनाथजी की बला की मुस्कराहट का राज क्या है?

मुस्कुराहट का राज है काशीनाथजी की मूर्खता और बौड़मपना जिसे ज्ञानी भी नहीं भाँप पाता।

बनारस में स्थायी ठिकाना बनाना क्यों जरूरी लगा? दिल्ली क्यों नहीं?

बनारस स्थायी ठिकाना बन गया, बनाया नहीं। विश्वविद्यालय में आने से पहले (1965) मैंने दिल्ली में दो बार साक्षात्कार दिये थे कार्यालयीय जैसे छोटे पदों के लिए लेकिन दोनों बार छंट गया था। और जब विश्वविद्यालय में आया तो माँ और पिता की ही नहीं, भाभियों और ग्यारह बच्चे-बच्चियों के लालन-पालन, देख-रेख और पढ़ाई-लिखाई की जिम्मेदारी मुझ पर। भाई दोनों गृहजनपद बनारस के बाहर। 1987 तक तो मौका ही नहीं मिला कि कुछ और सोचूँ। और सोचने का मौका भी नहीं दिया भैया ने दिल्ली आकर। और जाने क्यों, दिल्ली वह नगर है जो मुझे सबसे ज्यादा नापसन्द है-शुरू से ही। उसके बारे में सोचने का तो सवाल ही नहीं था। अगर भैया न हों, तो दिल्ली मेरे लिए भारत के नक्शे में ही नहीं है।

कथाकार-उपन्यासकार के रूप में मिली ख्याति से संतुष्ट हैं?

बोले तो, आज एक राज की बात बता रहा हूँ जो अपने तक रखना, किसी से न कहना। कहानी-संग्रह आ चुका था 1968 में और मैं अपने साठ के मित्रों की तरह संतुष्ट था। उन्हीं दिनों एन.सी.ई.आर.टी. के पाठ्यक्रम की एक पुस्तक संपादित की नामवर सिंह ने। उसमें संकलन को अद्यतन बनाने के लिए नामवर ने ज्ञानरंजन के साथ मेरी 'सुख' कहानी को शामिल किया। उस पर ज्ञान को लेकर नहीं 'सुख' कहानी को लेकर धर्मवीर भारती, अमृत राय, कमलेश्वर, राजेन्द्र यादव, राजेन्द्र अवस्थी ने बड़ा हो-हल्ला मचाया कि नामवर भाई-भतीजावाद कर रहे हैं-यह देखिए। मैं यहीं से सीरियस हुआ और तय किया कि नामवर के माथे पर लगा यह कलंक धोना है। फिर धीरे-धीरे दिमाग बना कि मुझे मैथिलीशरण गुप्त का सियाराम शरण गुप्त या प्रेमचन्द का अमृत राय भी नहीं रहना है।... औरों की तो कोई बात नहीं, उनके साथ राजेन्द्र यादव की भी हाँ में हाँ मुझे खल गई थी। भइया, अगर नामवर से नाराजगी है तो जो करना हो, करो, मुझे बीच में क्यों घसीटते हो? तुम्हें

याद होगा, हंस के निकलने और यादव के बार-बार कहानी माँगने के बावजूद शुरू के दो-तीन साल तक मैंने इसमें नहीं लिखा और लिखा तो संस्मरण। और उसमें छप रही कहानियों के बरख्स चुनौती के रूप में। बाद में भी जब संस्मरण आए तो यादव ने दबे स्वर में कहा कि हंस की बिक्री बढ़ गई है। यह भी सार्वजनिक रूप से कहीं कभी नहीं कहा। तो मैं जो भी हूँ, उसके लिए शुक्रगुजार नामवर का नहीं, उनके शत्रु मित्रों का हूँ। उन पर या अपने पर लगाए गए दाग़ को धोते-धोते बन गया कथाकार।

(बनास, 'गल्पेतर गल्प का ठाठ' विशेषांक 2010 में प्रकाशित)

मैंने कहानी को सिर के बल खड़ा कर दिया

[अजित राय से बातचीत]

काशीनाथ सिंह नाम के जिस लेखक को आज हम जानते हैं उसके साथ तीन चीजें ऐसी लग गई हैं जिनके बगैर हम उनकी कल्पना नहीं कर सकते। इन्हें आपका 'आब्सेशन' भी कहा जाता है। वे तीन चीजें हैं–बनारस, अस्सी और नामवर सिंह। तो बात बनारस से शुरू की जाए।

इसे आप मेरी मजबूरी कहिए या पसन्द, मैंने अपनी आजीविका के लिए यही शहर चुना। मैं यह कल्पना भी नहीं कर सकता कि इस शहर के बिना भी मेरा कोई अस्तित्व है। जब मैं नौकरी के लिए दर-दर भटक रहा था तब भी मेरी मुख्य चिन्ता थी कि बनारस न छूटने पाए। बनारस छूट जाएगा–इस ख्याल से ही मुझे रुलाई आ जाती। जुलाई 1953 में मैं साढ़े सोलह साल की उम्र में बनारस आया था। ऐसा नहीं है कि इन 49 सालों में मुझे बाहर जाने के अवसर और प्रलोभन नहीं मिले। पर मेरे मन ने कहीं जाने से इनकार कर दिया। बनारस एक अद्‌भुत शहर है। अखंड कीर्तनों का शहर, रात-रात भर कव्वालियों और बिरहा दंगलों का शहर कन्धे पर लंगोट, लंगोट की पगड़ी बाँधे सिर का शहर, पान की दुकानों के आगे सुबह-शाम गप्पें मारता और ठहाके लगाता शहर, गलियों और गालियों, घाटी और मालियों, हर-हर महादेव के नारों और तालियों का शहर। यह शहर मेरे लिए एक भारी भरकम ओखल भी रहा जिसमें अपनी मर्जी से सिर डाले सारा जीवन पड़ा रहा। यह शहर हमेशा मुझे अपने उस पिता की याद दिलाता रहा जो अपना प्यार थप्पड़ों की भाषा में व्यक्त करते थे। जितना ही अधिक प्यार, उतने ही अधिक थप्पड़। यह शहर मुझे 'मुगल-ए-आजम' फिल्म के अकबर की तरह मेरे सामने खड़ा तमतमाया हुआ हाँफता नजर आता है, यह कहता हुआ कि 'सलीम तुम्हें मरने नहीं देगा और हम तुम्हें जीने नहीं देंगे।' यह अकबर और कोई नहीं काशी हिन्दू विश्वविद्यालय का हिन्दी विभाग था और सलीम मेरा अस्सी। हिन्दी विभाग में तीस साल किसी-न-किसी इन्क्वायरी या मुकदमे का सामना करते गुजरा। तरह-तरह के लांछनों,

अफवाहों और आरोपों को झेलने में गुजरा जिनसे मेरा कोई सम्बन्ध न था। यदि मैं जाति से ठाकुर हो गया तो मेरा कसूर और कोई ब्राह्मण हो गया तो भी मेरा कसूर। हिन्दी विभाग नामक इस अकबर के खौफ से भाग जाता था कहानियों में। कहानियाँ मुझे शरमा देती थीं, सहलाती थीं और मरहम पट्टी करती थीं।

बनारस हर कवि लेखक से कहता आया है कि 'रहो तो मेरे होकर, वरना भागो', बनारस ने हजारी प्रसाद द्विवेदी को खदेड़ा, नामवर सिंह को खदेड़ा, त्रिलोचन को खदेड़ा, तुलसीदास के साथ क्या-क्या नहीं किया, जय शंकर प्रसाद और प्रेमचन्द को भी नहीं बख़्शा। कबीर अन्तिम दिनों में मगहर चले गए। ये महान लोग हैं। मेरी तो कोई हस्ती नहीं। बनारस में जो भी नई पत्रिका निकलती है, मेरी ऐसी-तैसी से ही शुरू होती है। वर्षों से अपने ही घर की 'दुर-दुर' कहीं भीतर से तोड़ती भी है। इसके बावजूद मैं अपनी शर्तों पर लड़ते हुए, लिखते हुए बनारस में टिका हुआ हूँ। मुझे विशाल हिन्दी पाठक वर्ग का जो प्यार मिला है वह काफी है। साहित्यिक दुनिया की मैं परवाह नहीं करता।

'हंस' के सम्पादक राजेन्द्र यादव और कई लोग कहते हैं कि नामवर सिंह का भाई होने के कारण आपको साहित्य में काफी नुकसान उठाना पड़ा है। नामवर सिंह को लेकर आप क्या सोचते हैं?

यह सच है कि मैट्रिक पास करने के बाद मुझे नामवर सिंह का साथ नहीं मिला होता तो मैं लेखक न बना होता। मैं यह भी दावा कर सकता हूँ कि इस पृथ्वी पर यदि नामवर सिंह को कोई ठीक से जानता है, समझता है तो वह मैं हूँ। पिताजी तो मुझे प्राइमरी स्कूल का मास्टर बनाना चाहते थे ताकि नौकरी करते हुए घर-परिवार भी सँभाल सकूँ। खैर, मेरे और नामवर सिंह के बीच इस रिश्ते की नींव माँ की रखी हुई है। वह गाती थी जिसका अर्थ था-'नीम चाहे जितनी कड़वी हो उसकी छाँह शीतल होती है।' भाई चाहे जितना बेगाना हो दाहिनी बाँह होता है। हमें पढ़ाने के लिए अक्सर माँ पिताजी से झगड़ती जबकि पिताजी जो खुद एक सरकारी स्कूल में मास्टर थे अक्सर कहते-'मैंने सबसे बड़ी गलती यह की घुरफेंक्रन कि बेटों को पढ़ाया। सब मुझे छोड़ कर चले गए।' बहरहाल, नामवर सिंह मेरे भाई ही नहीं मेरे पिता भी हैं। पर यह भी सच है कि उम्र का एक बड़ा हिस्सा यह साबित करने में गुजर गया कि मैं नामवर का 'सिर्फ भाई' ही नहीं हूँ एक लेखक भी हूँ, एक मनुष्य भी हूँ और शेष उम्र यह साबित करने में बीत गई कि मेरी जैसी प्रतिभा ही नामवर का भाई हो सकती है यह विचित्र विरोधाभास है कि मेरे लेखन के बारे में नामवर सिंह नहीं बोलेंगे क्योंकि मैं उनका भाई हूँ। दूसरे इसलिए नहीं बोलेंगे क्योंकि नामवर मेरे भाई हैं। फिर जब 1975 में नामवर सिंह ने एन.सी.ई.आर.टी. के लिए 12वीं के पाठ्यक्रम के एक कथा संग्रह में मेरी एक कहानी लगाई तो राजेन्द्र अवस्थी

से लेकर राजेन्द्र यादव तक ने काफी हो हल्ला मचाया। धर्मवीर भारती, अमृत राय और कमलेश्वर तक इनके साथ थे। बाद में यही लोगों ने कहना शुरू कर दिया कि नामवर का भाई होने से मेरा बड़ा नुकसान हो रहा है। मैं यह फिर कह रहा हूँ कि नामवर सिंह कभी भी किसी रचना का मूल्यांकन करते समय निजी राग द्वेष को ध्यान में नहीं रखते। उन्होंने हमेशा मेरे सामने चुनौतियाँ रखी हैं। यदि लोगों का आशय यह है कि मैंने कुछ ऐसा अच्छा लिखा है जिसका उल्लेख नामवर सिंह ने नहीं किया तो यह भी हो सकता है कि मैंने कुछ ऐसा उल्लेखनीय नहीं लिखा हो जिस पर नामवर सिंह की नजर जाए। मैं पिछले 42 वर्षों से इस कोशिश में जरूर हूँ कि ऐसा कुछ जरूर लिखूँ जिस पर नामवर सिंह की नजर जाए और उन्हें लगे कि यह काम महत्त्वपूर्ण है। यह कोशिश ही मुझे लेखन में निरन्तर सक्रिय बनाए हुए है। मेरे लिए यही चुनौती नामवर सिंह का बहुत बड़ा योगदान है।

आपने आज से 24 वर्ष पूर्व यानी 31/12/78 को नामवर सिंह को एक बड़ा ही मार्मिक पत्र लिखा था जिसमें उनके न लिखने का मुद्दा उठाया था। यह पत्र 'कहन' *(सम्पादक मनीष दुबे)* के चौथे अंक *(अगस्त 2000)* में छपा है। आज भी नामवर सिंह से वही शिकायत लोगों को है कि वे नहीं लिख रहे हैं। आप क्या अब भी उस पत्र पर कायम हैं?

तब और अब में बड़ा फर्क आ गया है। तब मेरी नामवर सिंह से जो अपेक्षाएँ थीं वह हिन्दी साहित्य के एक आलोचक से थी। आज नामवर सिंह को केवल एक आलोचक समीक्षक के रूप में देखना गलती होगी। यह तो उनके व्यक्तित्व का केवल एक पक्ष है। वे आज भारत के एक बड़े सांस्कृतिक पुरुष हो चुके हैं। फिर मैं यह नहीं मानता कि वे नहीं लिख रहे हैं। वे आज पहले से ज्यादा लिख रहे हैं। आज नामवर सिंह कलम से नहीं जुबान से लिख रहे हैं। कलम से लिखने में तो खुद को लगातार सेंसर करना पड़ता है जुबान से लिखने में उन्मुक्तता रहती है।

आपके लिए बनारस का अस्सी चौराहा इतना महत्त्वपूर्ण क्यों है? पिछले कई वर्षों से आपकी रचनाओं में अस्सी के बिना कोई बात ही नहीं बनती?

बनारस यदि परम्परा के रूप में कहीं जीवित है तो वह अस्सी पर है। यह जगह विभिन्न राज्यों से आए बेरोजगार बुद्धिजीवियों का केन्द्र है। विश्वविद्यालय के निकट होने के कारण सुबह और शाम यहाँ तरह-तरह के लोगों का जमावड़ा लगा रहता है। अस्सी मुझे हमेशा अपने देश का खदबदाता हुआ जागरूक मगर सख्त और जिन्दादिल 'खित्ता' लगता है। अलग-अलग क्षेत्रों में जो कुछ मिल सकता है वह एक ही जगह अपनी तमाम विविधताओं के साथ और बनारसी विशेषताओं से सम्पन्न अस्सी पर मिल जाता है।

इधर अपने संस्मरणों और कथा रिपोर्ताजों के कारण आप चर्चा में रहे हैं। इनका एक संकलन 'काशी का अस्सी' हाल ही में छपकर आया है जिसे उपन्यास कहा जा रहा है। आपने कहानियाँ लिखना क्यों बन्द कर दिया? आपके कथा रिपोर्ताजों का इतना विरोध क्यों हो रहा है?

मैंने कहानी लिखना छोड़ा नहीं। दरसअल एक लम्बे समय से मुझे लगता रहा है कि प्रेमचन्द की जमीन जो किसी जमाने में बहुत उपजाऊ थी और जिस पर हमने काफी खाद डाला था, वह अपनी उपज की क्षमता खो चुकी है। खाद और उर्वरक डालने के बाद दाने और फल भले ही मिले लेकिन वे बेस्वाद और बेमजा हो गए हैं। उनमें अब वह शक्ति और स्फूर्ति नहीं रही। प्रेमचन्द की वह जमीन अब राख या 'रेह' (नोन लगी मिट्टी) हो गई है। इसलिए मैंने दूसरी जमीन तैयार की जिसे आप लोग कथा रिपोर्ताज कहते हैं।

पहले भी मैं ज्यादा और जल्दी-जल्दी कहानियाँ नहीं लिखता था। अब भी कभी कभार कहानी लिख ही देता हूँ। मेरे लिखने में विधाओं की सारी सीमाएँ टूट जाती हैं। मेरे यहाँ विधाओं की शुद्धता तहस-नहस हो जाती है। मेरे लिए जो लिखना है वह महत्त्वपूर्ण है-विधाओं की चिन्ता मैं नहीं करता। एक बात मैं और साफ कर दूँ कि योजना बनाकर मैंने कभी नहीं लिखा इसलिए लिखने के क्रम में ही रचना विधा का शेप लेती है। जब भी मैं योजना बनाकर कहीं के लिए रवाना हुआ तो कहीं दूसरी जगह पहुँच गया। कई बार जो लिखना चाहा वह रह गई और दूसरी चीज लिख दी गई। मैं हड़बड़ी या फरमाइश पर कुछ भी नहीं लिख पाता। सम्पादकों की माँग या सुझाव पर भी लिखना मेरे वश में नहीं है। लिखना मेरे अपने 'मूड' पर निर्भर करता है। मेरा अधिकतर लेखन एक बार शुरू हुआ तो 5-6 माह तक लगातार चला। फिर लम्बी चुप्पी। मुझे याद है कि 'सदी का सबसे बड़ा आदमी' संकलन की सारी कहानियाँ एक डेढ़ महीने के अन्दर लिखी गई हैं। लिखने की मेरी प्रक्रिया है कि रात भर लिखना सो जाना-नींद खुलने पर फिर लिखने बैठ जाना।

इधर मुझे लगने लगा है कि या तो कहानियाँ मेरे लिए पर्याप्त नहीं रहीं या मैं ही कहानी लिखने लायक नहीं रहा। कहानियों से असन्तोष हुआ तो मैं संस्मरण की ओर गया, फिर कथा-रिपोर्ताज में जहाँ मैं अधिक खुला और मुक्त महसूस करता हूँ। यहाँ मैं एक बात साफ कर दूँ कि 'संस्मरण' और 'कथा रिपोर्ताज' दोनों दो चीजें हैं। संस्मरणों में तथ्यों को सुरक्षित रखते हैं जबकि कथा रिपोर्ताजों में हम फैंटेसी में भी जाते हैं। यहाँ मैं चरित्रों को पूरे अन्तर्विरोधों के साथ देखना चाहता हूँ। तथ्यों के बीच से उस आदमी के अन्दर की खोज करना चाहता हूँ।

मुझे इन कथा-रिपोर्ताजों पर दो तरह की प्रतिक्रियाएँ मिल रही हैं। हमारा तथाकथित भद्रलोक अपने पाखंड को बनाए रखने के नाम पर और बिल्कुल

साहित्येत्तर कारणों से इसका विरोध कर रहा है। जब ये छपे तो मुझे धमकियाँ मिलीं। गालियाँ मिलीं। बाद में सबकुछ शान्त हो गया। दूसरी ओर मुझे असंख्य पाठकों के पत्र मिले, बधाइयाँ मिलीं। इसे मैं कम महत्त्वपूर्ण नहीं मानता कि जो संस्मरण कभी पढ़े नहीं जाते थे–उसे मैंने नया जीवन दिया। मतभेद चाहे जितना हो लेकिन मेरे संस्मरणों ने आज कविता–कहानी के समानान्तर अपने स्वतन्त्र अस्तित्व को प्रमाणित किया है। क्या यह बात कम महत्त्वपूर्ण है कि 'हंस' या 'कथादेश' के जिस अंक में ये छपते हैं उनकी बिक्री बढ़ जाती है। हुआ यह कि इनमें मैंने कहानी को उसके सिर के बल खड़ा कर दिया। मैं कहानियों में यथार्थ से फैंटेसी की ओर जाता था जबकि कथा रिपोर्ताजों में मैंने फैंटेसी की आँख से यथार्थ को देखा और मुझे मजा आ गया। अब आप इन रचनाओं को जो भी नाम दें क्या फर्क पड़ता है। दूसरी बात यह कि अस्सी चौराहे के जिन साधारण पात्रों को केन्द्र बनाकर मैंने लिखा मैंने देखा कि धीरे–धीरे उनके भीतर बड़ा परिवर्तन हुआ है। वे बदलने लगे, उन्होंने अपने जीवन को गम्भीरता से लेना शुरू किया। यदि साहित्य आदमी को ऐसे बदल देता है तो क्या यह एक बड़ी कामयाबी नहीं है? ये वही लोग हैं जो महीने भर मेरा अँगूठा काट लेने की धमकियाँ देते थे। आप कभी बनारस आएँ तो पप्पू की चाय की दुकान पर आप मेरे पात्रों से मिल सकते हैं। इन कथा–रिपोर्ताजों ने मुझे–आगे लिखने का साहस, संबल, दिशा और ऊर्जा दी है। इनमें मैंने खुद को भी नए सिरे से गढ़ा है।

आपने अपनी बयालीस साल की रचना यात्रा में मात्र एक लघु उपन्यास लिखा 'अपना मोर्चा' जिसे हम लम्बी कहानी भी कह सकते हैं। इसकी भूमिका में आपने लिखा था कि यह एक वृहद उपन्यास की भूमिका है। वह उपन्यास अब तक क्यों नहीं लिखा गया?

अब मुझे नहीं लगता है कि वह उपन्यास मैं लिख सकूँगा। पूरे भारत में छात्र आन्दोलन खत्म हो गया है। तब से व्यवस्था परिवर्तन के लिए शुरू हुई क्रान्तिकारी वामपंथ की विचारधारा और आन्दोलन अपना रास्ता भटक कर दिशाहीन हो चुका है। 'अपना मोर्चा' का केन्द्रीय चरित्र 'ज्वान' नक्सल आन्दोलन की उपज था। आज मेरा वह 'ज्वान' बिहार के जाति युद्ध में लगा हुआ है। वह जो सामन्तवाद खत्म करने चला था वह आज बिहार में 5–10 एकड़ के किसान को जमींदार समझ कर उनकी हत्याएँ कर रहा है। हत्या करते समय वह विचारधारा नहीं जाति देख रहा है। अब 'ज्वान' की एक जाति भी हो गई है जो तब नहीं थी। मेरे 'ज्वान' ने बिहार में आज तक सचमुच के जमींदारों–सामन्तों या वर्ग शत्रुओं की ओर एक ढेला तक नहीं फेंका। ऐसे में मैं अपना उपन्यास कैसे लिखूँ। ऐसा नहीं है कि मैंने उपन्यास लिखने की कोशिश नहीं की। दो–तीन उपन्यास तो आधे–अधूरे यूँ ही पड़े हुए हैं। एक दो

ड्राफ्ट भी तैयार किया। फिर मुझे लगा कि बेकार है। इस सम्बन्ध में मेरी दो टूक राय यह है कि एक महत्त्वपूर्ण लेखक होने के लिए उपन्यास लिखना कोई जरूरी नहीं है। रूसी लेखक अंतोन चेखव और चीनी लेखक लू शून ने तो कोई उपन्यास नहीं लिखा। पर इन लेखकों का किसी उपन्यासकार से कम महत्त्व नहीं है। दूसरी बात यह कि उपन्यास लिखने के लिए बहुत कुछ फालतू भी लिखना पड़ता है। कई हिस्से पृष्ठ संख्या बढ़ाने के लिए जोड़े जाते हैं। मैं ऐसे किसी भी जोड़-तोड़ के लिए अपने को तैयार नहीं कर पाता। सवाल अपनी देखी हुई जिन्दगी और जीवन दर्शन को व्यक्त करने का है। अगर कहानी और 'कथा रिपोर्ताज' मिलकर यह काम कर डालते हैं तो उपन्यास क्यों लिखा जाए? असल चीज है जीवन का वह 'विजन' जो मुझे पेश करना है। जहाँ मैं उस 'विजन' को पूरी तरह अकुंठ भाव से व्यक्त कर सकता हूँ-मैं वहीं जाऊँगा। केवल कृतियों की गिनती बढ़ाने के लिए उपन्यास क्यों लिखूँ?

धूमिल से आपके अन्तरंग सम्बन्ध रहे हैं। जिस भाव और तेवर में जो काम धूमिल कविता में कर रहे थे वही आप कहानियों में कर रहे थे। सी.पी.आई. (एम.एल.) से भी आपके गहरे सम्बन्ध रहे फिर भी आप 'जन संस्कृति मंच' में नहीं गए और इन दिनों सी.पी.आई. समर्थित प्रगतिशील लेखक संघ के साथ हैं। यह बदलाव कैसे आया। क्या इसकी वजह नामवर सिंह हैं?

इस सवाल पर मैं विस्तार से बात करना चाहूँगा। यदि मैं गलत हूँ तो मुझे बताया जाए पर फिलहाल नामवर सिंह को इस बहस से दूर रखा जाए क्योंकि यह सारा मेरा निजी निर्णय था। जब मैंने कहानियाँ लिखनी शुरू की थीं तो उसके ठीक बाद आजादी से मोहभंग का दौर शुरू हुआ। नेहरू की मृत्यु हो चुकी थी उस अराजक दौर में 1968 आते-आते युवा पीढ़ी की आक्रामकता, आक्रोश और विद्रोह को नक्सल आन्दोलन ने एक वैचारिक आधार दिया जिसका बड़ा असर साहित्य में भी पड़ा। बनारस में भी बैठकें होती थीं। धूमिल, मैं और गोरख पांडे उनमें जाते थे। गोरख और धूमिल शुरू की बैठकों में व्यक्त विचारों से असहमत थे पर मैं जुड़ गया। मुझे लगा कि वे ठीक ही कह रहे हैं कि केवल लिखने से कुछ नहीं होगा। उनके कई ग्रुप थे। एक ग्रुप में मैं भी पालिटिकल एक्टिविस्ट के रूप में सक्रिय था। बाद में मेरा मोहभंग उनसे तब होने लगा जब मुझे यह अहसास हुआ कि उनकी दिलचस्पी मुझसे अधिक उन आर्थिक सुविधाओं में थी जो बी.एच.यू. में नौकरी करने के कारण मुझे मिली थी। वे मुझे सन्देह की दृष्टि से देखते थे। वे क्रान्ति की बातें करते पर कोई फ्रंट पर नहीं आते। उनके भीतर भी उन्हीं सुविधाओं की तेज भूख थी जिनकी वे आलोचना करते थे। मैंने भी अपने लिए मान लिया कि राजनीति में मैं भले समाज न बदल सकूँ पर साहित्य में जरूर बदल दूँगा। 'लोग बिस्तरों पर'

के बाद मैंने 'हस्तक्षेप' कहानी और 'अपना मोर्चा' उपन्यास लिखा। बाद में 'सुधीर घोषाल' और 'माननीय होम मिनिस्टर के नाम' छपी। 1947 में नागपुर में आयोजित विश्व हिन्दी सम्मेलन के समानान्तर सम्मेलन किया था और इन्दिरा गांधी से भिड़ गए थे। पर एक घटना के बाद इन लोगों से मेरा पूरी तरह मोहभंग हुआ। दुर्गापुर में को-आर्डिनेशन कमेटी की राष्ट्रीय मीटिंग में देशभर के क्रान्तिकारी आए थे। हमें एक्जिक्युटिव इंजीनियर के क्वार्टर में ठहराया गया था। सारे कामरेड अधिवेशन की चिन्ता छोड़ उस इंजीनियर के भव्य बाथरूम में नहाने में लग गए। जो बाथरूम में घुसता घंटा भर नहीं निकलता। मुझे लगा निश्चित रूप से ऐसे लोग समाज नहीं बदल सकते। 'आदमीनामा' (1978) संग्रह के बाद 'कविता की नई तारीख' (1979) मैं उनके प्रभावों से मुक्त हो रहा था। जब 'जनसंस्कृति मंच' की स्थापना हुई तो मुझे गोरख पांडे ने पत्र लिखकर अध्यक्ष महासचिव बनाने का आफर दिया, पर जवाब नहीं दिया।

इन दिनों आप क्या लिख रहे हैं या क्या लिखना चाहते हैं?

कभी-कभी मुझे लगता है कि मैंने सारा जीवन वह लिखा है जिसे नहीं लिखता तब भी काम चल जाता। मगर वह नहीं लिख सका जिसे सचमुच लिखना चाहिए था। ऐसा कई बार हुआ कि कोई कहानी 'फ्लैश' के रूप में या बादलों की तरह आई, बहुत दिनों तक दिमाग में घुमड़ती रही पर मैं नहीं लिख पाया। मेरी बड़ी इच्छा है कि मैं नामवर सिंह पर एक संस्मरण लिखूँ। 'गरबीली गरीबी वह' के बाद के नामवर सिंह पर। 'वसुधा' के नामवर अंक के लिए लिखना शुरू भी किया था। यह संस्मरण उनके विवाह से शुरू होता है और जे.एन.यू. से रिटायर होने तक चलता रहा। यह एक योजना के अन्तर्गत है। तीन संस्मरण छप चुके हैं, और तीन हो जाएँ तो एक किताब बन जाएगी।

बहुत दिनों तक मेरे मन में प्रेम की जटिलताओं को लेकर लिखने की इच्छा रही है। इस विचार पर एक बड़ा उपन्यास लिखना चाहता हूँ जिसे मैंने जान-बूझकर स्थगित कर रखा था। मुझे यह कचोट बराबर रही मेरे पूरे लेखन में औरतें गायब रही हैं। मेरे लिए यह एक चुनौती पूर्ण कार्य है कि प्रेम पर ऐसा उपन्यास लिखूँ जो अब तक न लिखा गया हो। हो सकता है कि नामवर सिंह पर संस्मरण और प्रेम पर यह उपन्यास साथ-साथ चलें और साथ-साथ पूरा हों। मेरे मन में एक और उपन्यास की भी योजना है जो मेरे बचपन के दोस्त की जीवन लीलाओं पर केन्द्रित है। यह भी एक पारिवारिक किस्म का उपन्यास होगा। उसकी मृत्यु हुए पाँच वर्ष हो गए। वस्तुतः बेटियों की शादी की चिन्ता ने उसके शरीर को खोखला कर दिया था जबकि बुनियादी तौर पर वैसा खुश मिजाज, मजाकिया और जिन्दगी को निचोड़कर जीने वाला आदमी मैंने नहीं देखा है। उसके जीवन की हँसी कैसे धीरे-धीरे गायब हो गई

और वह मृत्यु की तरफ सरकता चला गया, इसे मैं भूल नहीं पाता। 1960 के आस-पास मेरे इलाके में पहली बार हरिजनों का आक्रोश दिखा था। इस दलित विद्रोह पर मैंने 10-12 वर्ष पहले काफी कुछ लिखा था। इस घटना को मैं भूल नहीं पाता। इस पर एक उपन्यास लिखना चाहता हूँ।

(राष्ट्रीय सहारा में प्रकाशित)

अब छोटे शहरों में ही साहित्य रचा जा रहा है

[अजय राय से बातचीत]

काशी का अस्सी और रेहन पर रग्घू में क्या समानता है? वैसे तो दोनों ही कस्बे की कहानियाँ हैं, लेकिन महानगरों के पाठकों ने उसे क्यों सराहा?

दरअसल दोनों में ही मौजूदा समय में आम आदमी की त्रासदी को अलग-अलग पहलू से देखने की कोशिश की गई है। एक का सम्बन्ध मुहल्ले से है, जबकि दूसरे का सम्बन्ध गाँव से। दोनों बाजार के दबाव में रिश्तों के बिगड़ने की कहानी कहती है। सांस्कृतिक रूप से सजग खाँटी देसी जनता को वस्तुत: यह अपनी ही कहानी लगती है। काशी का अस्सी में विभिन्न वर्गों के प्रतिनिधि आते हैं और विभिन्न विषयों पर टिप्पणी करते हैं। जाहिर है, ये ठेठ जमीनी टिप्पणियाँ सबको भाती हैं।

महानगरों में आजकल जो साहित्य लिखा जा रहा है, उसे महानगरों में रहने वाले अपना क्यों नहीं समझ रहे?

साहित्य अब छोटे शहरों में ही लिखा जा रहा है। दिल्ली में उखड़ा हुआ साहित्य लिखा जा रहा है। कथाकार के साथ ही कथा के पात्रों का भी वर्ग परिवर्तन हो जाता है। यह उसी तरह हो रहा है, जैसे अकसर आरक्षण की बदौलत अफसर बनने वालों के रोल मॉडल अगड़ी जातियाँ हो जाती हैं। लोककथा, जातक कथा, पौराणिक आख्यान और प्रेमचन्द तक कथा की समृद्ध परम्परा है, लेकिन दिल्ली में लिखा जा रहा साहित्य परम्पराच्युत है। पाठक जिसमें खुद को नहीं पाता और उसे पढ़ना भी नहीं चाहता।

बाजारवाद के दौर में कई भाषाओं और बोलियों का अस्तित्व संकट में है, लेकिन अचानक भोजपुरी को आठवीं अनुसूची में शामिल करने की बात उठने लगी है। इसकी वजह कहीं बाजार की शक्ति तो नहीं है?

मैथिली और डोगरी को संविधान की आठवीं अनुसूची में शामिल कर लिया गया। भोजपुरी का इतिहास और दायरा इन दोनों बोलियों से बड़ा है। पहले दलित

कवि हीरा डोम से लेकर गोरख पांडेय तक भोजपुरी कविता की समृद्ध परम्परा है। बिरहा गायकों की मदद से चुनाव लड़े जाते रहे हैं। बिरहा गायक रामकेर का तो इतिहास में जिक्र है। उसका एक गीत–अब हमसे तोहसे नाही बनी, तू अपने घरे, हम अपने घरे–बहुत दिनों तक लोकप्रिय रहा। गीत का इशारा जमींदारों, राजाओं की ओर था। साहित्य की दृष्टि से भोजपुरी बेहद सम्पन्न है। यह सही है कि आज बाजार भाषा को प्रभावित कर रहा है। माल उत्पादक, चैनल और मीडिया सब उसे प्रभावित कर रहे हैं। सबसे ज्यादा उपभोक्ता भोजपुरी भाषी हैं और दुनिया भर में फैले हुए हैं। अब भोजपुरी भी अपना हक माँग रही है।

आठवीं अनुसूची में शामिल हो जाने पर क्या भोजपुरी आज की तुलना में ज्यादा विकसित होगी?

निश्चित रूप से। लेकिन ध्यान रखना होगा कि तब कहीं दुकानदारी वाली संस्थाएँ न हावी हो जाएँ। नागरी प्रचारिणी सभा पावन उद्देश्य से बनी थी। स्वतंत्रता मिलने से पहले तक वह हिन्दी के प्रचार के केन्द्र में थी। लेकिन बाद में वह राज्यसभा में पहुँचने की सीढ़ी और लाभ कमाने का जरिया बन गई। भोजपुरी विश्वविद्यालयों में आ रही है। इसके हित के लिए कुछ संस्थाएँ भी बन रही हैं। पर ये संस्थाएँ मॉरिशस, फीजी आदि भोजपुरी भाषा वले देशों में सम्पर्क बनाने और रसूख पाने का जरिया बनती जा रही हैं। महापंडित राहुल सांकृत्यायन, विद्यानिवास मिश्र और रामनरेश त्रिपाठी ने जितना संग्रह किया है, उतना काम भी ये संस्थाएँ नहीं कर रही हैं। अनिवासी भारतीय भोजपुरी पर पैसा खर्च कर रहे हैं। कुछ चैनल खुल गए हैं, लेकिन कोई महत्त्वपूर्ण अखबार और पत्रिका नहीं दिख रही।

आखिर कैसे भला होगा भोजपुरी का?

उसके लेखक, उसकी जनता करेगी भला। केदारनाथ सिंह, नामवर सिंह सरीखे तमाम साहित्यकारों की जड़ें भोजपुरी में हैं। वे जब लिखते हैं, तो भोजपुरी की व्यापक शब्द सम्पदा का इस्तेमाल करते हैं। निराला और त्रिलोचन ने अवधी का भी इसी तरह इस्तेमाल किया है।

लेकिन भोजपुरी समाज तो खुद अंगरेजी पर जोर दे रहा है।

यह सच्चाई कि भोजपुरी घरों से गायब हो रही है। कॉन्वेंट स्कूलों में पढ़ने वाले बच्चे भोजपुरी नहीं बोल रहे। मेरे पुत्र भोजपुरी बोलते हुए उस पर कृपा करते हैं, जबकि पौत्र तो उसे बोलते ही नहीं। लेकिन भाषा तो मर-मर कर जन्म लेती है। हिन्दी बदल रही है। भोजपुरी भी समय-समय पर बदलती रहेगी।

जुआठ, हल, बैल, मूसल जिंदगी से गायब हो रहे हैं, तो भाषा से भी गायब होंगे।

उदय प्रकाश के योगी आदित्यनाथ के हाथों पुरस्कार लेने से भूचाल मचा है।

क्या यह सब विचार के साहित्य से विदाई का द्योतक है?

उदय प्रकाश में बदलाव आते रहे हैं। उन्होंने जनवादी लेखक संघ छोड़ा। उदय प्रकाश का रास्ता निर्मल वर्मा का रास्ता है। निर्मल वर्मा पहले कम्युनिस्ट पार्टी में थे, लेकिन बाद में वह दक्षिणपंथी हो गए। वामपंथी साहित्यिक संगठनों ने अशोक वाजपेयी के काल में भारत भवन का बहिष्कार कर रखा था, लेकिन निर्मल वर्मा वहाँ गए। इसी तरह उदय प्रकाश की 'दरियाई घोड़ा' संग्रह की कहानियाँ वामपंथी रुझान की थीं। तब मिलान कुंदेरा और मार्खेज उनके आदर्श रचनाकार थे। लेकिन बाद में उनमें बदलाव आया। उनकी महत्त्वपूर्ण कहानी और अन्त में प्रार्थना को दक्षिणपंथी झुकाव का माना जाता है। हालाँकि अच्छा लेखक होने की अनिवार्य शर्त मार्क्सवादी होना नहीं है। ऐसे बहुत से लेखक हैं, जिन्होंने मार्क्सवादी न होते हुए भी अच्छी रचनाएँ की हैं। उदय प्रकाश महत्त्वपूर्ण कथाकार हैं, इसमें भी कोई शक नहीं। मगर जनता के लेखक का साम्प्रदायिक ताकतों से जुड़ाव निन्दनीय है।

भाषा और साहित्य में बदलाव क्या समाज में बदलाव का सूचक है?

यह बिलकुल सही है। हकीकत यह है कि पति-पत्नी के रिश्ते बदल रहे हैं। एक दशक बाद ये रिश्ते पूरी तरह बदल जाएँगे। वैसी स्थिति में एकल परिवारों में पल रहे बच्चों के लिए भी परिवार के मायने वही नहीं होंगे, जो आज हैं। हकीकत तो यह है कि भाई-बहन के रिश्ते भी ऐसे परिवार के बच्चे नहीं जानते। विवाह का स्वरूप धीरे-धीरे बदल ही रहा है। अब लिव इन रिलेशन जैसी बातें समाज में सामने आ रही हैं। जाहिर है, आने वाले कुछ साल में विवाह मजबूरी या बाध्यता नहीं रह जाएगी।

क्या समलैंगिकता का विवाद इसी सामाजिक बदलाव का नतीजा है?

यह सचमुच बहुत बड़ी विडम्बना है कि महँगाई की मार से देश के आम लोग बेतरह परेशान हैं, लेकिन चर्चा अब समलैंगिकता पर हो रही है। सच पूछें, तो सत्ता और विपक्ष में आज किसी तरह का कोई फर्क नहीं रह गया है। वे मीडिया के लिए कुछ मुद्दे जरूर उछाल देते हैं, लेकिन गम्भीर बहस से दोनों ही बच रहे हैं। जहाँ तक समलैंगिकता का सवाल है, तो यह बहुत पहले से ही हमारे समाज में है। लेकिन इस पर जो गम्भीरता अब दिखाई पड़ रही है, खासकर सरकार के स्तर पर, वह आम आदमी की समझ में बिलकुल नहीं आ रही है।

वैश्विक राजनीति को आप किस रूप में देख रहे हैं?

मेरा मानना है कि अमेरिकी दादागीरी खत्म करने के लिए एशिया को युद्ध से बचना चाहिए। यह बिलकुल शीशे की तरह साफ है कि अमेरिका के पास दुनिया को देने के लिए हथियार के सिवा और कुछ नहीं है। इस मामले में चीन को अक्लमंदी दिखानी चाहिए। सोवियत संघ के पतन के बाद अब एकमात्र वही

मार्क्सवाद का झंडाबरदार रह गया है। ग्लोबलाइजेशन का चीन ने जिस तरह इस्तेमाल किया, खासकर आर्थिक मोरचे पर, भारत को भी उससे सीखना चाहिए। सार्त्र की मंडली के दार्शनिक इवान इलिच वर्ष 1980 में बनारस आए थे। हनुमान घाट पर उन्होंने मुझसे कहा था कि सारी दुनिया को भारत से उम्मीद है, लेकिन दुखद तब होगा, जब वह किसी देश की नकल शुरू कर देगा। प्रेमचन्द के उपन्यास कर्मभूमि का सूरदास जनसेवक से कहता है कि तुम चतुर हो, हम अनाड़ी। देखना हम तुम्हीं से खेलना सीखेंगे और एक दिन मात देंगे। हमें यही करना होगा।

(अमर उजाला, वाराणसी 18 अक्तूबर 2009 में प्रकाशित)

ईमानदारी मेरी पूँजी है

[पलाश विश्वास से बातचीत]

काशीनाथ जी, हम लोगों के यहाँ उत्तराखंड में स्टडी सर्किल में 'अपना मोर्चा' अनिवार्य था। अब अपने मोर्चे पर आप कहाँ हैं?

बिहार की 'स्टडी सर्किल' के बारे में तो सुना था, उत्तराखंड की जानकारी आप से मिल रही है। इस सूचना के लिए धन्यवाद! आज बत्तीस-तैंतीस साल हो गए 'अपना मोर्चा' लिखे! 'अपना मोर्चा' कुछ नहीं, एक कोरा-सादा पन्ना है जिस पर लेखक लड़ता है सत्ता और व्यवस्था के विरुद्ध कलम और स्याही से! कथाकार की हैसियत से मैं यही करता रहा हूँ। 'मोर्चा' वही रहा है लेकिन समय के साथ 'टार्गेट' बदलते रहे हैं। कभी-कभी बदलाव की गंध पहले मिल गई है और मैं उधर मुड़ गया हूँ। जैसे 'चोट' कहानी! यह कहानी '71 में तब लिखी थी जब न राजनीति में जातिवाद था, न जातिवादी पार्टियाँ, न 'मंडल आयोग' था! पिछले कुछ वर्षों से मेरे निशाने पर भूमंडलीकरण और बाजार रहा है!

'अपना मोर्चा' से 'काशी का अस्सी' तक एक लम्बी यात्रा! साठोत्तरी काशीनाथ सिंह की अगली मंजिल क्या है?

क्षमा कीजिए, साठ के बाद मैंने लिखना जरूर शुरू किया लेकिन 'साठोत्तरी' कभी नहीं रहा! 'साठोत्तरी' सिर्फ सुविधा का ही नहीं, एक विशेष प्रकार की 'रचनात्मकता' के लिए प्रयुक्त होने वाला शब्द है! उसमें मैं कभी फिट नहीं बैठा! मैं तो आज भी आपके साथ लिख रहा हूँ और आपके लिए चुनौती बन कर लिखना चाहती हूँ! बन पाता हूँ या नहीं, यह अलग सवाल है!

हाँ, रही अगली मंजिल? तो अब मैं 'घर' लौटना चाहता हूँ! समाज की सबसे छोटी इकाई की ओर! सामाजिक बदलाव की तफ़्तीश और परख के लिए इससे बेहतर और कोई जगह नहीं!

काशी की लम्बी विरासत और भूमंडलीकरण, उत्तर आधुनिकतावाद और बाजार क्या इनके मुकाबले के लिए आपके लेखकीय औजार काफी हैं?

बिल्कुल नहीं! एक भारी-भरकम और भयावह चौतरफा हमलों का मुकाबला सिर्फ शब्दों से कैसे किया जा सकता है? हम सिर्फ चिल्ला सकते हैं या गुहार लगा सकते हैं कि 'बचाओ! बचाओ!' लेकिन गुहार सुनने वाले भी अगर उन्हीं हमलावरों में शामिल हों तब क्या करेंगे आप?

देखिए पलाश जी, यह लोकतंत्र है! जनता की आवाज है संसद और सत्ता में बैठी हुई सरकार! यह सरकार इसी देश की जनता ने चुनी है। ये हमले इसी सरकार की सहमति और इच्छा से हो रहे हैं। उसकी राजी-खुशी से! ऐसी स्थिति में हम इतिहास में केवल अपनी आपत्तियाँ दर्ज कर सकते हैं, लोगों को आगाह कर सकते हैं, प्रतिशोध कर सकते हैं-कोई हमारे साथ आए, न आए!

आपने अपनी यात्रा फार्म तोड़ने से शुरू की थी! आपकी रचनाओं की अन्तर्वस्तु के सुतीव्र कथ्य के साथ शिल्प के नए-नए प्रयोग भी हमने देखे। मौजूदा कथा परिदृश्य में शिल्प और भाषाई चमत्कार तो है, जादुई यथार्थ और उत्तर आधुनिकतावाद भी है-पर वह अन्तर्वस्तु, दृष्टि और लेखकीय सरोकार सिरे से गायब हैं?

तुम्हारे इस प्रश्न में शरारत की बू आ रही है! एक तरफ मेरी प्रशंसा, दूसरी तरफ मौजूदा कथा परिदृश्य पर आलोचनात्मक टिप्पणी! सन्देह हो रहा है मुझे! खैर...यह सच है कि मौजूदा परिदृश्य बहुरंगी और विविधतापूर्ण होने के बावजूद नीरस और निर्जीव है, हर कहानीकार हड़बड़ी में है, उसे हर कहानी कहनी है-क्या कहना है, कितना नहीं कहना है, कैसे कहना है, किसलिए कहना है, पहले वह कहा गया है या नहीं आदि-आदि बातें जानने, समझने और सोचने की उसे फुर्सत नहीं! वह लिखते ही चर्चा में आने को बेताब हो जाता है और अगर चर्चा में आ गया तो फिर निश्चिंत हो जाता है! लेखक होने का लम्बा संघर्ष करना उसे गवारा नहीं!

लेकिन एक दूसरी बात भी ध्यान देने की है-एक कहानीकार सारी जिन्दगी कहानी लिखता रहता है लेकिन चार-पाँच कहानियाँ ही ऐसी होती हैं जिनके लिए वह याद किया जाता है! प्रेमचन्द से लेकर भीष्म साहनी, अमरकांत तक देख लीजिए! ऐसे में मैं इतना तो कह ही सकता हूँ कि इस वक्त भी कई ऐसे कहानीकार हैं जिनकी एक-दो कहानियाँ भुलाना मुश्किल है!

क्या अखबारों की तरह अब साहित्य भी सिर्फ टिकाऊ माल है?

बिकाऊ प्रकाशक के लिए होगा लेखक के लिए नहीं। मैंने स्वयं 'पारिश्रमिक' या 'रायल्टी' के लिए कभी नहीं लिखा। चालीस-बयालिस सालों से लगातार लिखते रहने के बावजूद मुश्किल से पाँच-सात कहानियाँ रही होंगी जिनका पैसा मिला हो! ख़ैर, साहित्य भी एक विशेष किस्म का 'उत्पाद' ही है लेकिन माल

सिर्फ बाजारू और पेशेवर लेखकों के लिए है।

एक जमाने में जो लोग 'नॉट फॉर सेल' का बिल्ला टाँगे फिरते थे, उनको प्रतिष्ठान बनते हुए देख कर कैसा लगता है?

'नाट फॉर सेल' की तख्तियाँ उन्होंने ही टाँग रखी थीं, जो 'सेलेबुल' थे या बिकने की ख्वाहिश रखते थे! लेकिन यह आरोप लगाते हुए हमें यह भी देखना चाहिए कि कहीं आरोपी 'प्रतिष्ठान' का विरोध इसलिए तो नहीं कर रहा है कि वह खुद प्रतिष्ठान बनना चाहता है और नहीं बन सका है। यह देखना इसलिए जरूरी है कि प्राय: व्यवस्था का विरोध विद्रोही को अन्ततः व्यवस्था में ले गया है!

आप काशी विश्वविद्यालय में प्राध्यापक थे! उन दिनों के अनुभव?

अनुभव कैसा रहा, इसका अनुमान इसी से लगा सकते हैं कि मैं कहीं भी कभी भी अपने प्राध्यापक होने की चर्चा नहीं करता! जबकि देश के सबसे बड़े विश्वविद्यालय में प्राध्यापक था–वह भी 32 वर्षों तक! इन 32 वर्षों में लगभग 25 वर्ष 'इन्क्वायरी कमेटी', 'कचहरी', 'मुकदमेबाज़ी' और तरह-तरह के आरोप झेलते बीते! और आरोप भी कितने गन्दे? कि चरित्रहीन हूँ, छात्राओं से देह-व्यापार और धन्धा करता हूँ, रंडी बाज हूँ आदि-आदि! विश्वविद्यालय में ज्वाइन करने से पहले जो सिलसिला शुरू हुआ, वह प्रोफेसर और अध्यक्ष बनने के बाद ही थमा! लेकिन गुमनाम पत्र अन्त तक भेजे जाते रहे! ये पच्चीस साल भयानक मानसिक मंत्रणा के साल थे! इस काम में प्राध्यापक ही नहीं, छात्र भी शामिल थे–अपने गुरुओं को प्रसन्न करने के लिए। विभाग मेरे लिए जातिवाद, जोड़-तोड़, उठा-पटक और तिकड़मों का अड्डा था। यहाँ कुंजी लिखना और पाठ्य पुस्तकों को सम्पादित करना 'एकेडमिक' काम समझा जाता था और कविता, कहानी, उपन्यास लिखना फालतू और एकेडमिक-विरोधी! अगर मैं टिका रह गया तो इसका श्रेय उन छात्रों को है जो मुझे प्यार करते थे और मेरी ताकत थे!

आपके साथ ही ऐसा क्यों हो रहा था, बताएँगे उसके बारे में?

नगर और विभाग में उन दिनों उनका वर्चस्व था जिन्होंने आचार्य हजारी प्रसाद द्विवेदी और मेरे बड़े भाई नामवर सिंह को खदेड़ने में सफलता हासिल कर ली थी! वे मुझे उनके 'अवशेष' या दूत के रूप में देख रहे थे! वे चाहते थे कि मैं उनके आगे समर्पण कर दूँ जबकि जिन व्यक्तित्वों को मैंने करीब से जाना था उनके मुकाबले ये पिद्दी लोग थे! दूसरे, मार्क्सवाद ने मुझे सिखाया था कि तुम्हारे विचार और व्यवहार में एकरूपता होनी चाहिए! यह नहीं कि बातें कुछ करो, काम कुछ और! विभाग में जिन छोटी-छोटी और टुच्ची चीजों और स्वार्थों के लिए जोड़-तोड़ होते रहते थे, समीकरण बनते-बिगड़ते रहते थे, वह मेरे बर्दाश्त के बाहर था। मैं उसके खिलाफ बोलता था–अकेला ही सही! वे चाहते थे कि मैं उनकी जमात

का हिस्सा बन जाऊँ और यह मैं कभी स्वीकार नहीं कर सका!

ऐसी मानसिक यंत्रणाओं के दौरान भी आप का लिखना कभी स्थगित नहीं हुआ। यह कैसे सम्भव हो सका?

सच कहो तो मुझे मेरे रचनाकर्म ने बचाया वरना या तो मैं उसे कीचड़ में पड़ा सड़ गया होता या विक्षिप्त हो गया होता! भैया (नामवर सिंह) ने कई बार मुझे चिट्ठियों में लिखा है कि तुम्हारी कहानियों में एक तरह की वायलेंस (Violence) मिलता है, वह क्यों है, यह मेरी समझ में नहीं आता। कारण यही विभाग था जहाँ लोगों के गन्दे चेहरे और दुहरे-तिहरे चरित्र को देखकर उबलता और उफनता रहता था! मेरा वही क्रोध मेरी कहानियों में 'वायलेंस' के रूप में फूटता था!...मैंने उन्हीं दिनों सुकून के लिए अपने पक्ष में एक तर्क ढूँढ़ लिया था कि बनारस औरत का तो सम्मान करता है लेकिन जिन्हें प्यार करता है, उनके साथ दुर्व्यवहार करता है! उसने यही कबीर के साथ किया, तुलसी के साथ किया, हजारीप्रसाद द्विवेदी, त्रिलोचन और नामवर के साथ किया। कौन जाने, मैं भी उसी प्यार का भाग होऊँ? नगर ने सम्मान दिया तो ठाकुर प्रसाद सिंह को, शिव प्रसाद सिंह को-मैं उनकी सूची में कभी नहीं रहा!

आपके ही विभाग में कथाकार शिव प्रसाद सिंह भी थे, उनका असर क्यों नहीं पड़ा आप पर?

अब स्वर्गीय हो चुके हैं वे, इसलिए कुछ नहीं कहूँगा। हाँ, रही असर न पड़ने की बात तो शिव प्रसाद जी को मैं कभी पसन्द नहीं कर सका। 'आर-पार की माला' के बाद से उनके सारे उपन्यास और सारी कहानियाँ उनके ड्राइंगरूम की लाइब्रेरी से निकली हैं! शोध-ग्रंथों की अकादमिक भाषा में कहानियाँ लिखते थे वे। यहाँ तक कि बोलचाल के भोजपुरी शब्द भी सड़क-फुटपाथ से नहीं, भोजपुरी कोश से उठाते थे वे! मेरी रुचि का नहीं था उनका लेखन!

नामवर जी के आप भाई हैं! उनके वटवृक्ष जैसे व्यक्तित्व की छाया में कैसा लगता है आपको?

जाने क्यों, मुझे लग रहा है कि ऐसा सवाल करके आप मुझे तो छोटा कर ही रहे हैं, नामवर जी को भी छोटा कर रहे हैं। वे मेरे लिए वटवृक्ष नहीं, आकाश रहे हैं। अगर मैं इससे आगे 'ग्रो' नहीं कर सका तो इसमें उनका नहीं, मेरा कसूर है! मुझे घर में साहित्य का माहौल उनसे मिला, कहानी पर लेखमाला न शुरू की होती और रात-दिन कहानियों पर बातें न किया करते, तो मैं कहानियाँ लिखना न शुरू करता!...भाइयों के रिश्ते अधिक-से-अधिक मित्रता तक जाते हैं लेकिन नामवर जी मित्र के साथ ही मेरे पिता भी रहे हैं, गुरु की, परामर्शदाता भी, और मालिक तो हैं ही घर के! इतने सारे रिश्ते एक साथ जीने की कूवत है किसी भाई में? ऐसे

शख़्स का भाई होना किसी के लिए भी गर्व और ईर्ष्या की बात होती!

नामवर के भाई होने का क्या लाभ हुआ आपको? और क्या नुकसान?

हाँ, नुकसान हुआ था शुरू के दस-बारह वर्षों तक! ज्यादातर मुझे नामवर का भाई ही मानते थे, कहानीकार नहीं! आज भी ऐसों की संख्या कम नहीं है! और यही मेरे लिए चुनौती भी बना। सच कहिए तो मैं उन लेखकों में हूँ जिन्हें स्वीकृति दिलाने की पहल पाठकों ने की। उनका दबाव था आलोचक पर-'चाहे 'अपना मोर्चा' हो, चाहे संस्मरण!...और लाभ? जो भी नामवर का भाई होता और उसमें जरा भी शर्म-हया होती तो या तो लिखने की महत्त्वाकांक्षा ही न पालता या घटिया लेखक न होने के लिए अभिशप्त होता! आखिर साहचर्य से कुछ तो सीखता!

आप लेखक न होते तो क्या होते?

मैंने '70 के जमाने में एक सिनेस्टार का वाक्य पढ़ा था-'जानी, अगर मैं बम्बई में फुटपाथ पर बूट पॉलिश भी करता होता तो यही कोशिश रहती कि ऐसी पॉलिश करूँ जैसी अक्खी बंबई में दूसरा न करता हो!' मैं भूला नहीं यह वाक्य!...बाँसुरीवादक होता और शाम को गंगा किनारे डोंगी पर बैठ कर बाँसुरी बजाया करता! यह बचपन से इच्छा थी।

आप '70 के दशक में सबसे ज्यादा सक्रिय थे। उस दशक के बारे में बताएँ!

बेशक! सही कहा आपने। मेरी सक्रियताओं के कई धरातल थे उस दशक में-एक ओर नक्सल ऐक्टिविस्ट, दूसरी ओर 'छात्र अधिष्ठाता कार्यालय' से निकली जाने वाली 'परिवेश' पत्रिका का सम्पादक था, तीसरी ओर विश्वविद्यालय की 'साहित्यिक, सामाजिक और सांस्कृतिक कार्यसमिति' का संयोजक और संचालक था और चौथी ओर 'बैल', 'मुसइचा', 'सुधीर घोषाल', 'लाल किले के बाज' जैसी कहानियाँ लिख रहा था। उस समय का सन्नाटा ललकार रहा था मुझे! जोश और ऊर्जा से भर रहा था मुझे! और वह भी ऐसे वक्त में जब मेरे समकालीन थक कर शान्त पड़ रहे थे और 'समान्तर कहानी' का हो-हल्ला किसी काम न आ रहा था। इसके लिए मैं अपने नक्सलाइट साथियों और सम्पर्कों का ऋणी हूँ। उस समय बनारस में तीन-चार ग्रुप थे। सबसे बड़ा ग्रुप हमारा था-सात-आठ लोगों का! मुझे छोड़कर सभी या तो विद्यार्थी थे या बेरोजगार! हमने सभी ग्रुपों को एक करना चाहा था लेकिन 'लाइन' के प्रश्न पर वैसे ही बँटे रहे! हमने 'चुनाव-बहिष्कार' का निर्णय किया और रात-रात काम करके नगर की दीवारें रँग डाली! घर-घर पर्चे फेंक डाले! नक्सलाइटों की रिहाई के लिए विश्वविद्यालय में सभाएँ कीं। 'मानस चतुःशती' के समय तुलसी पर प्रश्न खड़े किए। संगोष्ठी और पत्रिका दोनों के जरिए। 'प्रथम विश्व हिन्दी सम्मेलन' नागपुर में समानान्तर सम्मेलन किया और वहीं नज़रबन्द रहे दो दिन अपने आवासों में। जे.पी. आन्दोलन की 'दूसरी

आजादी' की असंगतियों, विरोधाभासों और पाखंड पर सवाल उठाए 'परिवेश' में। विश्वविद्यालय की पत्रिका नक्सल पत्रिका हो गई।...ये सारे काम मैंने सर्विस दाँव पर लगा कर किए! सबसे बड़ी बात इन्हीं सक्रियताओं से मेरी कहानियों को एक दृष्टि मिली और हिन्दी में चर्चा शुरू हुई जनवादी कहानी की!

आपकी ये नक्सलवादी सक्रियताएँ कब और क्यों खत्म हुईं?

कई कारण थे इसके! एक तो हमारे ग्रुप के सभी साथी एक-एक करके नौकरी पर चले गए! 'परिवेश' बन्द हो गया! लोग बिखर गए और जो रह गए, वे एक-दूसरे को सन्देह की नजर से देखने लगे। खुफिया की निगाहों में आ गए थे हम और इमरजेंसी लागू हो गई थी। और मैं भी महसूस करने लगा था कि मुझे वही करना चाहिए जिस लायक हूँ!

आपने कभी 'लाल किले के बाज' जैसी कहानी लिखी थी। सत्ता में शामिल मौजूदा कम्युनिस्टों के बारे में आप क्या सोचते हैं?

'लाल किले के बाज' कम्युनिस्टों के पाखंड पर लिखी कहानी है! खैर छोड़िए उसे...सत्ता में होना और सत्ता में शामिल होना अलग-अलग बातें हैं। अगर सत्ता में हैं तो मुझे कुछ नहीं कहने! यह आप बंगाल में बेहतर समझते होंगे! लेकिन अगर सत्ता किसी दूसरी पार्टी की है तो शामिल होने से पहले पार्टी को देखना चाहिए कि वह उसके 'निर्णय' को प्रभावित करने की स्थिति में है या नहीं! अगर नहीं है तो बेहतर यही है कि जनता के बीच रहे, काम करे, जागरूक बनाए, उसकी जरूरतों के लिए लड़े, आन्दोलन छेड़े और जनाधार मजबूत करे! मगर ऐसा हुआ कहाँ! सत्ता के दुर्निवार आकर्षण ने उसे कहीं का नहीं रखा!

क्या नक्सल दमन जायज है?

उसे जायज ठहराने का सवाल ही नहीं है! वे अपराधी नहीं हैं, लुटेरे नहीं हैं, हत्यारे नहीं हैं। वे भी मार्क्सवादी-लेनिनवादी हैं। मार्क्सवाद की उनकी अपनी व्याख्या है। आप उनसे भले असहमत हों, उनसे मिल-बैठ कर बातें करने में कोई हर्ज नहीं है। संवाद लोकतंत्र का कारगर औजार है!

कम्युनिस्ट पार्टी के विभाजन पर आपके क्या विचार थे?

'थे' का मतलब जब पार्टी बँटी थी और मैं कहानी के मैदान में हाथ-पैर मार रहा था! यही न? तो एक बात यह जान लीजिए कि हमारा दौर ही कांग्रेसी राजनीति के मोहभंग से पैदा हुआ था। पंचवर्षीय योजनाओं और विकास-कार्यों की चिढ़ से। कारण भारत-चीन युद्ध में भारत की शर्मनाक दुर्गति थी! नतीजतन हमारी पूरी पीढ़ी ही राजनीति से परहेज कर बैठी।' सबके सब 'अराजनीतिक बुद्धिजीवी' हो गए!...मेरी पृष्ठभूमि थोड़ी दूसरी थी! छात्र-जीवन में मैंने एस.एफ.आई. के उम्मीदवार कथाकार विद्यासागर नौटियाल के लिए काम किया था। वे हर साल

चुनाव लड़ते थे। '59 में कम्युनिस्ट पार्टी के प्रत्याशी बड़े भाई नामवर जी के लिए काम किया। इस तरह स्वाभाविक सम्बन्ध जैसा बन गया था पार्टी से। लेकिन इसे मेरी कमजोरी कहिए कि अपने दौर के साहित्यिक मुहावरों–अकेलेपन, अजनबीपन, नकारवाद आदि से अपने को बचाए नहीं रख सका और पार्टी-विभाजन के दूरगामी नतीजों की देख नहीं सका!

अमेरिकी साम्राज्यवाद के आगे भारतीय नेतृत्व के घुटने टेकने की महागाथा के बारे में आपका क्या ख्याल है?

घुटने तो वह टेकता है जिसके अपने घुटने हों, यहाँ तो जिस पार्टी के गठबन्धन की सरकार है, वह जन्म से ही पोलियो की मारी है! आपने देखा होगा, कांग्रेस के जमाने में भी यह हर मसले पर अमेरिका के साथ खड़ी होती थी। और आज तो इसके हर सांस्कृतिक संगठन के पीछे अमेरिका की पूँजी है।...इस महागाथा को समझ रहे हैं सिवा विपक्ष के।

मौजूदा पत्रकारिता पर आपके क्या विचार हैं?

अभी-अभी इम्तहान से गुजरी है पत्रकारिता! गुजरात का नरसंहार पत्रकारिता की परीक्षा था। केन्द्र और राज्य में ऐसी हुकूमत जो मीडिया और पत्रकारों को अपना दरबान और चोबदार बनाने में लगी हुई है। ऐसे में पत्रकारों ने फासीवाद के विरुद्ध भारतीय संविधान और लोकतंत्र का जमकर साथ दिया। लेकिन खतरे के दिन अब आने वाले हैं–प्रिंट मीडिया में विदेशी पूँजी निवेश के साथ! जिसे पंडित नेहरू ने कानून से बाहर किया था, उसे ही ये स्वदेशी कानून बना के वापस बुला रहे हैं।

नई कहानी के विरोध से आप लोगों ने अपनी कहानी की शुरुआत की थी। आज जो कहानी लिखी जा रही है, वह किसके पक्ष में है और किसके विपक्ष में?

कहानी का सबसे पहला और सबसे बड़ा आन्दोलन था 'नई कहानी। उसके पीछे समर्थ और अच्छे कहानीकारों की फौज थी। उसने नगर, गाँव, अँचल, जंगल पहाड़, कस्बा तक कहानी के विषय को फैलाया। आज के सबसे बड़े आलोचक और प्रवक्ता उसके साथ थे। एक जमा-जमाया मंच था। पाठकों की वाह-वाही थी। उसने अपनी कहानियों की ताजगी और नए पन से जैनेन्द्र, यशपाल और अज्ञेय जैसे कहानीकारों को हाशिए पर ठेल दिया था। हमारे विरोध से उसका कुछ भी बनना-बिगड़ना नहीं था। अगर 'नई कहानी' के विकल्प में हमारे पास कहानियाँ न होतीं–अलग मिजाज़ की, अलग भाषा की, अलग शिल्प की तो चीखने-चिल्लाने से कुछ नहीं होता!

रही बात यह कि आज की कहानी किसके पक्ष में है, किसके विपक्ष में–तो स्पष्ट कर दूँ कि कहानी किसी के पक्ष या विपक्ष में लिखी जाने से अच्छी या बुरी

नहीं होती, देखना यह चाहिए कि वह कितने बड़े समाज या समुदाय की चिन्ता और संवेदना को शेयर कर रही है, अपील कर रही है।

अपने समकालीनों के बारे में आपकी क्या राय है?

हमारे समकालीन अद्‌भुत, बेजोड़ और प्रतिभा के धनी हैं। प्राय: सभी मुझसे ज्यादा पढ़े-लिखे, समझदार और बेहतर कथाकार हैं। लेकिन खराब लिखने की कला में भी माहिर हैं। और अगर चाहें तो जैसा लिखा है, उससे भी अच्छा लिख सकते हैं। इन्सान तो इतने अच्छे हैं कि क्या कहने? हम एक-दूसरे को चाहे जो कह दें, दोस्त के दोस्त ही रहते हैं। जैसे, गिरिराज किशोर का जैसे ही कोई नया उपन्यास आता है, दूधनाथ कहता-'लो, एक और भूसा का भवन!' जैसे अगर रवीन्द्र कालिया दूधनाथ से कहे कि यार दूधनाथ, इस 'मोर-तोर और कालिख पोतू' लेखन से बाहर आ! जैसे गिरिराज हमेशा मुझसे कहता रहता है-'साले, मैं तरस गया हूँ तुम्हारा ऐसा लिखा पढ़ने के लिए जिसमें कोई गाली न हो!' जैसे ज्ञानरंजन तो कहता ही रहता है कालिया से कि यार! कभी ममता से अच्छा लिखने की 'टिप्स' ले और लिख ही डाल!'...तो, ऐसे प्यारे समकालीन इन्सान कहीं मिलेंगे?

ज्ञानरंजन ने कथालेखन लगभग छोड़ दिया है। इस सिलसिले में उनसे बात हुई?

हुई थी आज से तीस साल पहले भेड़ा घाट पर। मेरे सभी दोस्त लेखक थे साथ में। घाट के ऊपर कथा-आलोचक उसका गुण गा रहे थे। हम सबने हाथ जोड़ कर उससे प्रार्थना की-'माई-बाप! अब बस कर! कुछ हमारे लिए भी छोड़ जा!' आगे का काम आसान कर दिया उसके भक्तों ने-यह कह कर कि कहानियाँ लिखने से ज्यादा बड़ा काम कर रहे हैं ज्ञान 'पहल' का सम्पादन करके!...जब सारा कुछ बिना लिखे मिल रहा हो तो लिखने की क्या जरूरत?

आपका 'किस्सा साढ़े चार यार' काफी चर्चित हुआ। ऐसा लिख देने के बाद मित्रों के साथ कैसा रिश्ता रहता है?

'रहता है' का मतलब? हम तब भी एक-दूसरे को देखने, हँसी-मजाक करने, लड़ने-झगड़ने के लिए बेचैन रहते थे और आज भी रहते हैं। हाँ, जब लिखा था तब सब नाराज थे साल-दो-साल के लिए! मुझे मुगालता था कि मैंने सही-सही और अच्छा लिखा है। उन्होंने कहा कि नहीं, सब ग़लत और झूठ है। अब उनकी बातें मैं कैसे टालता! बस, बात खत्म!

क्या 'आत्मतर्पण' की कोई जरूरत थी? उसमें आपने कितनी ईमानदारी बरती?

देखिए, मैं जो कुछ लिखता हूँ, ईमानदारी से ही लिखता हूँ! वही मेरी पूँजी है।

मैं मानता रहा हूँ कि और आप चाहे जहाँ बेईमान हो लें लेकिन यही एक जगह है जहाँ लेखक को ईमानदार रहना चाहिए क्योंकि आपकी 'रचना' का सम्बन्ध सिर्फ आप से नहीं होता, एक बड़े पाठक समुदाय या समाज से होता है। रही जरूरत की बात, तो मैंने 'हंस' में जितना कुछ लिखा है, उनमें सिर्फ 'आत्मतर्पण' ही है जो राजेन्द्र यादव के बार-बार आग्रह पर लिखा है। वे अपना यह 'स्तंभ' मुझसे ही शुरू करना चाहते थे, लेकिन मैं टालता चला गया! हाँ, अन्त इसी से किया उस स्तंभ का। यह बताना इसलिए जरूरी है कि 'किस्सा साढ़े चार यार' छपने पर मेरे यारों को सन्देह था कि इसमें तोड़-फोड़ करने के इरादे से राजेन्द्र यादव ने मुझसे लिखवाया था! यह सरासर गलत आरोप या सन्देह था।

आज के कथा-परिदृश्य के बारे में क्या कहना चाहते हैं?

परिदृश्य तो काफी लहलह और हरा-भरा है। शायद यह पहला मौका है जब एक साथ कई पीढ़ियाँ हैं जो उपन्यास और कहानी में सक्रिय हैं। एक तरफ भीष्म साहनी, कृष्णा सोबती, मनोहर श्याम जोशी, श्रीलाल शुक्ल, दूसरी तरफ गिरिराज किशोर, दूधनाथ, कामतानाथ, तीसरी तरफ स्वयं प्रकाश, मंजूर एहतेशाम, चौथी तरफ उदय प्रकाश, संजीव, मैत्रेयी पुष्पा, शिवमूर्ति, पाँचवीं तरफ अखिलेश, देवेन्द्र, आनन्द हर्षुल-सिर्फ ये कुछ नाम हैं अलग-अलग पीढ़ियों के कथाकारों के। इनके बाद भी पीढ़ियों के आने का सिलसिला जारी है। यह स्थिति न प्रेमचन्द के समय में थी, न नई कहानी के दिनों में। कहना चाहें तो यह भी कह सकते हैं कि अगर जनता के बीच, पाठकों के बीच साहित्य जिन्दा है तो कहानी-उपन्यास के कारण।

उदय प्रकाश और संजीव के बारे में क्या राय है आप की?

ये दोनों मेरे प्रिय कहानीकार हैं लेकिन एक शिकायत के साथ!...अगर देखना हो कि किसी अच्छी कहानी को अपने ज्ञान-विज्ञान के अध्ययन के प्रदर्शन से कैसे बिगाड़ा जा सकता है तो उदय प्रकाश को पढ़ना चाहिए, और अगर यह देखना हो कि अच्छी-बुरी, ठीक-बेठीक किसी भी थीम को बिना विचारे कहानी में कैसे निपटाना चाहिए, तो संजीव को पढ़ना चाहिए।

आलोचना के समग्र परिवेश को देखते हुए कथा-आलोचना के बारे में क्या सोचते हैं आप?

न ही पूछें तो अच्छा! जिस शताब्दी को 'गद्यकाल' कहा गया उसकी आलोचना के केन्द्र में भी कविता जाने कहाँ से भटक कर आ गई 'नई कहानी' के साथ नामवर सिंह और वह भी लौट गए फिर कविता की ओर! उन्होंने एक ठोस बुनियाद रखी थी कथा आलोचना की। हम अपने दौर में उम्मीद कर रहे थे विजयमोहन सिंह से, उन्होंने बड़ी गम्भीरता से कहानियों पर काम किया-उनके

सिवा और भी कथालोचक थे देवी शंकर अवस्थी, सुरेन्द्र चौधरी, चन्द्रभूषण तिवारी लेकिन धीरे-धीरे सबने चुप्पी साध ली। और लगभग आज तीस साल से सूखा है। कहानियों की आलोचना के नाम पर संकलनों की 'रिव्यूज' आ रही हैं जिनमें न कथा-विवेक दिखाई पड़ता है, न अन्तर्दृष्टि! सारी रिव्यूज एक जैसी- सिर्फ आलोचक और संकलन के नाम बदल दो।

पिछले दस-पन्द्रह वर्षों से 'दलित साहित्य आन्दोलन' और 'स्त्री-विमर्श' की बड़ी चर्चा है हिन्दी में! इन्हें आप किस रूप में देखते हैं?

देखिए कुछ सच्चाइयाँ हैं जिन्हें हमें सच्चे दिल से स्वीकार कर लेना चाहिए। कहा जाता रहा है कि हिन्दी साहित्य मुख्यत: हिन्दुओं का साहित्य है, हिन्दुओं में भी सवर्णों का, सवर्णों में भी अधिकांशत: ब्राह्मणों का! दलित और स्त्री इसमें 'न' के बराबर हैं, हैं भी तो उनका स्वाभाविक स्वर नहीं है। अगर नहीं है तो उसके अपराधी हम हैं और हमारी जाति-व्यवस्था है। पिछले वर्षों से उनमें अपने सामाजिक बहिष्कार, तिरस्कार, उपेक्षा और अपने साथ किए जाने वाले अमानुषिक व्यवहार की चेतना पैदा हुई है और ऐसा आक्रामक स्वर सुनाई पड़ने लगा है जिससे हिन्दी साहित्य अपरिचित था। अभी यह स्वर आत्मकथा के रूप में है। इसका स्वागत किया जाना चाहिए। हालाँकि जो दलित या स्त्री नहीं हैं, उनके लिए यह लेखन का 'एजेंडा' बन गया है लेकिन ऐसा तो होता रहता है।

क्या लेखक को महाश्वेता देवी या अरुंधति राय की तरह 'एक्टिविस्ट' होना चाहिए?

'महाश्वेता देवी या अरुंधति राय की तरह' की बात तो न करूँगा, लेकिन 'एक्टिविस्ट' होना चाहिए। अपने अनुभव के विस्तार या सामाजिक दायित्व के लिए न सही, अपने लिखे की रक्षा के लिए, ताकि पाठक यह विश्वास कर सके कि जीवन-मूल्यों की बात आप गले के ऊपर से नहीं कर रहे हैं। 'एक्टिविस्ट' होने के लिए 'जंगल, पहाड़ और नदी बचाओ' के लिए जाने की जरूरत नहीं है, ऐसे अवसर आपके ही शहर में आते रहते हैं। जैसे, अगर दीपा मेहता की फिल्म 'वाटर' की शूटिंग के विरोध में 'विश्व हिन्दू परिषद' आन्दोलन करे और मैं उसकी इस हरकत के विरोध में चुप रह जाऊँ तो मेरे 'अभिव्यक्ति की स्वतंत्रता' की हिमायत करने का का कोई अर्थ नहीं है।

'काशी का अस्सी' को कुछ लोग उपन्यास न मान कर 'संस्मरण' मान रहे हैं! आप का क्या कहना है?

इसलिए कि उपन्यास के पहले वाक्य में 'संस्मरण' शब्द आया है और शायद इसलिए भी कि अस्सी मुहल्ला, चौराहा, घाट, पप्पू की दुकान और सभी पात्र वास्तविक हैं। लेकिन इस उपन्यास के तीन आरम्भिक अध्याय छपे 'कथा

रिपोर्ताज' शीर्षक से और अन्तिम दो 'कहानी' के रूप में! मुझे याद है, जब पहली बार 'देख तमाशा लकड़ी का' 'हंस' में भेजा था तो कहानी के नाम से; लेकिन न मैं उसे 'संस्मरण' मानने के लिए तैयार था, न सम्पादक कहानी मानने के लिए! मैं उसे 'रिपोर्ताज' भी नहीं मान रहा था। फिर सम्पादक ने बीच का रास्ता निकाला और एक नया शब्द दिया–'कथा रिपोर्ताज'। फिर इनके लिए चल पड़ा यह शब्द।

मैं कहना यह चाहता हूँ कि इसके रूप को लेकर ऐसा विवाद शुरू से ही था–न मैं स्पष्ट था न सम्पादक! ऐसा शायद इसलिए था कि मैं जिस 'अस्सी' को लिखना चाहता था और जैसा लिखना चाहता था, उसके लिए पहले से प्रचलित कोई भी एक कथा रूप नाकाफी था!...मेरी कोई जिद नहीं है कि आप इसे उपन्यास ही मानें।

आपने भाषा की मर्यादा तोड़ दी है, ऐसा आरोप अक्सर लगता रहा है। इस बारे में आपकी प्रतिक्रिया?

यह आरोप कौन लगाते हैं, इसे समझना जरूरी है! ये वह मर्यादा पुरुषोत्तम लोग हैं जो भाव में रहने वालों को गँवार और देहात में रहने वालों को 'देहाती भुच्च' बोलते हैं। ये गाँव के छोरों से गुजरते हैं तो कार का शीशा चढ़ा लेते हैं और नाक पर रूमाल रख लेते हैं। वे भी प्रयोग करते हैं अमर्यादित शब्दों का लेकिन शब्दों की जगह 'डॉट्स' छोड़ देते हैं जैसे वे शब्द अछूत और दलित हों! इससे बढ़ कर शब्द का अपमान और क्या होगा? भाषा की मर्यादाएँ उन्होंने ही तय की हैं जैसे सत्ता आत्मरक्षा के लिए कानून बनाती है, जनता के लिए नहीं। विडम्बना यह है कि हम उनकी तय की गई मर्यादा को 'अपनी' समझ कर स्वीकार कर लेते हैं। जबकि वास्तविकता यह है कि उनकी बनाई मर्यादा को तोड़ कर ही हम खुद को व्यक्त कर सकते हैं।

'काशी का अस्सी' में आप ने जीवित पात्र चुने। उन्होंने कोई एतराज किया? उनकी क्या प्रतिक्रिया रही है?

लम्बी कहानी है यह। एतराज ही नहीं, हंगामा किया! महीने-महीने भर! और वह भी एक बार नहीं, तीन-तीन बार।

इन पात्रों को साहित्य से कोई मतलब नहीं था। एक-आध को छोड़ कर पत्रिका खरीदने की भी हैसियत नहीं है किसी की। लिखने के समय मैंने सोचा था कि किसी को पता भी नहीं चलेगा छपने का! 'देख तमाशा लकड़ी का' छपने के दूसरे दिन 'हंस' जाने कैसे पहुँचा पप्पू की दुकान में! वहीं से शुरू हुआ उपद्रव। शाम का वक्त नगर से बिजली गायब। रात भर दुकान खुली रही और लालटेन की रोशनी में सुबह तक कई-कई बार पाठ हुआ। अगले दिन स्टालों से 'हंस' गायब!

फिर फोटोस्टेट बँटे। तीन सौ की संख्या में। मुझे हर शाम खबर दी जाती–'जब तक हालात सामान्य न हों, इधर न आएँ। कुछ भी हो सकता है!' चौथे या पाँचवें दिन पप्पू की दुकान पर पुलिस ने छापा मारा। विरोध में चौराहे की सारी दुकानें बन्द रहीं अगले दिन। बात आगे बढ़ती इससे पहले ही किन्हीं कारणों से भूलूपुर क्षेत्र में कर्फ्यू लागू हो गया। कर्फ्यू खत्म होने के बाद फिर शुरू हुआ हल्ला-गुल्ला।...महीने भर बाद जब मैंने अस्सी जाना शुरू किया तो बहुत दिनों तक कोई भी बात करने के लिए तैयार नहीं।

'संतो घर में झगरा भारी' छपने के बाद एक दूसरी विकट स्थिति पैदा हुई। गंगा नहा कर आ रहे तीस संस्कृतपादी बालकों ने अचानक पप्पू की दुकान पर ढेले और पत्थर बरसाने शुरू कर दिए। दुकान पर बैठे मनोज का सिर फट गया। उसे अस्पताल ले जाया गया जहाँ दस टाँके लगे। मैं अस्सी की खबरों से चार-पाँच दिन से तनाव में था। रातों को नींद नहीं आती थी। लेकिन इस घटना ने तो हदें तोड़ दी थी। मैं भोर में भागा हुआ पप्पू के घर गया। मैंने कहा–'मैं लड़ूँगा अखबारों के जरिये। यहाँ भी और दिल्ली में भी। बहुत हो चुका।' उसने हाथ जोड़े–'महाराज! बस करें! मेरा धन्धा चौपट मत करें आप। उसी मुहल्ले में रहना है और जिन्होंने करवाया है, वही मेरे ग्राहक भी हैं। उनसे झगड़ा बढ़ाएँगे तो जाएँगे कहाँ।' 'संतो, असंतो, घोंघा बसन्तो' तक स्थिति इतनी विस्फोटक नहीं थी क्योंकि तब तक इनकी महिमा दिगन्त तक फैल चुकी थी और गोवा, कर्नाटक, उड़ीसा, महाराष्ट्र जैसी जगहों से इन्हें देखने के लिए लोग आ चुके थे।

पात्रों में आक्रोश कैसी या किन बातों को लेकर था?

पात्रों में आक्रोश बातों को लेकर नहीं था क्योकि बातें थोड़े हेर-फेर के साथ लगभग वही थीं जो उन्होंने कही थीं! वे यह नहीं कह सकते थे कि ऐसा उन्होंने नहीं कहा था! आक्रोश मेरी टिप्पणियों पर था। उन्हें लगता था जैसे किसी ने उन्हें सरे बाजार नंगा किया हो! और इसका फायदा उठाते थे दुकान में बैठने वाले वे लोग जो पात्र नहीं थे। यानी उपन्यास में जिनका जिक्र है, वे भी नाराज थे और जिनका नहीं है, वे भी। दोनों के अलग-अलग कारण थे! हाँ, मैंने एक काम जरूर किया है–पात्रों के व्यक्तित्व, ढेर सारे प्रसंगों और स्थितियों के साथ जरूरत के मुताबिक भरपूर छेड़-छाड़ की है, यानी कल्पना की आँखों से यथार्थ को देखा है।

भदेस को साधते हुए आप ब्राह्मणवाद का मुकाबला कैसे करते हैं?

देखिए, मेरी समझ से ब्राह्मणवाद कोई स्थिर अवधारणा नहीं रह गई है आज! मेरे यहाँ दूध देने वाले ग्वाले रजिन्नर की नजर में राजेन्द्र यादव और हलवाहे सोबराज की नजर में कँवल भारती और श्योराज सिंह बेचैन ब्राह्मणवादी हैं। उत्तर प्रदेश में मनुवादी और मायावती बाघ और बकरी की तरह एक घाट पर पानी पीते

ही हैं। जिसके पास सुख-सुविधाएँ हैं, वंचितों की निगाह में ब्राह्मणवादी हैं। मैंने बनारस में अस्सी-भदैनी के ब्राह्मणों को देखा है-जजमानी के सहारे के बावजूद वे उसी ब्राह्मणवाद के मारे हुए हैं, जिसे हथियार बना के दूसरों को मारते थे! इसके बावजूद वे ब्राह्मण हैं-गर्व के साथ!...रही भदेस की बात, तो मैं व्याकरण और भाषाशास्त्र का छात्र रहा हूँ। जानता यही था कि शब्दों की कोई जाति नहीं होती, वर्ण नहीं होता, धर्म नहीं होता। लेकिन व्यवहार में जाना कि जिन शब्दों के अपने बँगले और ड्राइंग-रूम हैं, वे ब्राह्मण हैं लेकिन जो सड़क और फुटपाथ पर हैं या लावारिस और बेघर हैं, भदेस हैं।

(लिटरेट वर्ल्ड डॉट कॉम, 2003-04 में प्रकाशित)

बनारस साक्षात्कार

[संदीप से बातचीत]

आपका बाल्यकाल किन परिस्थितियों में बीता और आपके साहित्यकार के निर्माण में कहाँ तक सहायता पहुँचाई?

मेरा बचपन गाँव में बीता। मैं एक छोटे से किसान परिवार का लड़का था। मेरे पिता प्राइमरी स्कूल के टीचर थे। भैंस चराने, साग कूटने, ज्वार मक्का के खेत गोड़ने, गुल्ली-डंडा खेलने, मछली मारने इन सब कामों में मेरी खास दिलचस्पी थी। पढ़ने में बहुत रुचि नहीं थी। जैसे होलिकोत्सव में महीने भर पहले से तैयारी में लग जाता था। सबसे अच्छी बात यह है कि उस समय हमारे गाँव के सिवान में सात-आठ ताड़ के पेड़ थे, और वे मुझे बहुत अच्छे लगते जिसे हम प्रकृति कहते हैं, उस प्राकृतिक सौन्दर्य में भरा-पूरा गाँव था। इसके सिवा शादी-ब्याह के मौकों पर तीज-त्योहार पर कभी-कभी आते थे नाई-कहार जो किस्से-कहानियाँ सुनाया करते थे-रात-रात भर। उन्हें सुनने में मेरी बड़ी दिलचस्पी थी। उनके सिवा मेरी माँ थीं, जिसे सैकड़ों किस्से याद थे। सोने से पहले मैं बराबर किस्से सुना करता था। वहाँ से जब शहर आया तो जाहिर है कि वे सारी यादें मेरे साथ आईं। कहानी कहने का ढंग, कहानी कहने का शिल्प, ये उन्हीं नाई-कहारों से और माँ से मैंने सीखा। मुझे याद आ रहा है कि शुरुआत में मैंने एक कहानी लिखी थी-सुख। सुख कहानी में ताड़ों के पीछे डूबते सूरज का दृश्य है। दरअसल वह कहानी लिखी गई थी बनारस में, लेकिन मेरी आँखों के सामने मेरे गाँव का डूबता हुआ वही सूरज था। इस कारण आप चाहें तो कह सकते हैं कि वे प्राकृतिक दृश्य कहानी कहने की शैली, इन सबकी बड़ी भूमिका है-मेरे कथाकार होने में। आज भी गाँव उसी रूप में हांट करता है।

आप मुख्यत: कहानीकार के रूप में जाने जाते हैं। संस्मरण तो आपने बाद में ही लिखे हैं। किस विधा में लिखना आपको अधिक अच्छा लगता है?

ऐसा है कि कहानियाँ मैंने लिखनी शुरू कीं-साठ के बाद। लगभग 1986 तक मैं कहानियाँ ही लिखता रहा। मेरे अधिकांश कहानी संग्रह-सारे तो नहीं, उस समय

तक प्रकाशित हो चुके थे। नामवर सिंह की पृष्ठभूमि पर ज्ञानरंजन पहले से विशेषांक निकाल रहे थे। उस समय मुझ से उन्होंने आग्रह किया कि नामवर आलोचक है, आपके बड़े भाई हैं, आपको नामवर सिंह पर संस्मरण लिखना चाहिए। तब तक मैंने यह सोचा नहीं था कि इस एक संस्मरण के बाद से कहानियाँ कहीं-न-कहीं मुझ से छूट जाएँगी और मेरा झुकाव संस्मरण की तरफ हो जाएगा। नामवर सिंह के संस्मरण के बाद फिर धारावाहिक रूप में कई संस्मरण मैंने लिखे और वे 'हंस' में प्रकाशित हुए। उन प्रकाशनों में पाठकों का जो रेस्पॉन्स आया, मित्रों का रिस्पॉन्स आया, उससे लगा कि यही एक विधा है जिसमें ऐसा कर रहा हूँ मैं जो इससे पहले किसी ने नहीं किया था। संस्मरणों के इतिवृत्त होते थे, विवरण होते थे, जिसे पढ़ने में न कोई रुचि लेता था और न कोई रहना चाहता था। कवि-लेखकों की रचनाओं को लोग पढ़ते थे। कभी-कभी लोगों का दिलचस्पी होती थी उस आदमी के बारे में जानने को तथा तब उन पर लिखे गए संस्मरण भी पढ़ लिए जाते थे। मेरे संस्मरणों से लगा कि जिन समकालीन लेखकों या पहले के लेखकों के बारे में लिख रहा हूँ उनकी पूरी एक छवि पाठक के दिमाग में बन रही है। कभी-कभी तो मैंने देखा कि अपनी रचनाओं की तुलना में मेरे संस्मरणों के माध्यम से वे लेखक ज्यादा जाने गए या लोकप्रिय हुए। लोगों की दिलचस्पी पैदा हुई। इन वजहों से मेरा रुझान संस्मरण लिखने की तरफ बढ़ता गया। फिर धीरे-धीरे कहानियाँ लिखनी मैंने कम कर दीं।

अब आप यह जानना चाहते हैं कि मेरी मूल विधा क्या है? देखिए, मेरी कहानियों की एक भूमिका रही है। अपने दौर के कहानीकारों में मेरी पहचान थी। सत्तर के बाद जो जनवादी कहानी आन्दोलन शुरू हुआ था। बहुत से लोग मानते थे कि 'सुधीर घोषाल' से जनवादी कहानी आन्दोलन की शुरुआत हुई थी। मुझे लगता है कि कहानियों में मैं पूरी तरह से अपनी क्षमताओं को व्यक्त नहीं कर पा रहा था। कुछ था जो छूट रहा था। कहानियों में पात्र आते थे, स्थितियाँ आती थीं, संवेदनाएँ आती थीं, लेकिन मैं हमेशा बाहर रह जाता था। कहीं-न-कहीं मेरे भीतर तड़प थी कि मेरे भीतर का मनुष्य जो मैं हूँ-वह भी मेरी रचनाओं में आना चाहिए। यह इच्छा बहुत कुछ संस्मरणों के माध्यम से पूरी हुई।

आपके मतानुसार संस्मरण साहित्य का मुख्य उद्देश्य क्या होना चाहिए?

मैं यह तो नहीं जानता कि क्या होना चाहिए। क्योंकि संस्मरण तो सैकड़ों सालों से लिखे जा रहे हैं। मेरे लिखने का उद्देश्य क्या है यह बता सकता हूँ। दरअसल संस्मरण लिखते समय मैं उस आदमी के समूचे टेक्स्ट को पकड़ना चाहता हूँ। टेक्स्ट का मतलब है, यह मूल आदमी जो अपने जीवन में और अपनी रचनाओं में फैला हुआ है। उस फैले हुए विस्तृत संघर्षों से गुजरा हुआ आदमी, वस्तुतः कहाँ जीवित है, वह अपने समूचे रचना-संसार में कहाँ है-मैं संस्मरण लिखते समय उसकी खोज

करता हूँ। क्योंकि मुझे लगता है कि वह आदमी अकेला नहीं है बल्कि उस जैसे ढेर सारे आदमी इस धरती पर फैले हुए हैं। उसे पढ़ते हुए ये लोग अपने को भी उस आदमी में देख सकते हैं।

सफल संस्मरण लिखने के लिए लेखक को किन बातों पर ध्यान देना चाहिए?

जब मैंने संस्मरण लिखना शुरू किया तो मुझे लगा कि इस विधा को पहली बार मैं अपने हाथ में ले रहा हूँ और मुझसे पहले जितने लोगों ने लिखा है, सच्चाई यह है कि मैंने संस्मरण पढ़े ही नहीं थे। मेरी दिलचस्पी आदमी की जिन्दगी में थी। जिस तरह कहानी के पात्र हुआ करते हैं, उसी तरह संस्मरण के पात्र मेरे लिए थे। अब बात सिर्फ इतनी-सी है कि जब हमारे पास कूची नहीं है, कैमरा नहीं है, मूर्ति बनाने का हथियार नहीं है, सिर्फ कलम है, तो क्या मैं कलम के माध्यम से उस आदमी की मूर्ति बना सकता हूँ? उस आदमी को खड़ा कर सकता हूँ क्या? जीवंत, मूर्तिमान, दिखाई पड़ता हुआ, बोलता-बतियाता हुआ। इस तरह के आदमी की रचना हो सकती है क्या? मैंने इसीलिए अपने संस्मरणों में सूचनाएँ नहीं दीं, विवरण नहीं दिया, मैंने उस आदमी के जीवन के उन पक्षों को चुना जहाँ वह संघर्षरत है। मानसिक रूप से, शारीरिक रूप से, जहाँ वह दुविधा या परेशानी में, संकट में जो कुछ सोच रहा है, कर रहा है, मुझे लगा कि उसके आत्मसंघर्ष को या द्वन्द्व को पकड़ा जाए तो वहाँ से उस आदमी को एक शक्ल दी जा सकती है। मैंने अपनी ओर से यह कोशिश की। रही संस्मरणों की सफलता की बात मैं दो बातें इस सिलसिले में जरूर कहना चाहता हूँ। पहली बात यह है कि संस्मरण लिखने वाले आदमी को अपने प्रति भी उतना ही निर्मम होना चाहिए जितना वह उस आदमी के प्रति निर्मम है-जिसके बारे में लिख रहा हूँ। पूरी निर्ममता से और बहुत आत्मीयता से उसे लिखना चाहिए। दूसरी बात यह है कि संस्मरण लिखते समय प्राय: मैंने देखा है कि लोग अपने प्रति बहुत महत्त्वपूर्ण होते हैं, बल्कि अपने बारे में बहुत कुछ छिपा जाते हैं और दूसरों को नंगा करना चाहते हैं। मुझे यह भी बहुत अटपटा लगा और लगा कि जो आदमी लिखे, उसे अपने प्रति भी ईमानदार होना चाहिए और जिसके बारे में लिख रहा है-उसके प्रति भी ईमानदार होना चाहिए। ईमानदारी संस्मरण की पहली शर्त लगती है मुझे। वहाँ किसी प्रकार की बेईमानी नहीं होनी चाहिए।

कौन से संस्मरण हैं जो आपको विशेष प्रिय हैं? इसी से जुड़ा हुआ अगला प्रश्न है ऐसे कौन से संस्मरण-लेखक हैं जिनसे आपको प्रेरणा मिली। आपसे पहले जो संस्मरण लिखे गए उनसे आप किन बातों में भिन्न हैं?

मैं एक बात बताऊँ, मैंने उस अर्थ में संस्मरण पढ़े नहीं हैं। मेरी दिलचस्पी, आत्मकथाओं में थी। आत्मकथा मैंने गांधी जी की पढ़ी। उसके सिवा कई विदेशी लेखक थे जिनकी आत्मकथाएँ मैंने पढ़ी थीं। क्योंकि मुझे लगता था कि आत्मकथा

में अगर लेखक कहीं बेईमानी करता है तो मालूम हो जाता है। आत्मकथाओं में मुझे सबसे ज्यादा जो अच्छी लगी थी–वह मैक्सिम गोर्की की आत्मकथा जो तीन भागों में प्रकाशित हुई। जिसमें 'मेरा बचपन', 'जनता के बीच', 'मेरे विश्वविद्यालय' उसी क्रम में गोर्की के साहित्यिक संस्मरण मैंने पढ़े। खास तौर पर टालस्टाय और चेखव वाले संस्मरण मुझे अच्छे लगे। हिन्दी के लेखकों में कोई भी ऐसा संस्मरणकार नहीं है जिसका कोई इम्प्रेशन मेरे दिमाग में हो। हो सकता है कि मैंने पढ़ा नहीं है। मेरी दिलचस्पी जीवनी एवं आत्मकथाओं में थी। मुझे लगता है कि इस दिशा में लिखने की प्रेरणा अगर किसी से मिली तो मैं गोर्की का शुक्रगुजार हो सकता हूँ। रही भिन्नता की बात–हिन्दी में जो संस्मरण लिखे हैं–मुझे लगता है कि मैं पूरी तरह से भिन्न हूँ, जब मैंने पढ़ा नहीं, जो थोड़े बहुत संस्मरण पढ़े तो पाया कि उन लोगों के संस्मरण सूचनाएँ भर हैं। जबकि मेरे यहाँ सूचनाएँ नहीं बल्कि वह मूर्तिमान आदमी आता है जो हमें दिखाई पड़ता है। इस अर्थ में शास्त्रीय शब्दावली का प्रयोग करूँ तो मैं यह कह सकता हूँ कि जहाँ दूसरों के संस्मरण श्रव्य हैं, वहीं मेरे संस्मरण दृश्य हैं–नजर आते हैं।

आपने जो संस्मरण लिखे हैं उनमें कौन–सा संस्मरण आपको विशेष प्रिय है?

ऐसा है कि कुछ लोग हैं जिन्हें 'गरबीली गरीबी वह' बहुत प्रिय है। मैं यहाँ यह भी बताऊँ कि सच्चे अर्थों में संस्मरण मात्र वही है। वह है, या थोड़ा बहुत 'तीसरे भाई की खोज में प्राणपियारे' धूमिल का भी कहा जा सकता है। जहाँ उन लोगों के बारे में पर्याप्त सूचनाएँ हैं, जो जीवन के वे मुश्किल क्षण भी जिनमें उन्हें गुजरना पड़ा। लेकिन मुझे जो अच्छे लगते हैं वे दो हैं, जिनका उल्लेख मैं कर सकता हूँ। एक तो 'होल्कर हाउस में हजारीप्रसाद द्विवेदी' और दूसरा है 'दंतकथाओं में त्रिलोचन'। यह मुझे खास तौर पर अच्छे लगते हैं।

'गरबीली गरीबी वह' में आपने नामवर सिंह के 1960 से 1965 तक के जीवन को ही प्रमुखता दी है। क्या आपके अनुसार उनके जीवन का यह काल अधिक संघर्षशील तथा प्रभावशाली था? इस सम्बन्ध में आप क्या कहना चाहते हैं? इसी से जुड़ा हुआ दूसरा प्रश्न है कि नामवर सिंह पर अनेक आरोप भी लगाए हैं, उन आरोपों के सम्बन्ध में आप क्या कहना चाहते हैं?

'गरबीली गरीबी वह' में मैंने एक निश्चित अवधि चुनी है। लगभग उनसठ से लेकर पैंसठ तक। बचपन से लेकर काशी हिन्दू विश्वविद्यालय में जब तक वे लेक्चरर थे 1959 तक यह अवधि मैंने लगभग छोड़ दी है। सन् तिरपन में वे काशी हिन्दू विश्वविद्यालय में लेक्चरर होकर आए। उनसठ तक वे मेरे साथ थे, मैं विद्यार्थी था, पढ़ रहा था। वे अध्यापक थे। वह अवधि मैंने नहीं ली है। जब वे निकाले गए काशी हिन्दू विश्वविद्यालय से चुनाव लड़ने के बाद, शुरुआत मैंने चुनाव से की है।

चुनाव लड़ने के बाद काशी हिन्दू विश्वविद्यालय से निकाले गए और उनकी सागर में नियुक्ति हुई। सागर से भी निकाले गए। सागर से निकाले जाने के बाद काशी आए–लोलार्क कुंड पर रहना शुरू किया। लगभग पैंसठ के मार्च तक यानी दिल्ली जाने से पहले तक यह अवधि उनके जीवन की सबसे महत्त्वपूर्ण अवधि मुझे लगी। क्योंकि उसी दौरान मैंने उनके व्यक्तित्व में उन पक्षों को देखा जो वे बचपन के दिनों में या मेरे विद्यार्थी काल में उभरकर मेरे सामने नहीं आए थे। एक खुद्दार आदमी, स्वाभिमानी आदमी, किसी से समझौता न करने वाला आदमी, अपने खर्च के लिए अपने भाइयों पर भी निर्भर न रहने वाला आदमी, जो अपने गम या दुःख दर्द अपने सीने में छिपाये हुए पड़ा रहे और उसकी भनक तक किसी को न मिलने दे। बनारस के वे दिन उनके संघर्ष के, उनकी जलालत के, उनके अपमान के और एक तरह से उनके मानसिक पुख्तापन और निर्माण के भी दिन थे। उस संस्मरण में मात्र उसी अवधि को मैंने लिया। उन्नीस सौ पैंसठ के बाद वे दिल्ली गए। राजकमल में रहे, फिर जनयुग में गए। जनयुग और राजकमल दोनों में रहे। जोधपुर विश्वविद्यालय में गए। जोधपुर से थोड़े दिनों के लिए आगरा भी आए। तब से लगातार वे दिल्ली में हैं। उन दिनों के बारे में दिल्ली के लोग या दूसरे लोग हो सकते हैं बेहतर जानते हों। मैं निरन्तर सम्पर्क में नहीं रहा। फिर भी साल में तीन–चार बार कभी बनारस–कभी दिल्ली में भेंट होती थी। बातें होती थीं, मैं उन्हें देखता-सुनता भी। इस दरमियान उनके व्यक्तित्व में चाहे जो लचीलापन आया हो या Compromising Attitudet उनके भीतर पैदा हुआ हो, मैं उसके बारे में कुछ कह नहीं सकता। लेकिन एक चीज शुरू से उनके भीतर रही है और आज भी है कि अपनी पसन्द–नापसन्द के बारे में वह आदमी बेहद दृढ़ है। जो उसे अच्छा लगता है वह डंके की चोट पर किसी से भी कह सकता है।... थोड़ा–बहुत परिवर्तन आ जाए या अपनी राय में जहाँ कहीं संशोधन कर ले, लेकिन उनकी राय को बदलते हुए मैंने नहीं देखा। वह दृढ़ता उनमें तब भी थी और आज भी त्यों–की–त्यों मैं उनमें पाता हूँ।

'नामवर के विमर्श' पढ़ते हुए मैंने देखा कि कुछ लोगों ने उन पर आरोप भी लगाए हैं। कुछ लोगों का कहना है कि हजारीप्रसाद द्विवेदी आकाशधर्मी गुरु थे, अर्थात अपने शिष्य को ऊपर उठने देते थे, लेकिन नामवर सिंह ने ऐसा नहीं किया वे शिलाधर्मी गुरु हैं। अपने शिष्य को अपने आगे बढ़ने नहीं देते। इस सम्बन्ध में आप क्या कहना चाहते हैं?

एक चीज मैं आपको बता दूँ कि अगर शिष्य में आग है, शक्ति है, सामर्थ्य है तो किसी के दबाने से वह दबता नहीं है और यह भी बता दूँ कि उसे उठाने से वह नहीं उठता। उस आदमी ने अपनी ताकत होनी चाहिए अपना दमखम होना चाहिए। ऐसा नहीं है कि द्विवेदी जी में जो आकाशधर्मिता थी वह उनके उदारतावाद या

सहृदयता के कारण थी। उनका निर्माण हुआ था शान्तिनिकेतन में। इसमें दो राय नहीं कि नामवर जी मार्क्सवादी थे और आज भी हैं। पढ़ने-लिखने वाले जितने लोग हैं ज्यादातर प्रगतिशील या जनवादी कहे जाने वाले लोग ही उनसे जुड़े रहे हैं। यह शिकायत उनके किन विद्यार्थियों को है मैं नहीं जानता, वरना ऐसा नहीं है कि वे बड़ा या महत्त्वपूर्ण होना चाहते हों और नामवर सिंह रास्ते में रोड़े की तरह पड़े हुए हों। मैं उदाहरण देकर कह सकता हूँ कि जिस आलोचक का ज्यादा नाम लिया जाता है नामवर सिंह के बाद वह मैनेजर पांडेय हैं। दुनिया जानती है कि मैनेजर पांडेय उनके क्रिएशन हैं। जोधपुर में उनके साथ थे, जवाहरलाल नेहरू विश्वविद्यालय में आए-मैनेजर पांडेय को ले आए। मैनेजर पांडेय की विचारधारा में अगर कुछ बदलाव आया, परिवर्तन हुआ तो कहीं-न-कहीं रोज मिलने-जुलने, बातचीत, एक जगह रहने के कारण ही ऐसा हुआ होगा। तो मैनेजर पांडेय के निर्माण में कहीं-न-कहीं नामवर सिंह हैं। मैनेजर पांडेय से उन्होंने ऐसा तो नहीं कहा कि आप मेरे खिलाफ न लिखिए, क्योंकि मैनेजर पांडेय तो लिखते रहते हैं, उनके विरुद्ध भी लिखते हैं। ज्यादातर लिखने वाले उनके खिलाफ हैं। खिलाफ लिखने के बावजूद अगर वे ऊपर नहीं उठे या नामवर सिंह से आगे नहीं गए तो उसमें नामवर सिंह का क्या कसूर है, यह मेरी समझ में नहीं आता।

आपने जो कथा रिपोर्ताज लिखा है 'संतों घर में झगरा भारी' उसमें आपने भरपूर गालियों का प्रयोग किया है। इससे मुख्य रूप से आप क्या दिखाना चाहते हैं? आपका उद्‌देश्य क्या है?

अब मैं कुछ ऐसी बातें कहना चाहता हूँ जो इससे पहले मैंने आपसे कहा नहीं। जिन्हें लोग संस्मरण कह सकते हैं उनमें से कुछ ही हैं जिन्हें मैं संस्मरण मानता हूँ बाकी को संस्मरण नहीं मानता। दरअसल संस्मरण मरे हुए लोगों के बारे में लिखे जाते रहे हैं। जबकि मेरे ज्यादातर संस्मरण उन लोगों के बारे में हैं, जो जीवित हैं। दूसरी बात है जिनके बारे में मैंने लिखा है, वे मेरे लिए सिर्फ कवि, लेखक या आलोचक नहीं रहे हैं, बल्कि मेरे लिए पात्र भी रहे हैं। इसके सिवा लिखने के दौरान मैंने कथा-शिल्प का उपयोग किया है-यानी कि ऐसे भी संस्मरण हैं जिनमें कहानी की तरह की गति या विकास या एक क्लाइमेक्स जैसा दिखाई पड़ेगा। बहरहाल जिस कथा-रिपोर्ताज की बात आप कर रहे हैं उसे मैंने सम्पादक के पास लम्बी कहानी के रूप में भेजा था, कथा-रिपोर्ताज के रूप में नहीं। राजेन्द्र यादव ने कहा कि मैं इसे रिपोर्ताज मानता हूँ। मैं इससे सन्तुष्ट नहीं था। हमने कहा कि रिपोर्ताज तो दुनिया-भर के रहे हैं और इस अर्थ में यह रिपोर्ताज़ है नहीं। अगर आप कहानी के रूप में नहीं देना चाहते हैं तो कोई बात नहीं। यह एक तरह से दो मित्रों की परस्पर बातचीत थी। यादव ने अपनी ओर से इसे सिर्फ रिपोर्ताज न कहकर कथा रिपोर्ताज

कहा और छापा। गालियों को लेकर बड़ा हंगामा खड़ा हुआ–हिन्दी जगत में। उसके छपने के बाद तीन–चार बार गोष्ठियों में मैं गया। उन गोष्ठियों में लगभग सारी चर्चा, ज़्यादातर चर्चा इस रिपोर्ताज की भाषा पर ही होती रही और इस तरह की बातें हुईं कि मैं नष्ट कर रहा हूँ हिन्दी भाषा की शालीनता को। ढेर सारे सवाल भी किए गए। खीझकर उत्तर देना मैंने बन्द कर दिया। मैं इसके बारे में क्या सोचता हूँ वह आपको बता रहा हूँ। एक तो यह देखना चाहिए कि यह कथा रिपोर्ताज किस जगह को लेकर लिखा गया है। वहाँ के लोग कौन से हैं? कैसे हैं? कहाँ बैठते हैं? रहन–सहन क्या है? किस भाषा में बातें करते हैं? दूसरे नगरों के लिए यह चौंकाने वाला हो सकता है लेकिन बनारस और वह भी अस्सी का इलाका जिसके बारे में लिखा गया है, जो यहाँ के पात्र बोलते हैं यह उनकी रात–दिन की जबान है। इसी गाली–गलौज की भाषा में वे एक–दूसरे से बात करते हैं। दूसरी बात मैंने अपने गाँव में देखा था कि किसान अपनी गायों को, बैलों को, भैंसों को, खूँटे को, पत्थर को, अपनी औरत को, बहू–बेटियों को लगभग इसी भाषा में गालियाँ देता है। लेकिन वह गालियाँ मात्र–ध्वनियाँ हुआ करती हैं, उनका कोई अर्थ नहीं होता। इसे सुनने वाले भी जानते हैं। जिस अस्सी के लोगों की यह भाषा है, वे सारे लोग उन्हीं गाँवों से आए हुए हैं। तीसरी बात गालियाँ जिसे शास्त्रीय शब्दावली में कहें हम कि गालियाँ देने वाले आदमी के स्वर के साथ–साथ उसके भाव में भी परिवर्तन होता है। जैसे गाली देने वाला आदमी जब क्रोध में आता है तब उसका चेहरा तमतमाता है। आँखें लाल हो जाती हैं, बौखलाता है, मारपीट पर उतर आता है। जो उन्हें सुनता है वह भी लगभग इसी तरह का आचरण करता है, उत्तर भी इसी तरह देता है। इस रिपोर्ताज में जिन गालियों का इस्तेमाल हुआ है उसका भाव क्रोध का नहीं, बौखलाने का नहीं, बल्कि प्यार का है। वे एक–दूसरे से प्यार की जबान में बातें करते हैं। बहस करते हैं। वह भाव नहीं जो प्राय: गाली देते समय हो जाता है। चौथी बात कि ये गालियाँ हमारी लोक–संस्कृति में सैकड़ों वर्षों से चली आ रही हैं और लगातार चलते रहने के कारण इनका अर्थक्षय हो गया है। ये अपने अर्थ को खो चुकी हैं सिर्फ ध्वनियाँ रह गई हैं। इनका कोई अर्थ नहीं होता। शहर में रहने वाले पढ़े–लिखे लोग आज भी इनमें अर्थ देख रहे हैं तो यह उनका दिमागी दिवालियापन है। इसका मतलब यह है कि वे इस संस्कृति से पूरी तरह अपरिचित हैं। आपने तो कल खुद देखा कि लोग किस तरह से बात करते हैं, कैसे बतियाते हैं–अस्सी पर। आपके सामने भी इसी तरह की बातें आ रही थीं।

मैंने तो देख भी लिया और सुन भी लिया। परन्तु जो लोग इस नगर को नहीं जानते, इससे जो अपरिचित लोग हैं, हो सकता है उनको थोड़ा अटपटा लगे।

अगर अटपट लगता है तो इसके लिए मैं क्या कर सकता हूँ। अटपटा तो लोगों

को यह भी लगता है कि काशी हिन्दू विश्वविद्यालय में पढ़ने वाला आदमी जो प्रोफेसर-अध्यक्ष रहा है, वह इस तरह की भाषा लिख रहा है। अगर सभी इस तरह से सोचें तो फिक्शन की भाषा का विकास ही न हो। एक लेखक वह लिखता है जो जनता की जबान हुआ करती है। यह किताबों की भाषा नहीं लिखता। लिखना भी नहीं चाहिए। जब हम यथार्थ को पकड़ने की बातें करते हैं तो यथार्थ ड्राइंगरूम में नहीं होता और अगर होता है तो इस ड्राइंगरूम का यथार्थ एकदम दूसरा होगा। हमारी सारी जिन्दगी गुजरी सड़क और फुटपाथ पर आते-जाते हुए। मैं लोगों को सुनता हूँ। लोगों से बोलते-बतियाते हुए, मैं उस भाषा की तरंगों को निरन्तर पकड़ने की कोशिश करता हूँ जो शिष्ट लोगों के कान में नहीं जाती या फिर सुनाई नहीं पड़ती। ऐसा नहीं है कि लिखते समय मैं किसी दुविधा में नहीं था। मुझे खुद लग रहा था कि लोग क्या सोचेंगे। लेकिन लगा कि यह हमारे ऐसे मानसिक अवरोध हैं जिनसे किसी भी सूरत में हमें मुक्ति पानी है, अगर भाषा को, संस्मरण को, कहानी को आगे ले जाना है तो, उसे विकसित करना है तो, जड़ता से मुक्ति दिलानी है तो। इसीलिए मैंने ऐसा किया। धीरे-धीरे उन लोगों के कान अभ्यस्त हो जाएँगे जिन्हें आज अटपटा लग रहा है और कल नहीं लगेगा।

अन्तिम प्रश्न है कि साहित्य सृजन को लेकर आपकी भावी योजनाएँ क्या हैं? आप साहित्य-सृजन कैसे करते हैं?

शायद हो सकता है कि उम्र हो, उम्र के कारण परिवर्तन आता गया है। जैसे कुछ कहानियाँ हैं जो दो-तीन दिन में लिखी गईं। जो कहानियाँ दो-तीन दिन में लिखी गईं वह कहानियाँ ज्यादा अच्छी बन पड़ी हैं और जिन कहानियों को लिखने में मैंने महीने भर लगाए वह कहानियाँ न तो अच्छी बन पड़ी और न ही चर्चित हो सकीं। विश्वविद्यालय में जब मैं जोधपुर कॉलोनी में आया तो बहुत ही भद्र लोग थे यहाँ। विश्वविद्यालय के प्रोफेसर थे, मेरे अलग-बगल रहते थे, मैं वार्डन था, होस्टल के लड़के थे उसी रास्ते आते-जाते थे। लोलार्क कुंड पर मेरी आदत थी कि प्राय: नंगे बदन या गंजी पहन के, लुंगी मार के अपना लिख रहे हैं, कोई देखने-सुनने वाला नहीं। जोधपुर कालोनी के मकान में रहते हुए मुझे लगा कि बाहर लॉन में निकलकर, या बरामदे में बैठकर उस तरह से गंजी पहने हुए, लुंगी पहने हुए लिखना बड़ा मुश्किल काम है। लोगों को अटपटा लगेगा। वहाँ मैं, जिसे कहते हैं ठट-वट के पैंट-बुशर्ट पहन के लिखने बैठता था-लिख ही नहीं पाता था। लगा कि लिखने का लिबास ही नहीं है यह। दूसरे मैं जिन चीजों के बारे में लिख रहा हूँ जिन चरित्रों के बारे में लिख रहा हूँ यह उनकी पोशाक ही नहीं है। कहीं-न-कहीं दिमाग में यह जरूर रहा होगा। पर वहाँ पर मैंने एक तरीका निकाला कि लोगों की ऐसी-तैसी, जिस तरह से मैं लुंगी-कुर्ता पहनकर निकला करता था, निकलना मैंने शुरू किया।

यूनिवर्सिटी कैम्पस के बाहर निकला करता था–उसी पोशाक में। लोग देखा करते थे कभी-कभी चौंककर देखते थे। मैंने पच्चीस दिन में बड़ी लम्बी-लम्बी जिसे मैं कहूँ कि 'सदी का सबसे बड़ा आदमी' की कहानियाँ–ज्यादातर कहानियाँ–उन्हीं बीस-पच्चीस दिनों में लिखीं। करता यह था कि शाम को भोजन के बाद बैठ जाता था। उसी तरह नंगे बदन, लुंगी पहने हुए-गर्मी का मौसम, कभी बरामदे में, कभी कमरे में, कभी लॉन में। मैं रातभर लिखता था और दिन में सोता था। हुआ यह कि 'अपना रास्ता लो बाबा', 'कहानी सराय मोहन की', 'पहला प्यार', 'मौज-मस्ती के दिन', 'वे तीन घर' ये सारी कहानियाँ उसी पच्चीस दिनों या महीने भर के भीतर लिखी गईं। मैं और एक बात बताऊँ कि मेरे लिखने की एक पद्धति रही है। दूसरी की शुरुआत और पहली के अन्त के बाद प्रायः गैप हुआ करता था। कभी-कभी दो साल, तीन साल, चार साल, पाँच साल। लेकिन ऐसा नहीं है कि वह गैप निरर्थक है। उस दौरान दिमाग काम करता है। मैंने पाया कि इत्मीनान से बैठकर लिखना मेरे लिए सम्भव नहीं है। सोचने की प्रक्रिया चलने के क्रम में होती रहती है। बैठकर सोचना मुझे बहुत मुश्किल लगता है। चलता रहता हूँ दिमाग काम करता रहता है। मुझे क्या लिखना है, उसी दौरान सूझता रहता है और ढेर सारे सूत्र ऐसे मिलते हैं, जिन्हें मैं चलने के दौरान, पदयात्रा के दौरान ही सोच पाता हूँ। कभी-कभी ट्रेन में सफर करते हुए भी बातें मेरे दिमाग में घूमती रहती हैं। उनके बारे में सोचता रहता हूँ और लौटकर फिर लिखता हूँ। अब यह है कि उस तरह से कांस्टंट (Constant) बैठकर लिखना मेरे लिए सम्भव नहीं है। तकलीफ होती है। जो सोचता हूँ डेढ़ पेज, दो पेज लिखना-काटना यह सब चलता रहता है। मेरी योजना है कि पिछले दिनों मैंने कुछ संस्मरण लिखे थे जो छप चुके हैं–पुस्तक नहीं आई। एक-दो संस्मरण लिखकर मैं चाहता हूँ कि संस्मरण की एक पुस्तक हो जाए। उसके बाद संस्मरण उस रूप में लिखने का मेरा इरादा नहीं है। हो सकता है मैं छोड़ दूँ, हो सकता है कि लम्बे गैप के बाद फिर से लिखना शुरू करूँ। दूसरी योजना वह है कि अस्सी को लेकर मैंने 1991 में लिखा था–'देख तमाशा लकड़ी का' उसी अस्सी को केन्द्र में रखकर 'संतों घर में झगरा भारी' 1998 में लिखा। अब मैं इतना लम्बा व्यवधान नहीं करना चाहता। मैं इसका तीसरा भाग लिखना चाहता हूँ और चाहता हूँ कि अस्सी से सम्बन्धित इस कथा-रिपोर्ताज की अलग-से पुस्तक हो। उसके बाद मेरी योजना उपन्यास पर काम करने की है। बहुत कुछ मैंने लिखा है जिसके पचासों पृष्ठ पड़े हुए हैं। इस तरह से मैंने दो-तीन कोशिशें की हैं जो अभी पांडुलिपि के रूप में मेरे पास सुरक्षित हैं। अब ये तीनों मिलकर एक होंगी या तीनों अलग-अलग होंगी इसे मैं अभी नहीं जानता।

('काशीनाथ सिंह का संस्मरणात्मक साहित्य' पुस्तक में प्रकाशित)

गालियों की जगह डॉट्स! यह अपमान है जनभाषा का

[सुशील सिद्धार्थ से बातचीत]

आपने जिस समय लिखना शुरू किया उस समय का आकलन डॉ. नामवर सिंह ने 'राजनीति विमुख मानसिकता' के रूप में किया है। उनके शब्दों में, '...लेखक इतिहास के दबाव या सामाजिक स्थितियों, सामाजिक संघर्षों से अलग हट करके एक छोटी-सी, सिमटी और सिकुड़ी हुई दुनिया की कहानियाँ लिख रहे थे।' इस सिमटी और सिकुड़ी दुनिया को व्यापक बनाने के सिलसिले में किन चीज़ों ने आपकी मदद की?

कुछ बातें मुझे महत्त्वपूर्ण लगती हैं। जब पढ़ने के लिए बनारस आया तो विद्यासागर नौटियाल से परिचय हुआ जो विश्वविद्यालय में प्रतिवर्ष एस.एफ.आई. की ओर से चुनाव लड़ते थे। हम उनके प्रचार का काम करते थे। जीते 1958 में रिकॉर्ड वोटों से। उनका प्रचार करते-करते मेरे भीतर एक सामाजिक चेतना पैदा हुई। 1959 में कम्युनिस्ट पार्टी से बड़े भाई नामवर सिंह ने सांसद का चुनाव लड़ा। उनके लिए काम किया। इस तरह समाज के तमाम रूपों से मेरा प्रत्यक्ष परिचय हो रहा था। और मेरे अन्दर का मनुष्य ज्यादा जागरूक हो रहा था। जब रही बात तत्कालीन किस्म का ही लेखन कह सकते हैं। इस मिजाज को और पोख्ता किया भारत-चीन युद्ध के नतीजों और कांग्रेसी हुकूमत के मोहभंग ने। रही सही कसर कम्युनिस्ट पार्टी के विभाजन ने पूरी कर दी। उस दौर के पूरे लेखन में सम्बन्धों के विघटन की बातें तो होती थीं लेकिन उनके भीतर जो गहरी सामाजिक चेतना होनी चाहिए वो नहीं दिखती थी। फिर भी, इतना कहना अनुचित न होगा कि मेरी प्रारम्भिक कहानियाँ भी सामाजिकता के किसी-न-किसी संवेदनशील पक्ष से संबद्ध रहीं। जैसे 'सुख', जिसमें भोला बाबू डूबते हुए सूर्य के सौन्दर्य से अतिशय अभिभूत हैं और दूसरे लोग उस सौन्दर्य का अनुभव क्यों नहीं कर पा रहे हैं यह सोच कर चकित हैं। कुछ ऐसा ही सामाजिक सरोकार 'आखिरी रात' कहानी में भी नज़र आएगा। मुझे लगता है कि अपने समकालीन लेखकों के समानान्तर अराजनीतिक

होने के बावजूद यह सामाजिक सरोकार मुझमें तब भी कायम था।

वामपंथी सोच की ओर आपका झुकाव राजनीतिक कारणों से हुआ था या उस तरह के लेखकों से अधिक मेल-जोल की वजह से?

निश्चित रूप से लेखकों की वजह से। विद्यासागर नौटियाल मेरे सीनियर थे। मेरे घर आते थे। सरस्वती प्रेस में हुई एक गोष्ठी में उन्होंने 'भैंस का कट्या' कहानी पढ़ी थी, मैं उसमें मौजूद था। इस तरह के सार्थक लेखन के प्रति एक सहज आकर्षण था मेरे भीतर। नामवर जी की वजह से भी ऐसे लेखकों से मिलना-जुलना ज्यादा होता था। यह लगाव या झुकाव मार्क्सवाद के कारण उतना नहीं था जितना लेखक के प्रति सम्मान के कारण था। फिर तो काम करने के दौरान घनिष्ठता होती ही है। सिद्धान्तों और बहसों में वैसे भी मेरा यकीन बहुत कम रहा है।

जी हाँ, सिद्धान्तों और नियमों के बारे में 'काशी का अस्सी' में एक सन्तवाणी है ही कि, 'नियम विज्ञान के होते हैं जिन्दगी के नहीं, जो जिन्दगी को नियम से चलाते हैं वे चूतिया हैं।'

सन्तवाणी एकदम दुरुस्त है। एक बात बता दूँ कि मनुष्य और समाज की जो कुछ मेरी समझ बनी, जैसी भी बनी...वह सिद्धान्तों से नहीं। वह बनी है जीवन को देखकर। जीवन को समझने वाले साहित्य को पढ़कर। साहित्य में विशेष कर रूसी उपन्यास। चेखव, गोर्की, टालस्टाय, तुर्गनेव, दोस्तोवस्की, हेमिंग्वे को पढ़ा और धीरे-धीरे मेरी ये धारणा पोख्ता होती गई कि सिद्धान्त सूखे होते हैं जीवन हरा होता है।

एक घटना याद आती है। 1980 में जबलपुर में प्रलेस का जो पहला आयोजन हुआ था उसके अध्यक्ष थे केदारनाथ अग्रवाल। मुझे भी बोलना था। मुझसे पहले सिद्धान्तों की ऊँची-ऊँची बातें खूब झाड़ी जा चुकी थीं। मेरी बारी आई तो मैंने कहा कि आप लोगों की लम्बी-चौड़ी बातों की तुलना में मेरे मोहल्ले के भीतर का तनाव ज्यादा महत्त्वपूर्ण है, एक लेखक के तौर पर। और मेरे इस कथन की पृष्ठभूमि को भी जान लीजिए। मैं '70 से इमरर्जेंसी तक एम.एल. का एक्टिविस्ट था। अंडर ग्राउंड काम भी करता था। पूरे नगर की दीवारें हम लोगों ने नारे लिख-लिख कर रंग डाली थीं। 71-72 के चुनाव के बहिष्कार की बातें की थीं। इसको लेकर घर-घर पर्चे पहुँचाए थे। बताना चाहूँगा कि 'सूचना', 'माननीय होम मिनिस्टर के नाम' और 'सुधीर घोषाल' कहानियाँ इसी समय लिखी गईं, जिनके चलते जनवादी कहानी की चर्चा शुरू हुई थी। मेरे साथ पूरा ग्रुप था। आठ लोग थे। बनारस का सबसे बड़ा ग्रुप वही था। लिखने में इन सारी गतिविधियों का असर था।

'तीन काल कथा' कहानी में ये असर है।

ये 1967 की है। 1969 में 'अपना मोर्चा' उपन्यास लिखा। सीधे नक्सलवाद

की तासीर थी, आक्रोश था...और सारा कुछ उलट-पुलट देने का जुनून था। इन सब बातों की शुरुआत 70 से पहले हुई लेकिन कायदे से राजनीति में मेरी सक्रियता 70 के बाद बढ़ी। इतना कुछ गुजरने के बाद जबलपुर के अधिवेशन में जो मैंने कहा, उसका गम तो था ही। ये बात दूसरी है कि बाद में बाबू केदारनाथ अग्रवाल बहुत गुस्सा हुए।

बड़ी-बड़ी बातों के अन्तर्विरोधों को भाँप लेने का ही परिणाम है 'लाल किले के बाज' जैसी कहानी। इन अन्तर्विरोधों ने एक खास किस्म का मोहभंग भी किया होगा।

दरअसल मुझमें एक आदत शुरू से रही है। मैं जिनके साथ काम करता हूँ उनकी बातें ही नहीं सुनता, उनके व्यवहार को भी 'वाच' करता हूँ। विचार के आचार का अध्ययन चलता रहता है। उन दिनों एम.एल. में जितने कार्य करने वाले थे, मेरी नज़र बराबर उनके अन्तर्विरोधों पर रहती थी। जिन दिनों 'लाल किले के बाज' कहानी लिखी, उन्हीं दिनों दुर्गापुर में जितने नक्सलवादी ग्रुप थे सबकी मीटिंग हुई। दो दिन का कार्यक्रम था। बनारस से जो तीन लोग गए थे उनमें मैं भी था। सेमिनार और गोष्ठी में तो शिरकत करता ही था, जहाँ दूसरे क्षेत्रों से आये कामरेड ठहरे थे, उनके स्वाभाविक व्यवहार को भी देख रहा था।

मुझे उनके सिद्धान्त और जीवन में एक गहरी...चौड़ी फाँक दिखती थी। जिस घर में कामरेड ठहरे थे, उसके बाथरूम में संगमरमर लगा था, लेट कर नहाने का इन्तजाम था। जब जो कामरेड उसमें घुस गया...वो घुस गया। लेटे हैं, निकलने का नाम ही नहीं ले रहे। जिसका मकान था उसे गालियाँ भी दे रहे हैं और आनन्द भी ले रहे हैं। यह आश्वासन परस्पर दे रहे हैं कि जब क्रान्ति हो जाएगी तो ये सुविधाएँ हमें भी मिलेंगी। ये हरकतें मुझे अटपटी लगती थी। मेरा ख्याल है यहीं से मोहभंग शुरू हुआ।

इस तरह आपकी, ज्ञानरंजन, दूधनाथ सिंह और रवीन्द्र कालिया की कहानियों से जो सामाजिक यथार्थ प्रकट हो रहा था, इसमें हरिशंकर परसाई के कथात्मक व्यंग्यों को भी शामिल कर लें, उस पर नई कहानी के पुरोधाओं की क्या प्रतिक्रिया थी?

नई कहानी, कहानी का पहला और बड़ा आन्दोलन था। उसका मंच था। रचनाएँ थीं। उसका अपना समर्थ, आलोचक था-डॉ. नामवर सिंह के रूप में। गाँव, शहर, कस्बा, पहाड़ सबसे लेखक आए थे। सन साठ के आसपास धर्मयुग में हिन्दी कथा दशक जैसे स्तम्भ छपने लगे, जिसमें हर नए कहानीकार की कहानी उसके वक्तव्य के साथ जारी की गई। 1964 में कलकत्ता में नई कहानी का अन्तिम विराट आयोजन हुआ था। यह तो मानना ही पड़ेगा कि नई कहानी ने पाठकों की लम्बी-

चौड़ी जमात तैयार की थी। ज़ाहिर है उस नई कहानी का केवल हो-हल्ला करके पीछे नहीं छोड़ा जा सकता था। विकल्प के रूप में अच्छी कहानियाँ भी ज़रूरी थीं। यानी नई कहानी को अपदस्थ किया तो वैकल्पिक कहानियों ने, वैचारिक विरोध ने नहीं। इन कहानियों में कालिया की 'नौ साल छोटी पत्नी', ज्ञान की 'पिता', दूधनाथ की 'रक्तपात' शामिल हैं। इसी तरह गिरिराज किशोर, महेन्द्र भल्ला और विजय मोहन सिंह की कहानियों ने भी सिद्ध कर दिया कि नई कहानी अपनी रूमानियत और वायसीय आदर्शवाद के चलते अप्रासंगिक हो गई है। नई कहानी ने 1965 के आसपास हथियार डाल दिए थे। मुश्किल हमारे सामने तब आई जब अपने दौर के कहानीकारों ने सत्तर के आसपास खामोशी सी अख्तियार कर ली।

लेकिन आप तो लिख रहे थे?

मुझे लगता है कि यदि मैं नक्सलवाद से न जुड़ा होता तो बाकी लोगों की तरह मैं भी खामोश रहता। आप चाहें तो कह सकते हैं कि बाद में जिस विचारधारा के विरोध में कहानियाँ लिखीं, उसी ने शुरू में मेरे भीतर साहित्यिक ऊर्जा भी भरी और सक्रिय भी बनाए रखा।

मैं जानना चाहता था कि आप लोगों का विरोध किस तरह से किया गया!...या सहज रूप से स्वीकार लिया गया?

विरोध बहुत बौद्धिकता के साथ हुआ। जब दिल्ली से नई कहानियाँ निकलनी शुरू हुईं तो आरम्भ में भैरव प्रसाद गुप्त...फिर भीष्म साहनी और कमलेश्वर इसके सम्पादक हुए। रवीन्द्र कालिया, ज्ञानरंजन, दूधनाथ सिंह की कहानियाँ तो 'नई कहानियाँ' में छपती रहीं...लेकिन मेरी कोई भी कहानी 'नई कहानियाँ' में नहीं छपी। मेरी कहानियाँ या तो 'कल्पना' या 'कृति' या 'लहर' या 'अणिमा' में प्रकाशित होती रहीं। मेरे दौर के कहानीकार चूँकि 'नई कहानियाँ' में छप रहे थे इसलिए कमलेश्वर ने इस दौर की कहानियों का नेतृत्व भी करना चाहा। आगे चलकर जब सारिका में आए तो कुछ अंकों के बाद ही हमारे दौर की कहानियों पर हमला बोल दिया। 'ऐयाश प्रेतों का विद्रोह' लेख लिखा। धर्मवीर भारती को प्रेरित किया कि 'चिकनी सतहें बहता पानी' के ज़रिए हमला तेज हो। यह सब इसलिए कि हमारे दौर के लेखकों ने उनसे असहयोग करना शुरू कर दिया था। राजेन्द्र यादव खामोश थे, मोहन राकेश रंगमंचीय गतिविधियों में अधिक व्यस्त थे। कहानी लिख रहे थे अमरकांत, लेकिन उन्हें सम्पादक की राजनीति से मतलब नहीं था। 67-68 के आसपास कमलेश्वर ने सारिका में मेरी कुछ कहानियाँ छापीं। 'तीन काल कथा' उनमें से एक है। लेकिन जैसे ही कमलेश्वर ने हमला बोला हालाँकि उस हमले में सोची-समझी रणनीति के तहत मुझे बख़्श दिया गया, मैंने सारिका में लिखना बन्द कर दिया, यह कमलेश्वर की साहित्यिक राजनीति की फितरत थी कि समूचे दौर

में कुछ को साथ लो...कुछ के विरोध में हल्ला बोलो। उसके बाद ही नई प्रतिभाओं की खोज में उन्होंने समान्तर कहानी आन्दोलन शुरू किया।

कथा साहित्य में नए 'आम आदमी' की तलाश भी शुरू हुई?

कमलेश्वर को इस आदमी का सूत्र मुझसे ही मिला था। आरा की जिस गोष्ठी में कमलेश्वर ने कहा था कि आदमी फालतू हो गया है...मैंने जोर देकर आम आदमी की चर्चा की थी। कमलेश्वर ने वहीं से 'आम आदमी' की अवधारणा उठा ली। सारिका के अंकों में आम आदमी भर गया। इब्राहीम शरीफ, मधुकर सिंह, जितेन्द्र भाटिया, सुधा अरोड़ा और लेखक इस काम में लग गए।

और आप?

मुझे आम आदमी की शिनाख्त करने के लिए किसी नेता या पत्रिका की ज़रूरत नहीं थी। मेरी कहानियों में वह अपनी तमाम जद्दोजहद के साथ मौजूद था...और है। 'आदमी का आदमी' और 'मुसइचा' जैसी कई कहानियाँ हैं।

'वाहे गुरु दी फ़तह' है जिसमें मजबूर बाप सीताराम मिठाइयों पर बहस करती बच्चियों को उनके हाल पर छोड़ करवट बदल सो जाता है। एक खतरनाक निर्णय तक पहुँचता 'वे तीन घर' का मदन है। मेरे हिसाब से 'अपना रास्ता लो बाबा' में आम आदमी का बहुआयामी संघर्ष सर्वाधिक मार्मिक रूप में व्यक्त हुआ है।

बहुत सारे पाठकों की यही राय है। दरअसल उपभोक्तावादी मूल्यों या आधुनिकता के ढेर सारे द्वन्द्वों में उलझे आदमी की कहानी है वह।

और वह 'काशी का अस्सी' में ऐसे तमाम मूल्यों व द्वन्द्वों का दंगल आपने करवा दिया है?

इसकी तो कहानी बड़ी दिलचस्प है। रचना के भीतर का दंगल बाद में, पहले एक बाहरी प्रतिक्रिया की बात। झाँसी में, 'कथाक्रम' का आयोजन था। तब 'देख तमाशा लकड़ी का' छप चुका था। आयोजन में 'हंस' सम्पादक राजेन्द्र यादव से शैलेश मटियानी की बहस हो गई। मटियानी ने राजेन्द्र को बहुत उल्टा-सीधा सुनाया...कि तुमने यह छापा ही क्यों? दोनों के बीच संवाद खत्म हो जाने का शायद यह पहला मौका था। 'संगमन' के एक आयोजन में प्रियंवद ने इसकी भाषा पर सवाल पूछा था, मैंने जवाब नहीं दिया था, टाल दिया था।

मगर आज नहीं टाल पाएँगे। 'अस्सी' की भाषा 'न भूतो' तो है ही 'न भविष्यति' का पता नहीं। क्या एक से बढ़कर एक धुआँधार मुहावरों और 'तथाकथित' गालियों के बिना 'काशी का अस्सी' वजूद में न आ पाता?

बिलकुल न आ पाता। मुहल्ले बहुत होंगे...मगर अस्सी सचमुच 'न भूतो न भविष्यति है।' 'काशी का अस्सी' की भाषा नागवार उन्हें ही लगी है जो गाँव में रहने वाले को गँवार और देहात में रहने वाले को देहाती भुच्च बोलते हैं। जो अपने लॉन

और ड्राइंग रूम को छोड़कर ऑफिस ही जाते हैं। जो सड़कों और फुटपाथों से कोई वास्ता नहीं रखते। आप अस्सी में जाइए। देखिए वहाँ लोग किस भाषा में राष्ट्रीय और अन्तर्राष्ट्रीय सवालों पर बात करते हैं।

'काशी का अस्सी' में प्रयुक्त होने वाले शब्द गालियाँ नहीं, वहाँ के लोगों की जबान की टेक हैं। गालियों में कड़वाहट तीखापन होता है। गालियाँ रिश्तों को तोड़ती हैं। पूरा उपन्यास पढ़ने के दौरान आप देखें कि पात्रों के रिश्ते कहीं प्रभावित नहीं होते। उनसे किसी का अहित भी नहीं होता। एक बात और ज्यादातर गालियाँ किसी को सम्बोधित नहीं हैं। वे सिर्फ झुंझलाहट या भड़ास हैं पात्र की–मौजूदा राजनीतिक–सांस्कृतिक सामाजिक व्यवस्था पर। प्राय: लेखक ऐसे शब्दों का प्रयोग '...' डॉट दे कर करते हैं। क्या शब्द भी दलित या अछूत मान लिए जाएँ? शब्दों को उनका उचित सम्मान देना चाहिए। देखिए, एक बात साफ है मेरे दिमाग में, जनवाणी या जनभाषा के साथ कोई धोखाधड़ी नहीं। या तो लिखो मत, और यदि लिखो तो शरमाओ मत! ये गालियाँ नहीं, लोक प्रचलित मुहावरे हैं, जिनके बनने में सदियाँ लगीं हैं और इन मुहावरों में समय–समय पर नए–नए अर्थ भरते चले गए हैं। मुझे कभी–कभी लगा है कि वह एक मुहावरा जो अर्थ देता है उसे कई पृष्ठों में भी नहीं कहा जा सकता।

किसी मुहावरे की मिसाल दिए बिना बात नहीं बनेगी?

बिलकुल! तन्नी गुरु एक मुहावरा कहते हैं। ध्यान रहे सन्दर्भ चुनाव का है। इस एक मुहावरे के पीछे तन्नी गुरु का आक्रोश, झुँझलाहट, दर्द, उलझन क्या नहीं है। ढेर सारे भाव हैं।...और कहीं–न–कहीं इन सबके पीछे लोकतंत्र में लगातार होने वाले चुनाव से ऊब भी है।

यह ऊब 'कोइ नृप होय हमहिं का हानि' से अलग है?

क्यों न होगी। इसमें एक ठसक और मस्ती है...सबको ठेंगे पर रखने का तेवर है...

'आ–चरण' का करंट है?

जी हाँ 'आ–चरण' माने चरणों का प्रलम्ब! इशारा किधर है, समझ सकते हैं आप! यह छेड़छाड़, भाषा में यह चुहल यह भी एक नमूना है बनारस की पांडित्य परम्परा का।...'चेरी छाँड़ि न होउब रानी' की रिरियाहट अस्सी का स्वभाव ही नहीं है। यह पूरी–की–पूरी टिप्पणी है लोकतंत्र और चुनावी प्रक्रिया पर। इसे चाह कर भी कई पृष्ठों में समझाया नहीं जा सकता। एक बात और समझिए। गालियाँ मेरे गद्य की लय की पूरक हैं, उसे समृद्ध करती हैं। मेरे संवाद के गद्य का भी अपना रिद्म होता है। सच कहूँ तो इनका प्रयोग मेरा शौक नहीं मजबूरी है। इनके बिना मैं यह उपन्यास लिख ही नहीं सकता था। और सच कहिए तो मुझे कभी लगा ही नहीं कि

कुछ ऐसा लिख रहा हूँ जो नहीं लिखना चाहिए। इसके छपने से अब तक जितने रिव्यूज आए हैं, उन्हें देखकर सुखद आश्चर्य होता है कि किसी ने भी भाषा पर कोई ऐतराज़ नहीं किया है। ज्यादातर इसके पक्ष में खड़े हैं।

पाठकों की कैसी प्रतिक्रिया मिली?

जब 'संतो घर की झगरा भारी' छपा तो बिलासपुर से जीप से भरकर कुछ लोग मुझे देखने आए थे, जून की दुपहरिया में। लखनऊ में कथाक्रम के आयोजन में भी कानपुर से कुछ लोग मुझसे खास कर मिलने आए थे। पत्रों में एक का जिक्र करना चाहूँगा। दिल्ली से किसी आर.एस.एस. वाले का था। उसने राजेन्द्र यादव को पत्र लिख कर उसकी कापी मुझे भेजी थी। अनेक मंत्रालयों को वह पत्र कार्रवाई हेतु प्रेषित था।...बाकी अपना अनुभव यह है कि इसके प्रकाशन ने पाठकों के बहुत बड़े ऐसे समुदाय से परिचय कराया जिनका साहित्य से कोई लेना-देना नहीं था। साहित्येतर दुनिया के असंख्य पाठकों ने इसे पढ़ा और सराहा है।

खुद अस्सी में क्या हड़कम्प मचा। जिन पात्रों ने अपने को पत्रिकाओं के पन्नों पर ताल ठोंकते पाया, उन्होंने कैसा महसूस किया?

जब 'देख तमाशा लकड़ी का' वाला हिस्सा छपा तो दूसरे दिन 'हंस' की एक प्रति पप्पू की दुकान में आई। उस समय बिजली गायब थी। दुकान रात भर खुली रही...लालटेन की रोशनी में रात भर पाठ होता रहा। दूसरे तीसरे दिन तक लगभग 300 फोटोस्टेट प्रतियाँ सब्जी लगाने वाले खटीकों से लेकर दूसरे दुकानदारों तक बँट गईं। तीन-चार दिन तक मुझे गालियाँ दी जाती रहीं...मेरा अस्सी पर इन्तज़ार किया जाता रहा। इस बीच पुलिस ने पप्पू की दुकान पर छापा मारा। दुकान बन्द कर दी गई। इसकी प्रतिक्रिया में अगले दिन सारी दुकानें बन्द रहीं अस्सी की। ये चीजें आगे चलती कि शिवाला पर किसी घटना को लेकर कर्फ्यू लागू हो गया। कर्फ्यू खत्म होने के बाद महीने भर तक मामला सुगबुगाता रहा। हर शाम मुझे कोई-न-कोई खबर कर जाता कि जब तक स्थिति सामान्य न हो, अस्सी न आएँ।

'संतों, घर में झगरा भारी' छपा तो फिर बवाल शुरू। हाथ-पैर तोड़ दो, गोली मार दो। मुझे इन बातों से दुख नहीं हुआ। दुख का कारण एक और घटना बनी। उसी मुहल्ले में संस्कृत पाठी बालकों का विद्यालय है। इसके छात्रावास में रहने वाले 20-30 छात्र गंगा स्नान पर पीताम्बर की कच्छी पहने पप्पू की दुकान के सामने आए और सहसा ढेला और पत्थर बरसाने लगे। भट्ठी के पास बैठे मनोज का सिर फट गया। लोग अस्पताल ले गए। टाँके लगे। ये खबर मुझे शाम को लगी। रात भर नींद नहीं आई। भोर में भागा-भागा पप्पू के यहाँ पहुँचा। उससे कहा कि इस घटना को यूँ ही नहीं छोड़ेंगे बर्दाश्त की हद होती है। प्रेस में बयान दिया जाएगा। मैंने रात में ही राजेन्द्र यादव से बात कर ली थी। पप्पू ने हाथ जोड़े कि महाराज! बस करें। मुझे

इसी मुहल्ले में रहना है...धन्धा करना है। जिन्होंने पिटवाया है वही मेरे यहाँ चाय पीते हैं। धन्धा चौपट न कीजिए आप!

मुझे तकलीफ तो हुई...मगर चला आया। पहले की तरह ये गाली-गलौज महीने भर तक चलता रहा। तीसरे अंश के छपते-छपते पात्रों को थोड़ा-बहुत अपने महत्त्व का एहसास होने लगा था। उनसे मिलने और अस्सी को देखने गोवा, महाराष्ट्र, कर्नाटक, उड़ीसा और दूसरी जगहों से लोग आ रहे थे। इसलिए अब उनके आक्रोश में वे तीव्रता नहीं रह गई थी।

क्या 'काशी का अस्सी' की भाषा धूमिल की मित्रता से प्रेरित प्रभावित तो नहीं है, कि बरसों बाद उस ज़बान और ज़िन्दगी में गहरी रुचि जागी?

हो सकता है हो, लेकिन मुझे महसूस नहीं होता। अगर ऐसा था तो पहले प्रकट होना चाहिए था, इतने लम्बे अन्तराल के बाद क्यों! मुझे लगता है धूमिल के बजाय अस्सी की जिन्दगी की भूमिका ज्यादा है।

और भाषा के परम पारखी नामवर जी की राय?

यह संयोग ही है कि इसके एकाध हिस्से को छोड़कर बाकी छपने के पहले उन्होंने पढ़ लिए थे। संयोग ऐसा था कि नामवर जी बनारस आए थे और मैंने पहला हिस्सा लिख कर पूरा किया था। इस माने में नामवर जैसा आधुनिक आदमी मैंने नहीं देखा। जिस भाषा को लेकर कुछ शुद्धतावादी इतनी हाय-तौबा मचा रहे हैं, इससे पहले उत्साह के साथ उसका स्वागत करने वाले नामवर सिंह हैं। उन्होंने कभी भी आपत्ति नहीं की। उदय प्रताप कॉलेज में पुरुषोत्तम अग्रवाल ने कबीर पर एक आयोजन किया था। नामवर जी आए थे। वे जब भी आते हैं शाम का खाना घर पर खाते हैं। 'पांडे कौन कुमति तो हैं लागी' मैंने पूरा किया था। जब खाना खाकर होटल जाने लगे तो कहानी मैंने पकड़ा दी और कहा पढ़ लीजिएगा। उस रोज़ दस बजे आए...और शायद यह मेरी पहली कहानी रही है। जिसे पढ़कर उन्होंने मुझे गले लगाया।

अन्तिम उपन्यास अंश 'कौन ठगवा नगरिया लूटल हो' के वक्त भी बनारस आए थे, विश्वविद्यालय में ठहरे थे। इसे उसी शैली में पढ़ने को दिया। पढ़ कर आए। मुझे पांडुलिपि वापस की। देर तक चुपचाप बैठे रहे। मैं इन्तजार करता रहा। काफी देर बाद कहा-'हारिबुल'...भयानक है। कहानी ने उन्हें बेचैन कर दिया था शायद।...ऐसे तो तारीफ करने में काफी कंजूस आदमी हैं, मेर मामले में ख़ास कर।

एक सवाल 'काशी का अस्सी' से भी जुड़ा है और आपकी तमाम रचनाओं पर भी लागू होता है। वह यह कि आपकी रचनाओं में 'सामाजिकता' मुकम्मल कैसे मानी जाए जबकि उनमें स्त्री चरित्रों की कोई भूमिका है नहीं! आधी दुनिया गायब है।

यह बात खुद मुझे बार-बार कचोटती है। अब लगता है कि मैं खुद से भागता

रहा हूँ। आखिर में अपने पास लौट रहा हूँ। इस वापसी के परिणामों का थोड़ा इन्तज़ार करें। टालस्टाय ने बुढ़ापे में कज्जाक लिखा था। मैं बुढ़ापे में प्रेम के बारे में गम्भीरता से सोच रहा हूँ। यही एक मोर्चा है जहाँ मेरा अध्यापक होना बाधा बना, लड़ नहीं पाया। विद्यार्थियों के सामने पाक साफ नैतिक दिखने का दुस्साहस करता रहा। लेकिन अब स्त्रियाँ मेरे लेखन में आएँगी। ये कचोट है कि एक पूरी दुनिया मेरे लेखन से गायब है। मेरे जीवन में बहुत स्त्रियाँ रही हैं...स्त्रियों को मैंने हर रंग में देखा है। कुछ रंग तो लेखन में आने ही चाहिए।

यानी 'काशी का अस्सी' के बाद 'काशी की स्त्रियाँ'?

अभी से क्या कहूँ।...लेकिन एक मायने में मेरे सामने बनारस के दो लेखक आदर्श रहे हैं–प्रसाद और प्रेमचन्द। इन्होंने कभी न लिखने के कारण नहीं तलाशे, लिखने के दौरान कभी मुड़कर पीछे नहीं देखा। प्रेमचन्द अन्तिम दिनों में 'गोदान' लिखते रहे और प्रसाद 'कामायनी'। मेरी कोशिश है कि मैं जो भी लिखूँ वह 'काशी का अस्सी' से आगे की चीज़ हो। रिपीट न हो। मैंने अपनी ग्रोथ मेन्टेन रखी। अब कहानियाँ नहीं, उपन्यास ही लिखूँगा। यह भी कोशिश होगी कि वह उपन्यास पारंपरित रूप में न रहे...'काशी का अस्सी' की तरह वह भी कोई नया रूपाकार हासिल करे।

तब तो एक नई भाषा भी खोजनी होगी?

यह खोज मेरे मन में शुरू हो गई है। मुझमें गाँव का संस्कार गहरा रहा है। बुनियादी तौर पर व्याकरण और भाषाशास्त्र का आदमी हूँ। बता देने में हर्ज नहीं कि मेरे गुरु थे पं. करुणापति त्रिपाठी, व्याकरणाचार्य और संस्कृति के प्रकांड विद्वान। उनसे पहला ज्ञान यही मिला कि शब्दों की जाति नहीं होती कोई। न धर्म न वर्ण। लिखने के दौरान मैंने जाना कि हर शब्द की अलग इयत्ता होती है। उसका अप्रासंगिक प्रयोग उसका अपमान है। प्रयोग हो तो पूरी अर्थवत्ता के साथ। इस बात का बोध अर्नेस्ट हेमिंग्वे की कहानियाँ पढ़कर और गहरा हुआ। बाकी तो लिखने के क्रम में लेखक सीखता ही है। जब तक लिखना जारी है...भाषा की खोज़ कैसे खत्म हो सकती है।

(कथाक्रम में प्रकाशित)

मैं अपने भीतर के कायर-डरपोक और पाखंडी लेखक के विरोध में खड़ा होने की कोशिश में लगा हुआ हूँ

[रामदेव सिंह से बातचीत]

आप किसी तैयारी के साथ लेखन के क्षेत्र में आए या बस लेखक होने के ग्लैमर ने आपका ध्यान खींचा?

तैयारी के साथ मैं नहीं आया था। शायद कोई नहीं आता। लेखन के दौरान वह तैयार होता है। लेखन का मतलब भी वह तभी समझता है और उसकी भूमिका भी। कभी-कभी ऐसा भी होता है कि अपनी समझ से जो वह लिख सकता है, लिखता है, फिर भी अन्त में पाता है कि वह अपने सम्पूर्ण लेखन से बाहर छूट गया है। मेरे जीवन का कोमल हिस्सा...आप प्यार कह लीजिए, कहीं नहीं दिखाई पड़ता है। बहुत दिनों से मुझे लग रहा है कि मैंने जितना कुछ लिखा, नारी प्राय: अनुपस्थित है। न ठीक से पत्नी है न प्रेमिका, न पति-पत्नी के जटिल रिश्ते हैं। न प्रेमी-प्रेमिका के विह्वल या तनावपूर्ण क्षण, और नहीं है तो इसके कारण भी मैं ढूँढ़ता हूँ और कारणों की खोज कहीं-न-कहीं मुझे कायर और डरपोक बनाती है। एक विश्वविद्यालय में अध्यापक होने की सामाजिक मर्यादा का पाखंड और दूसरी ओर पारिवारिक जीवन को तहस-नहस न होने देने का लोभ, इस कायरता के ढाल कहे जा सकते हैं। इस अर्थ में मुझे लगता है कि हिन्दी के अधिकांश लेखक और उनका लेखन पारिवारिक विसंगतियों का मारा और सताया हुआ है। उसमें उतना ही साहस नहीं आ पाया है जितना तस्लीमा नसरीन में। कोई ऐसी महिला लेखिका नहीं है, जो अपने मामा या चाचा या भाई की अपने साथ होने वाली हरकतों के बारे में बोल सके और न कोई पुरुष लेखक है जो अपने पारिवारिक का दाम्पत्य जीवन को नष्ट या बरबाद होने का खतरा उठा सके।

तो क्या परिवार नाम की संस्था को बचाए रखने के लिए...

बिलकुल सही कह रहे हैं आप। जब कभी लिखने के बारे में सोचा है मैंने, तो

तत्काल मेरी आँखों के सामने अपनी वे जवान बेटियाँ आई हैं जिनके लिए मैं एक आदर्श बाप रहा हूँ या वे बेटे या बहुएँ हैं, जिनके लिए मुझसे बेहतर पिता की कल्पना नहीं है उनके दिमाग में। मैंने जब-जब लिखने की सोचा है तब-तब यही लगा है कि उनकी नजर में मेरा क्या होगा? यह हमारा दुर्भाग्य ही कहा जाएगा कि जब शुरू किया था तो जब भी लिखने बैठते थे तो मेरी कलम के सामने अपनी लाल-लाल आँखों के साथ पिता और बड़े भाई खड़े रहते थे और बीच के दिनों में बेटे-बेटियाँ, और अब नाती-पोते। मैं अपने इस कायर-डरपोक और पाखंडी लेखक के विरोध में खड़ा होने की कोशिश में लगा हुआ हूँ।

एक घिसा-पिटा सवाल कर रहा हूँ आपसे, लेकिन इस सवाल की प्रासंगिकता आज भी है कि लेखक की भूमिका क्या लिखने तक सीमित होनी चाहिए? उसे हस्तक्षेप नहीं करना चाहिए क्या?

(वे थोड़ी देर मौन रहते हैं) 'हस्तक्षेप'...(मेरी ओर सीधे देखते हैं) इस शीर्षक से मेरी एक कहानी है। तब मैं इसे व्यवहार में भी लाता था कि यदि कुछ भी गलत हो रहा हो तो उसका विरोध होना चाहिए। चुप नहीं रहना चाहिए। नागपुर के पहले विश्व हिन्दी सम्मेलन में मैंने हस्तक्षेप कर अलग और समानान्तर सम्मेलन किया था। राजेन्द्र यादव ने तब कहा था कि यह सब नामवर करवा रहे हैं। तब कहीं भी कोई कार्यक्रम हो, जिसमें नामवर और मैं होता और कोई घटना घटती तो मुझ पर सीधे आरोप लगता कि वह सब नामवर करवा रहे हैं।

नागपुर के विश्व हिन्दी सम्मेलन में हस्तक्षेप का वह तरीका तो गांधीवादी था, जबकि उन दिनों आप एम.एल. के प्रभाव में थे...?

ठीक कह रहे हैं...लेकिन हस्तक्षेप की प्रवृत्ति मुझमें एम.एल. से ही आई थी।

एम.एल. की प्रवृत्ति तो हिंसक थी...

हाँ। लेकिन वैचारिक मंचों पर तो वैचारिक हस्तक्षेप ही हो सकता था। जैसे सेठाश्रयी पत्रिकाओं में नहीं लिखने का मैंने संकल्प लिया तो वैसा किया। सिर्फ एक कहानी 'बैलून' धर्मयुग में छपी थी। दरअसल, उन दिनों सेठाश्रयी पत्रिकाएँ अकाल, भूख, गरीबी आदि को भुनाती थीं। मुख्यपृष्ठ पर चित्र छापकर उन्हें बेचती थीं। ये पत्रिकाएँ मार्क्सवाद की कट्टर विरोधी थीं।

सन् साठ के लेखन की प्रवृत्ति किस तरह की थी?

इसकी शुरुआत हुई नकार से रिश्ते-नाते, सामन्ती वैल्यू के नकार से-लेकिन ये अपना अर्थ खोते जा रहे थे। सिर्फ अस्वीकार या इनकार का कोई मतलब नहीं होता।...64 के आसपास जब धूमिल को मंच पर पहली बार मैंने गया में 'इन्ट्रोड्यूस' किया था तब मेरी 'सुख' आदि कहानियाँ आ चुकी थीं...धूमिल को इन्ट्रोड्यूस करते हुए मैंने शमशेर की पंक्ति उद्धृत की थी। 'बात बोलेगी हम नहीं'...अस्वीकार से

चीजों की शुरुआत हुई थी...उसमें मेरा कहना था अस्वीकार का कोई मतलब नहीं है, विरोध होना चाहिए...व्यवस्था विरोध...मान्यता विरोध...इसी क्रम में मैंने सेठाश्रयी पत्रिकाओं में लिखना बन्द कर दिया था...यह विरोध रचना और व्यवहार में दिखाई पड़ना चाहिए। चूँकि हमलोग साहित्य में हैं, इसलिए यह साहित्य में भी दिखाई पड़ना चाहिए–सेठाश्रयी पत्रिकाओं का मात्र वैचारिक विरोध में नहीं, इनका बहिष्कार भी होना चाहिए। इसी सन्दर्भ में लघु–पत्रिकाओं की पहली गोष्ठी बनारस में हुई थी, जिसके संयोजक कंचन कुमार थे। 67–68 में नक्सलबाड़ी आन्दोलन से एक वैचारिक आधार मिला। मेरी कहानी 'हस्तक्षेप' 70–71 में 'साप्ताहिक हिन्दुस्तान' में छपी। कमलेश्वर के 'सारिका' में जाने के बाद मैंने अपने भीतर एक संशोधन किया कि यदि सम्पादक हस्तक्षेप न करे तो वैसी जगह छपने में कोई हर्ज नहीं है। लेकिन जब कमलेश्वर ने हमारी पीढ़ी के खिलाफ 'एय्याश प्रेतों का विद्रोह' लिखा...भारती ने लिखा...। हालाँकि कमलेश्वर ने मेरे खिलाफ नहीं लिखा–तब भी मैंने सारिका में लिखना बन्द कर दिया, क्योंकि वह मेरी पीढ़ी के खिलाफ था।

आपकी पीढ़ी में मुख्यत: चार की ही चर्चा होती है और किन कथाकारों को आप अपनी पीढ़ी का मानते हैं?

चार के बाद मधुकर भी हमारी पीढ़ी का था लेकिन भटका बहुत, महत्त्वाकांक्षा के पीछे बहुत भटका। उपेक्षा भी बहुत झेली। बाद में समान्तर कथा आन्दोलन से जुड़ा। साहित्य के प्रति 'कमिटमेंट' उसमें शुरू से रहा। अवधनारायण सिंह था जो बाद में लुप्त हो गया लेकिन कुछ अच्छी कहानियाँ दे गया। इसरायल था, लेकिन उसके लिए यथार्थ शुरू से एक रहा है, जबकि यथार्थ में बदलाव आते रहते हैं। लेखक को जीवित यथार्थ से आँख नहीं मूँदना चाहिए।

कभी आपने प्रेमचन्द की ज़मीन नहीं छोड़ने की बात कही थी, लेकिन इधर हाल में आपने कहा है कि प्रेमचन्द की ज़मीन उर्वर नहीं रही, क्या आशय है आपका?

तात्कालिक यथार्थ से हम मुक्त नहीं हो पा रहे हैं। हमारी दृष्टि संकुचित होती जा रही है। किधर जा रहे हैं हम? उस धुँधलके को साफ करने की जरूरत है। उस यथार्थ में जो मनुष्य था वह मनुष्य था। आज के सामाजिक यथार्थ में घटनाएँ हैं, मनुष्य या मनुष्यता नहीं है। बिना जोते हुए जमीन पर यदि हम दाने फेंक दें तो फसल नहीं हो सकती। हमारी नई पीढ़ी उस परती जमीन को बिना जोते ही दाने बो रही है। इसलिए निर्जीव पौधे तैयार हो रहे हैं। आज दस कहानियों में भी कोई एक चरित्र याद नहीं आता। घटनाएँ आती–जाती हैं, इन्सान नहीं दिखाई पड़ता। मैं तात्कालिक यथार्थ के बीच भी आदमी ढूँढ़ता रहता हूँ जैसे 'सुधीर घोषाल' या 'सदी का सबसे बड़ा आदमी' में वह आदमी। अभी 'संतो घर में झगरा भारी' में भी तन्नी गुरु सबको

याद है। (थोड़ी देर चुप रहते हैं। बगल में रखी पुड़िया से सुर्ती और चूना निकालते हैं। हथेली पर अँगूठे से पहली रगड़ के साथ ही बोलना शुरू करते हैं)...संवेदना को छूने वाली कहानियों का अकाल सा हो गया है। हम लेखक हैं लेकिन हमारे लिए भी कोई घटना सामान्य लोगों की तरह होती जा रही है, जैसे सेनारी की ही घटना या बिहार में होने वाले अन्य नरसंहार...सामान्य लोगों में और हममें फर्क होना चाहिए। हमारे भीतर की संवेदना मरती जा रही है। मंच से भले हर मार्क्सवादी लेखक आस्था जताए लेकिन वह संशयग्रस्त हो गया है। समाज में कोई भी परिवर्तन लोकतान्त्रिक पद्धति से ही सम्भव है। रूस या चीन की क्रान्ति की पुनरावृत्ति सम्भव नहीं है...भारत आजाद हुआ '47 में, '60 के आसपास ही मूल्य बिखरने लगे। नए मूल्यों के निर्माण की प्रक्रिया शुरू हुई, नए रिश्तों की भी...रिश्तों में जैसे बेटे-बेटी की शादी के मामले में...। इतने लम्बे अरसे बाद 'फ्यूडल' मनुष्य ध्वस्त हो रहा है लेकिन नया आदमी नहीं पैदा हो रहा है। हम इतिहास को मूर्त करने में तो जरूर लगे हुए हैं लेकिन उस इतिहास में नया मनुष्य जन्म नहीं ले रहा है। इस नए मनुष्य को लेकर हर लेखक दुविधा में है कि वह क्या हो? कैसा हो?

आपकी कहानियों में गहरी मानवीय संवेदना है लेकिन गलदश्रु भावुकता कहीं नहीं है। आखिर आप इससे कैसे उबर सके?

मेरी समझ से, मुझसे प्यार के कारण आप मेरी कहानियों में गहरी संवेदना देख रहे हैं। जबकि कुछ ही कहानियाँ हैं जिनमें यह चीज है। मैं ईमानदारी से कह रहा हूँ कि जब मैंने देवेन्द्र की कहानी 'क्षमा करो हे वत्स' और क्षमा याचना सहित कहूँ कि आपकी कहानी 'काले कोट का सफेद दिन' पढ़ी तो मैंने अपने को टटोला। मेरे पढ़ने की प्रक्रिया का एक अंग है–मैं प्राय: दूसरों को पढ़ते हुए उसके बगल में अपने को देखता चलता हूँ। देखता यह हूँ कि जो चीज इस लेख में है, वह मुझमें है या नहीं। और नहीं है तो क्यों नहीं? और कितनी ऐसी कहानियाँ हैं जिनमें संवेदना की ऐसी गहराई है? दरअसल संवेदना का सम्बन्ध मनुष्यता से है और मनुष्यता का किसी-न-किसी मूल्य से। संवेदना के होने का अर्थ है किसी उपेक्षित तिरस्कृत या विस्मृत मूल्य से जुड़ा होना या जोड़ देना। जाने क्यों, मुझे लगता है कि आठवें दशक की वे कहानियाँ जिनसे मेरी पहचान बनी, वे प्राय: 'आदमीनामा' में संकलित हैं, वे विचारों को झकझोरने वाली या झंकृत करने वाली अधिक हैं, संवेदना को छूने वाली कम। मैं अपने 'डिफेन्स' में सिर्फ यही कह सकता हूँ कि वह हमारे समय की जरूरत थी और मुझे लग रहा था कि यह काम हिन्दी कहानी को करना चाहिए, जो कि नहीं हो रहा था।

'सदी का सबसे बड़ा आदमी' संग्रह की कहानियों में आपकी तब तक स्थापित हो चुकी किस्सागोई नहीं है। जटिलता के साथ-साथ इन कहानियों का रूप भी

बदला हुआ है। इसकी क्या वजह हो सकती है?

मुझे लगता है 'सदी का सबसे बड़ा आदमी' की कहानियों के साथ कहीं-न-कहीं ज्यादती हुई है। शुरुआत की कहानी 'सुख', बीच की कहानी 'सुधीर घोषाल' और बाद की कहानी 'अपना रास्ता लो बाबा' को देखने पर मेरा विकास क्रम समझा जा सकता है। 'सुधीर घोषाल' एक खास दौर की कहानी है। उसे बहुत ज्यादा पसन्द किया गया लेकिन मुझसे पूछा जाए तो, मैं आज उस कहानी को अस्वीकार करता हूँ। मेरी दृष्टि में यह कहानी वैचारिक आघात देती है या विचार को झकझोरती है। लेकिन उस कहानी में एक सहज मानवीय संवेदना या अपील नहीं है जो 'अपना रास्ता लो बाबा' में। मुझे लग यह रहा था कि 'संवेदना' कहानी की अपनी निजी जमीन है, कहानी को उसे नहीं छोड़ना चाहिए।...'सुख' से मैंने शुरू किया था...बीच के दिनों में मेरे भीतर होने वाले परिवर्तन ने मेरे मिजाज को बदला, कहानी का भी बदला, फिर '80 के आसपास पृष्ठभूमि के रूप में देखा जाना चाहिए...तो '80 या उसके आसपास ऐसा मुझे लगने लगा कि बौद्धिक उत्तेजना देने के बजाय तमाम सामाजिक उथल-पुथल के बीच हम उस यथार्थ को मानवीय रिश्तों के बदलाव में ही देख सकते हैं, क्योंकि बुनियादी तौर पर कहानी का क्षेत्र 'विचार' नहीं है। विचारों का आग्रह कहानियों को भले बदल ले लेकिन कहानियों से पाठकों में क्रान्तिकारी परिवर्तन नहीं होगा और यदि होगा भी तो उसे समाज ही बदलेगा, क्योंकि उन दस सालों में हमने देखा कि कहानियों में चाहे जितनी क्रान्ति करवा लें, समाज का विकास दूसरी दिशा में हो रहा है। दूसरे, कहीं-न-कहीं, मेरे मन में लगातार अपने फार्म को बदलने की और अपने को न दुहराने की प्रवृत्ति शुरू से रही है। यह सही हो या गलत, मैं अपने को बदलते रहना चाहता हूँ और इस बहाने एक तरह से मैं शुरू से ही अपने मूल फार्म की तलाश में रहा हूँ। इसी क्रम में मैंने 'कहानी सराय मोहन की' जैसी कहानी लिखी। 'सदी का सबसे बड़ा आदमी' और 'अपना रास्ता लो बाबा' जैसी कहानी भी लिखी। मुझे लगता है कि मैं लगातार आगे बढ़ता गया हूँ। जाने किन कारणों से सही ढंग से इन कहानियों को जाँचा-परखा नहीं गया है। मेरे बहुत से पाठक या तो 'सुख' तक रह गए या 'सुधीर घोषाल' तक। किन्तु भीष्म साहनी जैसे लोग जब 'अपना रास्ता लो बाबा' को अपनी प्रिय और अच्छी कहानी मानते हैं तो मुझे अच्छा लगता है कि मेरा आत्मसंघर्ष व्यर्थ नहीं गया। मेरे कहानीकार के ही आत्मसंघर्ष का परिणाम बाद में छपने वाले कथा-रिपोर्ताज हैं, हालाँकि यह मेरा अपना चुना हुआ नाम नहीं है, क्योंकि मैं उसे कथा रिपोर्ताज नहीं मानता।

बरसों पहले 'नई तारीख' में जिन 'सानू' की आधुनिक जीवन शैली की आप ऐसी-तैसी करते हैं, कालान्तर में उसे ही निजी जीवन में स्वीकार कर रहे होते हैं...।

यदि सन् 2000 में काशीनाथ सिंह से 'नई तारीख' लिखने को कहा जाए, तो क्या वे लिखेंगे?

मैं गुमान तो नहीं करता लेकिन अपने दौर के सभी लेखकों में सबसे ज्यादा आत्मउपहास करता रहा हूँ। हाँ...प्रारम्भ से ही यह कोशिश रही है कि दूसरे पर कीचड़ उछालने से पहले अपने कपड़े देख लूँ या दूसरे पर उछालने के पहले खुद पर उछाल लूँ। सानू का विकास आज वहीं तक नहीं रह गया है, मैं यदि उसकी स्थिति में बीस साल बाद पहुँचा हूँ तो...वही सुविधाएँ मेरे लिए सार्थक हो सकती हैं लेकिन उसके लिए अर्थहीन हो सकती हैं और यह भी हो सकता है कि करोड़पति उसके बेटे हों! और वह आध्यात्म में डूबा हुआ सन्त हो। क्योंकि उसके और हमारे बीच जितनी दूरी उस समय थी...वह दूरी और खाई बहुत बड़ी और चौड़ी हो चुकी है। तब उसके यहाँ जाने के बारे में सोच सकते थे...और आज हम सोचते नहीं। मिल जाए तो मिल जाए, न मिले तो बहुत अच्छा। परिवर्तन उसकी ही नहीं मेरी सोच में भी आया है। तब उसकी हैसियत को लेकर मेरे भीतर कुंठा भी थी, आज उस तरह की कोई बात नहीं रह गई है। बल्कि, इसे यूँ कहिए कि वे हमारे लिए अपना सारा आकर्षण खो चुके हैं। इसलिए कि अब वे किसी के भी सामने रहस्य और कुहासे में नहीं हैं। यही नहीं, बल्कि, मेरे दिमाग में उनके बारे में लिखने की मेरी योजना है। वे भले सानू न हो, सानू जैसा ही कोई होगा।

इसी कहानी में सानू शराब का गिलास हिलाते हुए कहता है कि आप 'हिलाते' रहिए। यानी वह कहीं से भी चिन्तित नहीं है साहित्य के प्रतिपक्ष की भूमिका से। आज इतने वर्षों बाद यदि आप सानू पर फिर से कोई कहानी लिखें...तो मुझे लगता है वह 'हिलाते रहिए' की शालीनता को छोड़कर सीधे कहेगा कि 'क्या उखाड़ लिया तुमने'? यह सच भी है कि सामाजिक या राजनैतिक परिवर्तन में साहित्य की मजबूरी कुछ भी नहीं उखाड़ पाने की रही है। आप क्या सोचते हैं इस पर? क्या साहित्य अब भी राजनीति के आगे चलने वाली मशाल है?

अभी ग्वालियर में सम्पन्न हुए एक कार्यक्रम में एक सत्र का अध्यक्षीय भाषण दिया समीक्षक नामवर सिंह ने। जिसके केन्द्र में यही कहानी थी 'कविता की नई तारीख'। उसकी व्याख्या से कुछ निष्कर्ष निकले। उनमें से एक तो यह, जो मैंने निकाले, कि छोटी कहानियों के दौर में बहुत लम्बे अन्तराल के बाद एक पहली लम्बी कहानी लिखी गई थी, जिसके बाद आज लम्बी कहानियों का सिलसिला जारी है। दूसरी बात, लाउड कहानियों की तुलना में 'अंडर टोन' में लिखी जाने वाली कहानियाँ कहीं ज्यादा ताकतवर, संवेद्य और प्रभावशाली होती हैं और तीसरी बात, बिना किसी राजनीतिक घटना के जिक्र के भी कहानियाँ राजनीतिक हो सकती हैं। उस कहानी में इमर्जेन्सी का जिक्र भर है, उसका आतंक या आपातकाल नहीं।

ऐसे देखा जाए तो; बहुत सी ऐसी कहानियाँ हैं, जो अपने समय की राजनीतिक हलचलों का उल्लेख किए बगैर उस हालात का आख्यान है। सच कहिए; तो राजनीतिक उथल-पुथल कहानी नहीं है, कहानी है...उसके बीच रिएक्ट करता हुआ मनुष्य और उसके रिश्ते। इस विषय के बारे में सोचने का मेरा लम्बा इतिहास रहा है। '70 के दिनों में; मैं सोचता था कि कविता-कहानी से समाज बदला जा सकता है और समाज बदलेगा तो राजनीति अपने-आप बदल जाएगी। मैंने देखा कि चीजें इस तरह नहीं बनती-बिगड़ती। प्रेमचन्द के जमाने में साहित्य मशाल रहा होगा। आज वह मशाल लगभग बुझ चुकी है। हमें लगता है कि लेखक को ऐसा कोई मुगालता नहीं पालना चाहिए। समाज का बड़ा छोटा हिस्सा है; जिसके बीच वह पहुँच पाता है। उस पर उसकी पकड़ भी नहीं है। साहित्य वहाँ उसी हालत में जा चुका है जिस हालत में वह पूँजीवादी देशों में है। बेहतर हो; हम मंच पर खड़े एक राजनेता की तरह नहीं एक मतदाता की तरह अपनी बात कहें। अपने और दूसरों के दुःख-दर्द की, उनके संघर्ष और जद्दोजहद की। कविता और कहानी लिखना सत्ता के विरोध में मतदान की तरह है। फिलहाल, इससे ज्यादा इसका अर्थ नहीं मालूम। मैं ये बातें इस आधार पर कह रहा हूँ कि 'संतों घर में झगरा भारी' में आने वाले ढेर सारे पात्र साल में कम-से-कम एक बार अपनी वफादारी बदल लेते हैं, ऐसी हालत नें हम एक ईमानदार, नाबिकाऊ, मुस्तैद और जागरूक मतदाता की भूमिका में रहें...यह कम नहीं है!

कभी आपकी पीढ़ी की उम्मीद थी कि देश में भ्रष्टाचार, बेईमानी, फरेब, धोखाधड़ी, ऊँचनीच, जातिवाद और नौकरशाही से लड़ने में साहित्य भी कारगर भूमिका निभाएगी। क्या थोड़ी-सी भी कामयाबी मिली?

...बिल्कुल नहीं। वह तब का सपना था जब हम साहित्य को सामाजिक परिवर्तन का हथियार समझते थे। हमारे सामने 'मॉडल' थे-मायकोवस्की, आस्त्रोवस्की और लू-शून। समाज जिस दिशा में जा रहा था, हम उसकी उल्टी दिशा में जा रहे थे। मसलन, हमारे हिसाब से साहित्य और राजनीति को कंधा-से-कंधा मिलाकर चलना चाहिए था। यह सन् 70 की बात है, लेकिन नतीजा सामने आया जे.पी. मूवमेन्ट, आपातकाल और जनता पार्टी की सरकार के रूप में और इन सबका विकास राजग सरकार के रूप में। आज न तो सी.पी.आई. का कहीं पता है, न एम.एल. का। सी.पी.एम. सिमटकर रह गया है। मैंने कभी लिखा था कि ये पार्टियाँ उस डोम की तरह हैं जो मसान पर लकड़ी जुटाकर बैठा रहता है और मुर्दे का इन्तजार करता रहता है। ये भी पिछले पचास सालों से सरकार के गिरने का इन्तजार करते रहते हैं। सरकार गिरे ताकि इनकी पूछ बढ़े। यह एक सच्चाई है जिसे आब्जेक्टिव ढंग से देखने वाले किसी भी मार्क्सवादी लेखक को स्वीकार करना

चाहिए। जनता के मिजाज को न देखकर सिद्धान्त की आँखों से चीजों को देखने वाले का नतीजा ही आशावादी हो सकता है, यह आज की वास्तविकता है। अगर हम निराश नहीं हैं, तो सिर्फ इसलिए कि हर चीज की इन्तिहा होती है और देश की राजनीति लगभग इस बिन्दु पर पहुँच चुकी है जब सार्थक बदलाव के बारे में जनता सोचे।

आज के परिवेश में आपको नहीं लगता है कि जीवन की नैतिकता और लेखकीय नैतिकता के बीच कोई अन्तर्सम्बन्ध नहीं रह गया है?

ऐसे में, मैं मानता हूँ कि दोनों के बीच सम्बन्ध रहना चाहिए। जीवन में बेईमान और भ्रष्ट लेखक भी बहुत ईमानदार, अच्छा लेखक हो सकता है। क्योंकि हर लेखक उसे लिखना चाहता है जो उसके भीतर नहीं है। जैसे...ईमानदारी की बहुत ज्यादा भूख बेईमान के बीच होती है, सदाचार की दुराचारी के बीच। ऐसे बहुत से लेखक हैं; जिनका जीवन और रहा है, और लेखन और। दुर्भाग्य से मैं अपने को शुमार उन लोगों में करता हूँ जो वह नहीं लिखते जो खुद नहीं कर सकते। लिखने के क्रम में पात्रों के साथ जीते हुए जाने कितनी बार मैं थमा हूँ...ठिठका हूँ...रुका हूँ...यह सोचकर कि क्या यह जो करने जा रहा है वह मैं करता या नहीं करता? मैंने वही लिखने की कोशिश की, जो मैं कर सकता था या करता था? मैंने अनवरत कोशिश की है कि मेरे लिखने और जीने के बीच खाई न रहे। उदाहरण के लिए मैं विश्वविद्यालय का अध्यापक था लेकिन क्लास के बाहर मिलने वाले के लिए अध्यापक कभी नहीं रहा। बाजार या सड़क पर अध्यापक कभी नहीं रहा। मैं जानता हूँ इसके लिए मेरे विभाग और विश्वविद्यालय में भरपूर निन्दा होती थी। मैं अध्यापक हो सकता था या लेखक। मैंने चुन लिया था कि, अध्यापक या नौकरी जीने के लिए सिर्फ पेशा है, मेरा असल काम दूसरा है।

कभी आपने कहा था कि मैच्योर होकर प्रेमकथा लिखूँगा। जैसे टालस्टाय ने लिखा था। अब तो आप अपने को मैच्योर फील कर रहे होंगे? तो प्रेमकथा कब लिखेंगे? कथा साहित्य में इसकी जरूरत भी है।

लिखेंगे नहीं, लिख रहा हूँ। हालाँकि प्रेमकथा तो अलग से लिखूँगा लेकिन जो लिखा है उसमें भी प्रेम है। अपने दोस्त रामाधार के बहाने। उसकी जीवनी भी बहुत कुछ मेरी जीवनी जैसी है।

नई पीढ़ी, यानी पिछली सदी के अन्तिम दशक में जवान हुईं पीढ़ी को साहित्य पढ़ने-लिखने से कोई मतलब नहीं रह गया है। कौन से कारण हो सकते हैं?

यह आपका सोचना है। मेरा सोचना है कि पहले साहित्य के पाठक साहित्य के छात्र हुआ करते थे। पता नहीं क्यों, मुझे लग रहा है कि धीरे-धीरे साहित्य मानवीय सत्ता से जुड़ता जा रहा है। यह चौंकाने वाला नहीं, बल्कि आश्वस्त करने वाला तथ्य

है कि अपने अनुभवों को व्यक्त करने की तड़प मेडिकल, इंजीनियरिंग, ब्यूरोक्रेसी, रेल या दूसरे क्षेत्रों में काम कर रहे कर्मचारियों, दलितों, महिलाओं के भीतर दिखाई पड़ रही है। इसे यूँ भी कह सकते हैं आप कि पूरी एक शताब्दी गुजरने के बाद साहित्य, सच्चे अर्थों में साहित्य क्षेत्र की जकड़बन्दी को तोड़कर बाहर आया है। दर्द पहले हिन्दी से एम.ए. करने वाले विद्यार्थी के अन्दर ही हुआ करता था। शताब्दी के अन्त तक आते-आते पता चला है कि उसका दर्द तो पाखंड था, जेनुइन दर्द तो समाज के दूसरे सारे तबके के भीतर है जो अब तक किन्हीं कारणों से चुप या अव्यक्त रहे हैं। इसलिए, मुझे लगता है कि वर्णाश्रम, जाति, पेशा निरपेक्ष इस सदी में आने जा रहा है।

'कलिकथा-वाया बाईपास' जैसे उपन्यासों के चर्चित होने को आप किस तरह से देखते हैं?

शिल्प अच्छा है। 'कलिकथा' या 'चाक' में महिला लेखिका अपने महिला होने के घिघियानेपने से मुक्त है, कहीं-न-कहीं हमारे स्तर पर आकर चुनौती दे रही है। लेकिन फार्म या शिल्प के स्तर पर-किशोर बाबू का वह बेटा किशोर बाबू से एकदम भिन्न है। वह नया इन्सान जरूर है, जिसमें वह पिता को 15 अगस्त को तोहफा के रूप में 'फ्रीडम' नाम की एक कार देता है और तिरंगा झंडा, जबकि पिता आजादी की वर्षगाँठ को लेकर बेहद उत्तेजित है। यह मुझे उसी तात्कालिक यथार्थ का अंश लगा। यह आज की वास्तविकता है। लेकिन लेखिका उस नए इन्सान पर कोई प्रश्नचिह्न नहीं लगाती है। केवल किशोर बाबू के निरन्तर अकेले पड़ते जाने की पीड़ा है। पूरे उपन्यास में। एक आदमी असहाय अपने ही परिवार के बदलाव को कातर भाव से देखता है और निरुपाय है। अपने अतीत के गौरव की यादों में खोया हुआ है।...वह भी कालकथा (कामतानाथ) की तरह, एक तरह का इतिहास ही है। कोई बुनियादी फर्क नहीं है। 'कालकथा' में प्रेमचन्दीय यथार्थ है, कलिकथा में नयापन है।

आपसे संस्मरणों को लेकर कोई सवाल न करूँ तो यह साक्षात्कार अधूरा ही माना जाएगा, इसलिए मैं अगला सवाल संस्मरणों को लेकर ही पूछना चाहता हूँ?

जरूर पूछिए।

जब आपने 'संस्मरणों' की शुरुआत की तो पहले अपने मित्रों और सहयात्री लेखकों पर लिखा, जिससे वे थोड़े नाराज़ भी हुए थे। चलिए, मित्रों की आलोचना तो की जा सकती है। लेकिन आपके कुछ संस्मरण अपने गुरुओं पर भी हैं। हमारी परम्परा में गुरु की आलोचना से लोग बचते रहे हैं, खासकर तब तो और भी जब गुरु जीवित हों। यदि क़िसी ने लिखा भी तो स्तुतिगान ही किया है। ऐसे में आप परेशान नहीं हुए कि गुरुजन नाराज होंगे? एक तरह से तो यह अपने 'संस्कारों से

विद्रोह' भी है?

मैं अपने संस्मरण लिखने की मूल प्रक्रिया की ओर आपको ले जाना चाहता हूँ। मेरी दृष्टि में शुद्ध संस्मरण केवल एक है 'गरबीली गरीबी वह'। वह संस्मरण साठ और पैंसठ के बीच लिखी मेरी डायरी पर आधारित है। तथ्यपरक और लगभग यथावत। थोड़ी-बहुत यही स्थिति वर्तमान साहित्य में प्रकाशित धूमिल पर लिखे संस्मरण 'जी ही जाने है आह न पूछो' की है। बाद में जो लिखे गए, वे, मेरी नजर में संस्मरण नहीं हैं। जो मेरे परिचित मित्र या व्यक्ति हैं, वे मेरे लिए पात्र हैं। प्रक्रिया थोड़ी मुश्किल थी। मुश्किल इस अर्थ में कि मैं उनके बारे में आत्मीयता बरतते हुए पूरी तरह 'आब्जेक्टिव' होना चाहता था। मैं जानता था कि कहानी प्रतिशोध या प्रेम प्रदर्शन का माध्यम नहीं है। मैं कहानी के फार्म से उबा हुआ था। यथार्थ चित्रण बहुत हो चुका था। मैं यथार्थ को कल्पना की आँखों से देखना चाहता था। रेखाएँ थीं, रंग नहीं थे। न चमक थी न आकर्षण। कहानियाँ पाठकों को लुभा नहीं रही थीं। यह प्रश्न भी तंग कर रहा था कि लेखक ही पढ़ते रहे तो लिखने से क्या फायदा? यह काम धान या गेहूँ के पौधे में दाने ही नहीं फूल खिलाने और गंध पैदा करने जैसा था। कल्पना ने उस यथार्थ में फूल खिलाने, गंध पैदा करने, आकर्षण लाने और लुभाने का काम किया। संस्मरण के पात्रों में जो आकर्षण या लावण्य पैदा हुआ उसका सबसे बड़ा लाभ मुझे ही मिला कि अपरिमित संख्या में उन्हें पढ़ने-सुनने और देखने वाले मिले। इसलिए उन्हें कोई संस्मरण कहे, रिपोर्ताज या कहानी, मुझे कोई फर्क नहीं पड़ता। मुझे लगता है कि यह कम नहीं है कि संस्मरणों ने कहानियों की मोनोटोनी तोड़ी।

मेरी जिज्ञासा गुरुओं वाले संस्मरण को लेकर अधिक थी...

हाँ, वही मैं बता रहा हूँ। दरअसल गुरु पर संस्मरण लिखना शुरू किया था 90-91 में; उनसे मेरे पारिवारिक सम्बन्ध हैं। यही नहीं, नगर में जिन एक-दो लोगों से मेरे निकटतम रिश्ते रहे हैं, उनमें वे भी एक हैं। काफी कुछ लिख लिया था कि मेरे परिवार के सदस्यों को भनक लग गई। उन्होंने चोरी-छिपे पढ़ भी लिया और फिर मुझे इतना कोसना शुरू किया कि झल्लाकर मैंने उसे एक तरफ फेंक दिया। सात-आठ सालों बाद, मैंने कहा-ऐसी-तैसी। अगर मुँह देखकर लिखना हो तो लिखना बेकार है। गुरु भी एक मनुष्य हैं और उनमें भी वही कमजोरियाँ होती हैं जो मुझमें और दूसरों में...देखे तो अनदेखा कैसे करें? मैं जवाबदेह बच्चन सिंह या गुरु का नहीं हूँ। जवाबदेह हूँ तो उस विरासत का जिसने मेरे हाथ में यह कलम दी है। सच कहने की यह हिम्मत ही नहीं है तो लिखता क्यों हूँ? और लिखता हूँ तो जैसे दूसरे वैसे गुरु या दूसरा कोई अन्यतम। कोई रियायत नहीं होनी चाहिए। जो उम्मीद थी लगभग वही हुआ। रिश्ते टूटे...और मेरी समझ से किसी भी जेनुइन लेखक को

अन्ततः अकेला हो जाने के लिए तैयार हो जाना चाहिए। इस सन्दर्भ में हमें मानकर चलना चाहिए कि हम इतिहास के साक्षी हैं–किसी व्यक्ति विशेष के नहीं। हम उसी के जवाबदेह हैं। (जवाब देकर काशीनाथ जी उठने की मुद्रा में आते हैं–अब बस कीजिए भाई।)

बस, आखिरी सवाल और जरूरी भी, अभी हाल में दीपा मेहता की निर्माणाधीन फिल्म 'वाटर' को लेकर बनारस में इतना बड़ा विवाद हुआ कि फिल्म का निर्माण रोकना पड़ा। फिल्म निर्माण के समर्थन में जो लेखकों, संस्कृतिकर्मियों का मोर्चा बना उसमें आप भी थे। जो कट्टर हिन्दुत्ववादी लोग हैं उनका कहना है कि 'वाटर' की तरह 'गदर' की शूटिंग को लेकर जब 'सिया' समुदाय के लोगों ने विरोध किया तो आपलोग चुप क्यों रहे? उनका तो साफ-साफ कहना है कि मुस्लिम कट्टरता के विरोध का साहस आप लोगों में है ही नहीं।

गठबंधन सरकार के रूप में भाजपा के केन्द्र में आने के बाद से कला माध्यमों और संस्कृतिकर्मियों को एक विकट समस्या से जूझने की शुरुआत हुई है। हाल के वर्षों में इसका आरम्भ एम.एफ. हुसैन के चित्रों के विरुद्ध आर.एस.एस. और शिवसेना के विरोध और तोड़-फोड़ से माना जा सकता है। यह विरोध और ज्यादा 'अलार्मिंग' दिखाई पड़ा जब दिलीप कुमार जैसे कलाकार को अपनी राष्ट्रीयता या राष्ट्रप्रेम का सबूत पेश करने के लिए कहा गया। फिर हाल ही के महीने में, जबलपुर में 'और अन्त में प्रार्थना' के मंचन पर आर.एस.एस. की तोड़फोड़ और इन्हीं दिनों आर.एस.एस. को सांस्कृतिक संगठन कहना...और संविधान संशोधन विधेयक लाने की बात करना, ये सारा कुछ बनारस में होने वाली 'वाटर' और लखनऊ में 'गदर' से जुड़ी घटना के ही हिस्से हैं। इन सबसे मेरे दिमाग में दो तस्वीरें बनती हैं, कि इक्कीसवीं शताब्दी कट्टरवाद या कठमुल्लावाद या साम्प्रदायिकता के लिए निर्णायक शताब्दी होगी। जाहिर है कि मुस्लिम कट्टरतावाद और हिन्दू कट्टरतावाद एक दूसरे की प्रतिक्रिया में सिर उठाएँगे।

बनारस में जिन दिनों 'वाटर' के सेट की तोड़-फोड़ हो रही थी, उन्हीं दिनों तोड़-फोड़ करने वालों से यह भी सुनने को मिल रहा था कि जिस तरह नारायण या राम या सीता के नाम देकर ये फिल्मकार या चित्रकार या लेखक बलात्कार, व्यभिचार या वेश्यावृत्ति दिखा रहे हैं उसी तरह कोई मुसलमान लेखक या फिल्मकार मोहम्मद या इस्लाम धर्म से जुड़े किसी पैगम्बर का नाम लेकर इस तरह की फिल्में बना सकता है? या कोई ईसाई फिल्मकार ईसा या मरियम के नाम ऐसा दुराचार दिखा सकता है? अगर उन्हें इस सन्दर्भ में सलमान रश्दी या तस्लीमा नसरीन का नाम बताया जाए तो उन्हें सन्तोष नहीं होगा, क्योंकि ये भारतीय लेखक नहीं हैं। लेकिन ये सवाल कहीं-न-कहीं हम हिन्दू लेखकों को सोचने के लिए विवश करते

हैं। मैं अपनी ओर से यही कह सकता हूँ कि जिस तरह हम हिन्दू लेखक हिन्दुत्ववादियों से या कट्टरपंथियों से लड़ रहे हैं, उसी तरह मुस्लिम लेखकों को भी इस्लाम धर्म में निहित उन सारी कुरीतियों और बुराइयों से लड़ना चाहिए, जो वे नहीं कर रहे हैं। इसमें दो राय नहीं कि हिन्दू धर्म में ज्यादा वैचारिक और धार्मिक सहिष्णुता है, खुलापन है, लेकिन इन कट्टरपंथियों द्वारा उठाए गए सवालों का जवाब हम दें..., उससे बेहतर है कि उर्दू लेखक दें। मुझे लगता है कि सच्चे अर्थों में धर्मनिरपेक्षता या सेक्युलरिज्म को सही-सही तभी परिभाषित या व्याख्यायित किया जा सकता है। यही नहीं, हिन्दू कट्टरपंथियों या पोगापंथियों की जुबान हम संस्कृतिकर्मी इसी तरह बन्द कर सकते हैं।

(संवेद-10, मार्च 2011 में प्रकाशित)

मैं कहता आँखिन देखी...

[प्रो. रामकली सर्राफ से बातचीत]

आपका ग्रामीण जीवन से गहरा सरोकार रहा है, आपके कहानी लेखन में इसकी क्या भूमिका रही है?

ऐसा है कि मैं गाँव में पैदा हुआ, वहीं पला बढ़ा, खेला-कूदा, खेती में भी साथ देता रहा। कटाई हो, दँवरी हो ये सब कुछ मैंने किया। हाईस्कूल तक गाँव में पढ़ा। उसके बाद इंटरमीडिएट में मैं शहर आया और फिर शहर में ही सारी पढ़ाई-लिखायी हुई और वो भी बनारस में। लिखना तो शुरू कर दिया था बी.ए. में। मामूली कविताएँ लिखता था जिसका कोई मतलब नहीं था। सन् 1960 ई. के आसपास विधिवत् लिखना शुरू किया।

कविता जब आप लिख रहे थे शुरू में तो अचानक ये कैसे मोड़ आ गया कि कहानी लिखने लगे?

इसलिए कि मेरे भाई साहब (डॉ. नामवर सिंह) स्तम्भ लिख रहे थे कहानी पत्रिका के लिए और ज्यादातर घर में कहानियों पर बात होती थी। तो कहानी पत्रिका की कहानियों को पढ़ता था और उन कहानियों को पढ़ता था जिनकी तारीफ करते थे भाई साहब। खासतौर से रूसी कहानियाँ, हेमिंग्वे की कहानियाँ, मंटो की कहानियाँ, तो इन्हें पढ़ता था तो कहानी की तरफ धीरे-धीरे मुड़ने लगा और कहानी लिखना शुरू किया सन् 60 के बाद से। तो जो पात्र हमारे आते थे, जो जीवन होता था वो गाँव का ही होता था। धीरे-धीरे मुझे लगा कि मैं उस आदमी के बारे में लिख रहा हूँ जो गाँव को छोड़ चुका है, लेकिन शहर में रहते हुए शहर का नहीं हो पा रहा है। सन् 60 के आस-पास की स्थितियाँ ऐसी ही थीं भी। मेरी शुरुआत की कहानियों में इस तरह का एक आदमी था।

नयी कहानी का दौर और उसकी समाप्ति पर आपने लिखना शुरू किया। लेकिन उस प्रभाव से जो अपने को अलग किया लेकिन मुख्य बात यह है कि उस पूरे प्रभाव से स्वयं को बचाते हुए कैसे इतना बड़ा परिवर्तन आपके लेखन में आया?

क्या बदली हुई परिस्थितियाँ ही थीं इसके मूल में?

देखिए, लगभग ऐसा समय तो शीतयुद्ध का था, कांग्रेसी हुकूमत थी। जनता का मोहभंग हो गया था...ढेर सारी योजनाएँ चालू की गई थीं और योजनाएँ या तो अधूरी थीं या जैसे बाँध बन रहा था, बने बाँध लेकिन बारिश हो तो बाँध बह जाए। सड़कें टूट जाएँ, विकास जैसे होना चाहिए था वैसे नहीं हो रहा था। तो लग रहा था कि यह सत्ता इस लोकतंत्र में जनता के लिए जो काम कर रही है वह काम संतोषजनक नहीं है और इस पर मुहर लगाने का काम किया जनता ने। पूरी तरह से भारत प्रभावित हुआ था। इस परिवर्तन ने हमारी भाषा को भी प्रभावित किया और हमारे कंटेंट को भी।

आपकी कहानियों में तो है ही लेकिन आज जो कथा रिपोर्ताज लिख रहे हैं संतो घर में झगड़ा भारी, पांडे कौन कुमति तोहे लागि... आदि में जो गँवईमन झाँक रहा है, उस पर आप क्या कहना चाहेंगे?

बुनियादी निर्माण तो हमारे गँवई मन का ही है, इसलिए वह भाषा वो मुहावरे, वो लोकोक्तियाँ, वो मन, वो संस्कार कहीं-न-कहीं हमारी रचनाओं पर आज भी प्रभाव जमाए हुए हैं।

आपकी पहचान आज के कथा साहित्य में एक खास किस्म की बन चुकी है। कथा भाषा को लेकर तथा कथा स्थल को लेकर *(अस्सी लंका के संदर्भ में)* एक बात बताना चाहेंगे कि क्या ये स्थल एक ऐसे रूपक के समान तो नहीं हैं जहाँ से हम पूरे वैश्विक परिस्थिति और परिवेश को देख सकते हैं? *(सन्दर्भ-सन्तो घर में झगड़ा भारी, पांडे कौन कुमति तोहे लागि, कौन ठगवा लूटल नगरिया हो)*

ये अच्छी बात की है आपने। दरअसल मैं कहानी से संस्मरण की तरफ आया और संस्मरण से कथा रिपोर्ताज की ओर। इसमें एक संगत रही है। मेरे दिमाग में था कि जब व्यक्ति पर संस्मरण हो सकता है तो स्थल पर क्यों नहीं? व्यक्ति पर जिस तरह लिखा जा सकता है उस तरह से उस स्थल पर भी लिखा जा सकता है। जहाँ मैं रहा था। 20-25 वर्षों तक उस स्थल को देखा। एक तरह से देखा जाए तो जैसे मेरा सम्पर्क बना था विश्वविद्यालय से पहले वैसे ही अस्सी से सम्पर्क बना रहा। रोज-ब-रोज आना-जाना रहता था। अस्सी को बदलते हुए देख रहा था, लोग बदल रहे थे। 90 के बाद मैंने कथा रिपोर्ताज लिखने की शुरुआत की। पहला रिपोर्ताज सन् 1991 में देख तमाशा लकड़ी का (हंस में) अस्सी पर था। अस्सी बदल रहा था, कारण चाहे भूमंडलीकरण रहा हो या और...। विदेशी आ रहे थे घाट के किनारे के मकान लॉज बनने शुरू हो रहे थे, वे हमारे बीच रह रहे थे, हमारे जीवन को प्रभावित कर रहे थे, इसमें महिलाएँ भी थीं और पुरुष भी थे। देखिए, कहने को तो यह मुहल्ला है लेकिन रिफ्लेक्ट कर रहा है पूरे देश को। विदेशियों में आस्ट्रेलिया, नाइजीरिया, हंगरी से थे जो अपनी संस्कृति के साथ हमारे बीच में थे। इस वजह से

हम सांस्कृतिक धरातल पर एक दूसरे से मिल रहे थे। मुझे लग रहा था कि वस्तुतः यह है एक मुहल्ला, लेकिन है नहीं मुहल्ला, यह है पूरा देश। अमेरिका पर टिप्पणियाँ हैं।

कैथरीन महिला जो बनारस पर शोध कर रही है, बनारस के प्रति क्या धारणा है? वह व्यक्त करती है। उसकी प्रतिक्रिया होती है लोगों में। भूमंडलीकरण के दौरान अस्सी सूचक है देशी–विदेशी परिप्रेक्ष्य में। बड़ा फलक है। अस्सी को एक मुहल्ला मानकर न देखा जाए।

बनारस को मिनी भारत कहा जाता है। तमिल, कन्नड़, बंगाली, असमिया, सिंधी, ईसाई सभी रहते हैं। यह मिनी भारत है। इस कारण यह संभव हो सकता है कि विदेशियों और भारत के सांस्कृतिक टकराव के लिए चुना और देखा।

डॉ. साहब आपके रचना स्थल और पात्र बिल्कुल निश्चित हैं तथा जीवित हैं, क्या आपको उनकी आलोचना का शिकार नहीं होना पड़ता है? क्या रचनाकार के लिए यह कम चुनौतीपूर्ण कार्य है कि हम उसी समय की कहानी उसी समाज के लोगों के बीच रहकर उन्हें खड़ा करके कहते हैं? यों कहें कि आप हिन्दी कथा साहित्य में 'कबिरा खड़ा बाजार में लिए लुकाठी हाथ, जो घर जारे आपणाँ चले हमारे साथ' की चुनौती को स्वीकार कर रहे हैं और दे भी रहे हैं। इसमें आपको कैसा अनुभव होता है? क्योंकि दौर तो घर बनाने का है और बचाने का है और इसमें आपकी कहानियाँ घर जलाकर साथ आने की बात करती है?

जी, साहस किया था उसे लेकर...। प्रेमचन्द ने अपनी कहानी में (मोटेराम शास्त्री) एक ब्राह्मण को खड़ा किया था नाम बदलकर। उन पर मुकदमा भी हुआ। तो ऐसे में जीवित पात्रों को लेकर रचनाओं में सीधे–सीधे इस्तेमाल...(विस्मय) मेरी जानकारी में हिन्दी के किसी लेखक ने मेरे पहले ऐसा नहीं किया है सीधे–सीधे जीवित पात्रों को लेकर। हाँ,... डर तो था ही, गालियाँ मिलीं, धमकियाँ मिलीं, मारने तक की बात आई। ऐसा मेरे किसी खास रचना के साथ नहीं हुआ बल्कि चाहे संतो–असंतो घोंघा बसंतो हो, देख तमाशा लकड़ी का हो, संतो घर में झगड़ा भारी हो...सभी के साथ हुआ। मुश्किल तो बहुत था। जिस रिपोर्ताज में पप्पू का जिक्र है उस पप्पू पर संस्कृत पढ़ने वाले बच्चों ने पत्थर मारा था।

कर्फ्यू लगा हुआ था, कारण दूसरा था लेकिन...धीरे–धीरे फिर पात्रों को ऐसा लगा, अहसास हुआ कि वे इतने महत्त्वपूर्ण हैं कि लोग देखने आ रहे हैं तो महत्त्व के कारण सम्मान दे रहे हैं। कौन है जया सिंह, दीनबन्धु तिवारी कौन है? तो कौन है पप्पू चाय दुकानवाला? तो जैसे उन्हें महत्त्व का ज्ञान हुआ अब गाली के बदले सम्मान मिलने लगा।

कथा भाषा को लेकर सवाल खड़े किए गए, श्लीलता-अश्लीलता का आरोप

लगा, आपको विरोध झेलना पड़ा?

कथा भाषा को लेकर उन पात्रों की तरफ से कोई विरोध नहीं था, क्योंकि मैंने उन्हीं शब्दों को उन्हीं बातों में रखा था जिसे उन्होंने कहा था। बातों में सच्चाई थी इसलिए उन्हें इनका विरोध नहीं था। विरोध तो साहित्यिक रुचि के पाठकों को लगा, विरोध लेखकों का था उन पाठकों का था जो यह मानते हैं कि साहित्य बहुत आभिजात्य था। विरोध उनका था जो साहित्य को शराफत भरा मानते थे।

हाँ,... मैं पाठकीय प्रतिक्रियाओं के सन्दर्भ में पूछ रही थी।

सड़क के पाठकों के साथ ऐसा नहीं था उन्हें तो लग रहा था कि इसमें उनकी जिन्दगी बोल रही है।

एक बात खास यह लगती है कि दलित लेखन की भाषा पर भी अश्लीलता का आरोप लगा लेकिन वे अपने बचाव के लिए आपके पास क्यों नहीं लौटते हैं? क्यों नहीं कहते कि सवर्ण लेखकों ने भी ऐसी भाषा का इस्तेमाल किया?

दलित लेखन एक आन्दोलन की तरह था–इनके पहले मैंने लिखा है, लेकिन दलित लेखन की भाषा पर हमसे कोई खास बात...। उन्होंने काफी बाद में शुरू किया लेकिन उनकी ओर से कोई तालमेल नहीं कोई सफाई नहीं...।

इधर आपकी कहानियों में एक चीज देखने को मिल रही है लगभग कहानियों के शीर्षक कबीर के पदों की पंक्तियाँ हैं–इसके पीछे आपकी क्या चिन्तन पद्धति है? मुझे लगता है कि आपकी रचनाओं में पैठी साहसिकता है, जो बार-बार आपको उधर ले जाती है?

ये मेरी चिन्तन पद्धति नहीं है बनारस की एक परम्परा रही है जो बड़ी शालीन है। वह लोक परम्परा है जबकि दूसरी ओर तुलसी ब्राह्मणवादी परम्परा के प्रतिनिधि कवि हैं और कबीर उनके ठीक उलटे छोटी जातियों के कवि हैं। सम्प्रदाय विरोधी और साहस का काम करने वाले कवि हैं। शीर्षक चुनने के लिए कबीर से बल मिलता रहा है, इसलिए मैं कबीर की ओर लौटता हूँ। आँखिन देखी बात कबीर कहते हैं और मैं भी आँखिन देखी ही कहा करता था।

आप डॉ. धर्मवीर के बारे में क्या कहेंगे जो धर्मवीर कबीर पर और कबीर के आलोचकों पर प्रहार कर रहे हैं?

धर्मवीर कबीर पर ही नहीं प्रेमचन्द पर भी (सामंत का मुंशी) प्रहार करते हैं। मैंने पढ़ा नहीं उसे। धर्मवीर को अब उतनी गम्भीरता से नहीं लेना चाहिए, वे अनर्थ कर रहे हैं। चीजों को गलत इंटरप्रेट कर रहे हैं। सचमुच धर्मवीर तथ्यों को तोड़ मरोड़कर प्रस्तुत कर रहे हैं।

ऐसा लगता है कि प्रेमचन्द से आप ज्यादा प्रभावित नहीं हो पाए। ऐसा क्यों?

नयी कहानी प्रेमचन्द की खिलाफत का आन्दोलन था। नए कहानीकार प्रेमचन्द

की कहानियों को पुरानी कहानी कहने लगे। कफ़न, पूस की रात, सवा सेर गेहूँ में आधुनिक तत्त्व की तलाश की जाने लगी। नयी कहानी के तत्त्व भी तलाशे जाने लगे। विरोध के नाम पर प्रेमचन्द की प्रासंगिकता शुरू हो गयी थी।

अपने समय में अपने समकालीनों के बीच मैंने ही सबसे ज्यादा प्रेमचन्द की चर्चा की। प्रेमचन्द ने शक्ति दी, प्रेमचन्द ने बड़ा साहस प्रदान किया। वो कौन-सी चीज है जिसने प्रेमचन्द को प्रेमचन्द बनाया? देखिए, कहानी सुनने सुनाने की चीज है पढ़ने और पढ़ाने की नहीं। श्रवणीयता बुनियादी चीज है। इसको मैंने समझा और ये हमारे लेखन में भी है। मेरे सभी कथा रिपोर्ताजों में मिलेगी। हमारे यहाँ भी श्रवणीयता बुनियादी चीज है।

महाकवि तुलसीदास में भी तो श्रवणीयता है वे केवल सनातनी और ब्राह्मणवादी ही नहीं थे। तो क्या भविष्य में तुलसीदास पर लिखने के लिए सोचा है आपने?

जी, नाटक लिखने की सोच रहा हूँ दस-पन्द्रह वर्षों से। खासतौर से तुलसीदास जब अंतिम दिनों में बाहुशूल से पीड़ित हैं कोई देखने वाला नहीं है। तुलसीदास के उपेक्षित दिनों पर। जिस तरह से इस ब्राह्मण मुहल्ले ने उपेक्षित किया है उन्हें। वैसे इन विषयों पर लिखना इतिहास की ओर लौटना होगा और इतिहास की ओर लौटना एक तरह से भागना होता है। हमें वर्तमान पर लिखना चाहिए। वैसे जो भी नाटक आए जैसे-आषाढ़ का एक दिन हो, अंधायुग हो, कबिरा खड़ा बाजार में हो सभी इतिहासाश्रित नाटक हैं। जबकि ऐसा मैं नहीं सोचता इसलिए हम वहाँ आश्रय नहीं चाहते हैं। इसलिए तुलसीदास पर मैंने नहीं लिखा।

संचारतंत्र और मीडिया, भूमंडलीकरण, बाजारवाद, पुरोहितवाद पर आप लगातार हमले कर रहे हैं। सच ही यह समय का यथार्थ है और यथार्थ की अभिव्यक्ति है लेकिन प्रारंभिक दौर में आपने जिस तरह काम किया है स्त्री-विमर्श पर। कहानी : उपखान में संगृहीत अनेक कहानियाँ इसकी गवाह हैं। अब जब पूरा दौर स्त्री-विमर्श को लेकर सक्रिय है आप मौन क्यों हैं? जबकि सातवें दशक में बड़े बेबाक तरीके से अभिव्यक्त कर रहे थे?

स्त्री-विमर्श पर बातें खूब हो रही हैं, बहसें हो रही हैं, राजेन्द्र यादव के अनुसार दलित और स्त्री एक हैं। स्त्रियों का शोषण दलित भी अपने घरों में करते हैं। पुरुष वर्चस्व सभी जगह है। जाने क्यों मुझे ऐसा लगता है कि वह लेखन ऐसा क्यों नहीं हो पा रहा है, न स्त्रियों द्वारा और न पुरुषों द्वारा। खुद स्त्री-विमर्श पर बात करने वाले लोग अपनी बेटियों और पत्नियों पर दोहरे मानदंड अपनाते हैं, यह सोचने का विषय है।

लेकिन डॉ. साहब यहाँ हावी तो पुंसवादी दृष्टि ही रही है।

हाँ-हाँ, आप ठीक कह रही हैं।

डॉ. साहब, मार्क्सवाद के बारे में बताएँ? पहले आप इस जीवन दर्शन से प्रभावित

रहे लेकिन अब ऐसा नहीं लगता कि आप उससे कुछ अलग हटे हैं। इसमें एक और बात कि स्त्री और दलित लेखन में मार्क्सवाद की भूमिका कितनी बनती है?

देखिए, मार्क्सवादी दृष्टि से हम अलग नहीं हैं। अब हम लोकतांत्रिक हो गए हैं। मार्क्सवाद को हम व्यवहार में लाए और वही हमारे विचार में भी बदलाव लाया। अब मार्क्सवादी कट्टरता नहीं रही है हमारे भीतर। स्त्री, दलित मुद्दे पर मार्क्सवादी दृष्टि हमें बल देती है। दलित जीवन में वर्ण के साथ वर्गान्तरण हो रहा है और दलित लेखक आत्मबद्ध हो रहे हैं। वर्ण एक सामाजिक सच्चाई है लेकिन वर्ग को दरकिनार करके नहीं देखना चाहिए। अम्बेडकर और मार्क्सवाद दोनों मिलकर दलित लेखन को ताकत प्रदान करते हैं।

हाँ, यह तो सही है लेकिन डॉ. साहब आपने भी जाति केन्द्रित कहानियाँ लिखीं हैं, जिसमें जातीय समस्याओं को लेकर गम्भीर विमर्श किया गया है, फिर भी इन कहानियों ने दलित लेखकों का ध्यान आकर्षित नहीं किया?

हाँ, जाति केन्द्रित कहानियाँ हैं 'चोट', 'कहानी सराय मोहन की' जाति को ध्यान में रखकर लिखी गई थी। 71 में 'चोट' लिखी जो आधार पत्रिका में प्रकाशित हुई। 'वे तीन घर', 'कहानी सराय मोहन की' उन्हें दलित विमर्श की कहानी नहीं कह सकता, क्योंकि दलित विमर्श तब तक आया ही नहीं था। 'चोट' कहानी में दलित अन्तर्विरोध भी है–तीन घरों के बारे में टिप्पणी है इसमें। दलित स्त्री है अपने कामरेड मित्र से कहती है कि उन दलित घरों पर ध्यान मत दीजिए। कहानी सराय मोहन में ठाकुर, ब्राह्मण, हरिजन हैं। हरिजन रोटियाँ बना रहा है और उसकी रोटियाँ सब खा जाते हैं। भूख के सामने जाति का कोई मतलब नहीं रह जाता। लेकिन जैसे ही पता चलता है कि वह दलित है ब्राह्मण तो पचा जाता है और ठाकुर कै कर देता है और उसकी लुटिया भी चुराकर पंडित जी चल देते हैं। जैसे वे तीन घर दलितों के भीतर के अन्तर्विरोध को व्यक्त करती हुई कहानी है वैसे ही कहानी सराय मोहन में ब्राह्मण के प्रति उपहास का भाव है दलित का प्रतिकार है। पर कहानीकार ने स्वयं बताया कि ये दलित विमर्श की कहानियाँ नहीं हैं।

भले ही आप कहें, लेकिन दलितों ने उसकी नोटिस क्यों नहीं ली जबकि दलित टोन तो है?

कोई बात नहीं... उधर ध्यान जाना चाहिए था।

ठाकुर का कुआँ, सद्गति, कफ़न इस पर क्या कहेंगे? जबकि ये भी तो दलित विमर्श से पहले की कहानियाँ हैं। ये कहानियाँ बराबर उनके घेरे में हैं क्यों?

सारनाथ वाली गोष्ठी में मैंने कहा था प्रेमचन्द बरगद हैं और हम लोग बरोह हैं, जो उसी की डाल से हम लोग निकले हुए हैं जिसकी जड़ें जमीन में हो जाती हैं। प्रेमचन्द आज भी अद्वितीय हैं। उनके सामने जातियाँ नहीं थीं, पूरा देश था। जाति या

दलित उसी स्वाधीनता आन्दोलन के अंग हैं।

आज के दलित लेखन को किस रूप में आप देखते हैं?

प्रेमचन्द की दृष्टि गांधीवादी थी और आज के दलित लेखन की दृष्टि अम्बेडकरवादी है। सुमनाक्षर ने रंगभूमि जलाई। जबकि ओमप्रकाश वाल्मीकि, सूरजपाल पाल चौहान की सहमति है प्रेमचन्द से। हाँ, असहमति है तो इसलिए कि प्रेमचन्द लेखक हैं दलित नहीं। दलितों की पीड़ा केवल दलित ही लिख सकते हैं, जबकि साहित्य में ऐसा कोई अंकुश नहीं है। वे मानते हैं कि दलितों की समस्या पर अम्बेडकरवादी दृष्टि से विचार करें। लेकिन यदि कोई सवर्ण भी अम्बेडकरवादी दृष्टि से लिखे तो भी वे ऐसा नहीं मानेंगे। इसके लिए वे दलित होना आवश्यक मानते हैं। यह नजरिया एकांगी है।

आपने महत्त्वपूर्ण दलित लेखक सूरजपाल चौहान की 'संतप्त' की भूमिका लिखी है। दो पृष्ठ की भूमिका पाठक को बाध्य कर देती है कृति से होकर गुजरने के लिए। डॉ. साहब एक बात बताना चाहेंगे कि सूरजपाल ने दलित पीड़ा को न सिर्फ बाहरी संघर्ष को अभिव्यक्त किया है अपितु दलित समाज के भीतर की संरचना को एकांकित किया है? दूसरे शब्दों में दलित अन्तर्विरोधों का खुलासा किया है उन्होंने इस कृति में। हम देख भी रहे हैं। आज यह स्थिति दलित लेखन में तेजी से घर कर रही है। दो हिस्सों में बँटा दलित लेखन कहीं अपने उत्स तक पहुँचने के पहले चूक तो नहीं रहा है?

मैं ऐसा नहीं मानता। कहानियाँ उतनी अच्छी नहीं लगीं आत्मकथा के बनिस्बत। आत्मकथाएँ मुझे बेहद पसन्द हैं। अन्तर्विरोध आन्दोलन को अन्तत: मजबूत करता है। यह एक डेमोक्रेटिक प्रोसेस है। इससे आन्दोलन मजबूत होगा। मैं देखता हूँ प्रगतिशील आन्दोलन को, शिवदान सिंह चौहान, रामविलास शर्मा, प्रकाशचन्द गुप्त, अमृत राय, यशपाल एक ही आन्दोलन में थे। लेकिन इनके विचार विरोधी थे और आन्दोलन प्रभावित हुआ, प्रगतिशील लेखन खत्म हुआ। दलित आन्दोलन का भी ऐसा हो सकता है। लेकिन विचारधाराओं में टकराव से जो स्थिति आएगी उसमें से लेखन की एक उर्वर भूमि बनेगी। विघटन के बीच से जो चीज आएगी उसमें एक ताजगी एक नयी ऊर्जा मिलेगी।

हाँ, यह भी एक सम्भावना बनती है। लेकिन क्या दलित लेखन में खासतौर पर आत्मकथाएँ एक रस नहीं हो रही हैं?

हाँ-हाँ, जो आन्दोलन हुआ था अफ्रीका में ब्लैक लिटरेचर का वह थम गया। आज दलित आन्दोलन की आवाज भी मद्धिम हो रही है। कंट्राडिक्शन का आना शुभ है यहाँ से ऊर्जा मिलेगी। दूसरी बात सभी एक ही दिशा में सोचेंगे-लिखेंगे तो आन्दोलन का क्या होगा?

फिर भी डॉ. साहब आन्दोलन की धार मद्धिम पड़ी है?

हाँ, ऐसा हो रहा है।

दलित लेखन में स्त्री लेखन की कमी आपको परेशान करती है? मान लीजिए कि विमला चौहान भी अपने सच को लिखें तो कहीं सच का दूसरा रूप तो उभरकर सामने नहीं आयेगा? क्योंकि शुरू से ही सब कुछ का बहुत हद तक एहसास करते हुए सूरजपाल मूक क्यों बने रहे? उनका लेखन तो काफी बोल्ड है। लेकिन इसके मूल में वजह क्या है? उनमें भी कोई कमी तो नहीं है? लेखन में इतनी प्रखरता साफ दृष्टि और जीवन में इतनी चुप्पी?

विमला चौहान का प्रसंग पढ़ा था भूमिका लिखते समय, उस समय मेरी स्थिति थी कि एक तरफ तो सूरजपाल के सामने सिर झुक रहा था और क्रोध भी आ रहा था कि रोका क्यों नहीं? सूरजपाल की कौन-सी मजबूरियाँ थीं? सूरजपाल ने क्यों नहीं रोका क्यों चुप थे? विमला आगे बढ़ती जा रही थी। (क्षणभर चुप रहकर) यह तो विमला ही बता सकती हैं।

दलित लेखन में स्त्रियों को लेकर उनकी समस्याओं को लेकर लेखक चुप हैं, लेखन के क्षेत्र में दलित स्त्रियाँ भी आगे नहीं आ रही हैं। जबकि मराठी में कुछ दलित स्त्रियों ने बड़ी शिद्दत से अपनी आत्मकथाएँ लिखी हैं?

देखिए, मैं तस्लीमा को पढ़ता हूँ भारतीय लेखिकाओं को पढ़ता हूँ। अब लेखन कम हो रहा है, विमर्श ज्यादा हो रहा है। यहाँ वह तेजस्विता नहीं है। स्त्री विमर्श का मतलब हिन्दी के लेखक के लिए देहमुक्ति है।

जी डॉक्टर साहब, कुछ लेखकों के लिए हो सकता है, पर स्त्री विमर्श यहीं तक सिमटा हुआ नहीं है। स्थितियाँ तो विपरीत हैं, एक साथ स्त्री पर भूमंडलीकरण, बाजारवाद, पुरोहितवाद मिलकर हमला कर रहे हैं, स्त्री आन्दोलन आज भी साहित्य के धरातल पर ही ज्यादा दीख रहा है। सामाजिक धरातल पर बहुत कम, तो ऐसे में किस प्रकार यह सामाजिक धरातल पर आएगा क्योंकि स्त्री आन्दोलन और स्त्री साहित्य अस्मत और अस्मिता का साहित्य है?

देखिए, जो हजारों साल से हमारे संस्कार बने हैं, उसे न तो पुरुष लेखक तोड़ रहे हैं और न स्त्रियाँ। स्त्रियाँ तो तोड़ रही हैं बहुत हद तक पुरुष लेखक नहीं तोड़ पा रहे हैं। उनकी फ्यूडल मानसिकता स्त्री शोषण से बाज नहीं आ रही है।

वर्तमान कथा लेखन पर आपकी क्या टिप्पणी है?

संभावनाओं से भरा अच्छा लेखन हो रहा है। हाँ, युवा लेखकों में प्रसिद्धि पाने की बेचैनी है जो घातक है उनके लिए।

पहले लेखन में जो प्रतिरोधी स्वर था जो धार थी, वह धार आज के लेखन में क्या कम हुई है?

(थोड़ा गम्भीर होकर) इसे पॉजिटिव ढंग से लेना चाहिए। ये कम अधिक होते रहते हैं। आज के युवा लेखकों में कम लिखकर प्रसिद्धि पाने का जो उतावलापन है, उसी बाजारवाद के कारण है। बाजारवाद के विरोध में लिखते भी हैं और उसी से स्वीकृति भी पाना चाहते हैं। धार तो कमजोर हुई ही है।

'अपना रास्ता लो बाबा' में एक छटपटाहट है उस युवक के मन में। उसे लगता है कि उसके अन्दर जो लगाव है वह टूटेगा तो कोई बड़ी चीज बिखर जाएगी। लेकिन आज सम्बन्धों के भीतर वह गहराई नहीं रह गई है, वह उष्मा भी नहीं बची है। उससे रिक्त हो रहा है युवा लेखन। कहीं अपनी आत्मबद्धता के कारण है। इसे पीढ़ियों का गैप ही कहा जा सकता है? इनका लेखन आपको चुनौती नहीं दे पा रहा है। आपको इरीलिवेन्ट साबित नहीं कर पा रहा है। यही कारण है कि आज भी पाठक आपके लेखन को बड़ी शिद्दत के साथ पसन्द कर रहे हैं।

इस टिप्पणी के लिए आपको धन्यवाद दे रहा हूँ। आप बहुत सही कह रही हैं। हाँ, यह पीढ़ी हमें हाशिए पर नहीं डाल पा रही है, जबकि इनसे पहले की पीढ़ी में एक ऊर्जा थी, चुनौती थी।

क्या व्यवस्था के साथ उनकी सहमतियाँ ज्यादा बन रही हैं?

हाँ, ऐसा है। लिखने के साथ जितना श्रम किया जाना चाहिए उतना श्रम नहीं कर रहे हैं। साथ ही लेखक का जो सम्बन्ध जनजीवन से होना चाहिए, लोक जीवन से होना चाहिए, अब ऐसा कम है।

सही है जब सुरेश कांटक, अखिलेश, उदय प्रकाश, संजय, देवेन्द्र आदि लिख रहे हैं तो उनमें तो एक धार है, कथा लेखन में एक ऊँचाई है।

आपसे मैं सहमत हूँ।

लेकिन आज?

आज निश्चित ही वह बात नहीं रह गई है जो व्यवस्था को चुनौती दे सके या पाठक को व्यग्र और बेचैन बना सके और उद्वेलित कर सके।

वैसे आज आपको कथा लेखन के क्षेत्र में कौन से नये लेखक आकृष्ट कर रहे हैं?

चन्दन पाण्डेय, कुणाल सिंह, मनीषा कुलश्रेष्ठ, राकेश कुमार मिश्र अच्छा लिख रहे हैं। इनके भीतर वह बेचैनी नहीं है जिसे हम लोग महसूस कर रहे हैं अपने लेखन के दौरान। चन्दन पांडेय की दो कहानियाँ तो ठीक आईं लेकिन तीसरी कहानी ऐसी लिखी जिस पर हम उम्मीद रखें या न रखें। देखिए न, आज ही एक लड़के ने फोन किया और कहा कि यह पुरस्कार मुझे मिल जाता तो ठीक रहता। स्वयं के लिए कहा था।

(वाङ्मय में प्रकाशित)

●●●